우리는 꽃이 아니라 불꽃이었다

우리는 꽃이 아니라 불꽃이었다

박홍규 지음

프란시스코 고야부터 나오미 클라인까지,
세상과 맞서 싸운 이단아들

인물과
사상사

이 책에 실린 글은 2019년 7월 16일부터 2022년 1월 22일까지 약 3년 간 『한겨레』에 '박홍규의 이단아 읽기'라는 이름으로 연재한 57편이다. 2019년 6월에 『한겨레』 김종철 기자에게서 연재를 부탁받았을 때 어떤 체계를 생각하지 않았고, 그 뒤 글을 쓸 때마다 생각나는 사람에 대해 자유롭게 썼다. 그리고 책으로 내면서 57명을 둘로 나누어 '제1부 사상과 행동의 이단아들'과 '제2부 문학과 예술의 이단아들'에 포함시키고 생년월일 순으로 정리했다.

이단아가 무엇이고, 57명을 이단아로 부르는 이유가 무엇인지 설명할 필요가 있을지 모르지만, 글을 쓰는 동안 그 점을 특별히 의식한 적이 없었고 책을 내면서도 설명할 생각이 없다. 대체로 시대와 세상 또는 나라의 주류가 아니라 비주류, 대세에 따르지 않고 자기만의 길을 간 사람들을 이단아라고 생각한다. 그들을 아웃사이더, 소수자, 반항인, 저항인, 예외자 등으로도 부를 수 있을 것이다.

나는 그들을 전위(아방가르드), 선구자, 선각자, 예지자, 예언자 등으로도 부르고 싶다. 또는 지성인이나 사상가로도 부르고 싶다. 이 책의 제1부를 '사상과 행동의 이단아들'이라고 하면서 제2부의 '문학과 예술의 이단아들'과 구분했으나, 제2부에 속한 사람들도 소설가나 화가와 같이 특정한 분야에만 속한 사람들이 아니라 지성인이나 사상가라고 부를 수 있는 사람들이다.

내가 쓴 글에 대해 이의를 제기하는 분들도 계셨지만, 사실이 아니라 관점의 문제인 경우에는 고치지 않았다. 연재를 제안해주고 편집해준 김종철 기자와 한겨레신문사 여러분, 독자들에게 감사의 말씀을 드린다. 『한겨레』의 설립에 참여하고 여러 번 글을 쓴 추억만큼 내 삶에 소중한 일이 또 있을까? 아울러 연재 초부터 관심을 가져주시고 책으로 만들어준 인물과사상사에도 감사의 말씀을 드린다.

박홍규

차
례

제1부

사상과 행동의 이단아들

루이즈 미셸

Louise Michel, 1830~1905

마스트맨에 저항한
아나코 페미니즘

자신이 옳다고 생각하는 것을 끝까지 주장하는 사람
——

부패한 나라를 숭고한 나라로 바꾼답시고 여자를 네발이라고 고쳐 부르며 기어 다니게 하는 남자들. 극소수 여성의 최초 대학 진학을 권력 탈취라고 비난하며 여성의 지위 향상으로 세상이 망한다고 울부짖는 마스트맨(주인 남자). 경찰국장을 비롯한 모든 권력자를 포섭한 그들이 여성, 특히 여아들을 유괴해 동물로 사육하는 이야기인 미셸 오슬로 감독의 애니메이션 〈파리의 딜릴리〉(2018년)의 첫 장면은 원주민의 평화로운 생활을 보여주다가, 사실은 그것이 파리박람회 구경거리임을 알려주어 충격을 준다.

　　동물원 우리와 같은 곳에 갇힌 주인공 딜릴리가 흑인이어서 한국의 일부 매체에서는 아프리카 출신이라고 했지만, 태평양 중앙에 있는 뉴칼레도니아 원주민인 카낙족이다. 20세기 초 벨 에포크Belle Époque

시대의 파리를 배경으로 당대의 수많은 예술가와 과학자와 함께 유일한 혁명가인 루이즈 미셸이 유괴된 아이들을 탈출시킨다. 그는 영화 속 인물 중 유일하게 유형수로 뉴칼레도니아에서 7년을 살면서 딜릴리를 비롯한 원주민 아이들에게 프랑스어를 가르쳤다. 영화 속 미셸은 "다른 사람이 뭐라 해도 자신이 옳다고 생각하는 것을 끝까지 주장하는 사람"으로 그려진다.

"저는 사회혁명을 전적으로 믿으며 제 행동에 대해 책임을 집니다"라는 말로 시작되는 프랑스 영화 〈루이즈 미셸〉(2009년)은 2020년에 죽은 아나키스트 작가이자 미술평론가였던 미셸 라공의 〈조르주와 루이즈〉에 근거해 유형지의 미셸이 당시 국회의원이던 조르주 클레망소와 교환한 편지를 중심으로 이야기가 펼쳐진다. 클레망소는 에밀 졸라의 「나는 고발한다」를 자신의 신문에 실은 것으로도 유명한 언론인으로 뒤에 총리를 역임했다.

19세기 유형지의 죄수가 지구 반대편에 있는 프랑스 파리의 국회의원을 비롯한 많은 명사와 편지를 주고받은 것도 놀랍지만, 7년간 유형지에서 살면서 파리의 연극을 비롯한 문화 활동에 적극적인 관심을 갖는 것도 놀랍다. 그러나 더 놀라운 것은 루이즈 미셸이 식민지의 순수한 자연 속에서 에콜로지(생태주의)에 눈을 뜨고 식민지인들의 고통을 함께하며 코뮌의 연장으로 민족해방운동에 나서는 등 아나키스트로 변신하는 과정이다.

여성의 권리를 위해 투쟁하다

하녀의 사생아로 태어난 루이즈 미셸은 프랑스 북동부 시골에서 조부모에 의해 길러진 뒤 마을의 교사가 되었으나, 교육당국과의 충돌과 자유로운 수업 방식으로 여러 학교에서 쫓겨나 파리로 간다. 1865년 파리에 현대적이고 진보적인 학교를 세우고, 빅토르 위고와 서신을 주고받으며 시를 발표하면서 급진적인 정치에 관여한다. 1869년 페미니스트 단체에 참여해 소녀 교육 향상을 위해 노력하면서 성매매나 결혼은 똑같은 거래관계라고 비판하며 평생 혼자 살아간다.

1870년 프로이센과의 전쟁에서 프랑스가 항복하는 것에 반대한 노동자들이 군대를 몰아내고 1871년 3월 18일 파리에서 코뮌 자치를 시작한다. 70일 동안 지속된 그것은 세계에서 처음으로 노동자 계급의 자치에 의한 민주주의 정부다. 1일 10시간 노동과 야간노동 금지, 산재보험, 종교와 정치의 분리, 집세와 만기 수표의 지급유예, 노동자 자주관리와 집단소유, 노동자의 최저생활 보장, 징병제와 상비군 폐지, 인민군 창설, 결혼과 이혼의 권리, 사실혼 인정, 성매매 폐지, 독신 여성과 자녀에 대한 연금 지급, 빈곤층 구제와 무상 의무교육 등 혁명적인 제도와 정책이 도입된다.

또 모든 교회가 민주적 토론 장소로 사용된다. 몽마르트르 여성위원회의 수장으로 혁명정부에서 주도적인 역할을 한 미셸은 바리케이드를 쌓고 무장투쟁에 가담한다. 당시 그는 남자들에게 조롱을 당했지만, 그들에게 "남녀가 모든 인간성의 권리를 획득한 뒤 여성의 권리를 위한 투쟁에 한몫해달라"고 요구하며 함께 싸우지만, 코뮌의 평의원 선거에서 여성에게는 선거권이 주어지지 않는다.

두 달 뒤 정부군이 파리를 탈환한 5월 25일 이후 10일 동안 2만 명 이상이 붙잡혀 총살당하고, 4만 명 이상이 포로로 전쟁 재판에 회부된다. 미셸은 재판에서 사형 선고를 요구하지만, 1만 명과 함께 유형을 선고받는다. 미셸은 오베르 감옥에서 20개월을 보낸 뒤 1873년 8월 태평양의 뉴칼레도니아로 추방된다. 그곳의 원주민인 카낙족과 친구가 된 그는 카낙족의 전설, 우주론, 언어 등에 관심을 가지고 카낙족에게 프랑스어를 가르치고 1878년 카낙족 반란에 가담한다.

이듬해 알제리 반란(1871년)으로 추방된 카빌인 아이들을 가르친다. 유형지에서 아나키즘을 받아들이고 죽을 때까지 모든 형태의 정부를 거부한 그는 '권력을 가진 선한 사람은 무능하고, 나쁜 사람은 악한 사람'이라고 하면서 자유는 어떤 형태의 권력과도 연관될 수 없다고 주장했다.

동식물까지도 자유롭고 평등하기를 바라다

1880년 파리코뮌 참가자에게 사면이 내려져 미셸은 파리로 돌아와 유럽 전역에서 자본주의와 권위주의 국가를 공격하는 혁명 활동과 함께 사형제·동물실험 반대운동을 전개한다. 1882년에는 첫 아나키스트 연극인 〈나딘〉을 무대에 올리고 관객들이 연극의 갈등에 반응하고 재연하도록 격려하고, 강연과 시와 노래를 정치예술 프로그램으로 통합한다. 1883년 3월에는 검은 깃발을 들고 실직 노동자들의 시위를 이끌었

16

는데, 그 깃발은 그 후 아나키즘의 상징이 된다. 6년형을 받고 독방에 감금된 그는 1886년에 크로폿킨을 비롯한 아나키스트들과 동시에 풀려난다.

1890년에 체포되어 정신병원에 갇히게 될 위험에 처하자, 런던으로 망명해 5년간 그곳에서 살면서 예술과 과학을 무상으로 교육하는 국제자유학교를 세우고 교육과 창작을 계속한다. 폭력적인 혁명에 초점을 맞춘 초기작들과 달리 후기작에서는 민중들의 자발적인 봉기를 강조하면서 테러를 배척했다. 1895년에 프랑스로 돌아온 뒤 1904년 알제리로 가서 반식민운동에 투신하다가 1905년 1월 마르세유에서 폐렴으로 세상을 떠난다. 그의 파리 장례식에는 10만 명이 넘는 사람이 참석했다.

남녀만이 아니라 식민지인이나 비서양인은 물론 동식물까지도 자유롭고 평등하기를 바란 미셸의 삶과 생각이 여전히 우리의 과제이기 때문에 절실하게 다가온다. 2022년은 파리코뮌 150주년을 맞아 프랑스를 비롯해 세계에서 그 뜻을 기리는 반면 이 땅에는 여전히 마스트맨들이 설치고 있다.

표트르 크로폿킨

Pyotr Kropotkin, 1842~1921

권력 없는
자유를 추구하다

'푸른 아나키즘'을 대표하는 아나키스트

———

'지배자 없음'을 뜻하는 아나키의 세상을 만들자고 하는 아나키즘은 "권력 있으면 자유 없다"는 한마디로 요약된다. 그것은 1921년 표트르 크로폿킨의 장례에 사용된 검은색 만장挽章에 쓰인 다홍색 만사挽詞이 기도 했다. 평생 권력 없는 자유를 추구한 크로폿킨의 만장에 꼭 맞는 말이었다. 어떤 권력도 가져본 적이 없는 그는 모든 권력에 반대하고 오로지 자유를 추구했다. 그 자유란 모두가 자유롭기에 당연히 평등한, 모두가 함께 자치하며 자연과 조화롭게 사는 것을 뜻했다.

이러한 크로폿킨의 만장은 죽은 이의 관직을 비롯해 여러 출세 자리와 권력을 중심으로 이를 뒷받침하는 학력이나 경력 등을 칭송하 고, 혈연·지연·학연 등 온갖 연줄을 적는 한국식의 친권력 만장과는 정 반대인 반권력 만장이었다. 한국에서는 그것을 한때의 깃발만이 아니

18

라 돌덩이에도 쇠망치로 깊이 새겨 자연까지 망친다. 심지어 금수강산 수십 척의 큰 바위들도 그런 권력자들의 영원한 끌 낙서로 몸살을 앓고 있다. 호랑이는 가죽을 남기고 사람은 이름을 남긴다는데, 그 이름은 꼭 비석이나 바위에 새겨야 하는 것이 한국의 자랑스러운 역사이고 전통이다.

그나마 깃발로 한순간 나부끼다가 없어져서 다행이기는 하지만, 그래도 아나키즘의 상징이 장례의 만장 같은 검정이라는 점에 나는 항상 불만이다. 우리를 지배하는 지배자 없이 우리 모두 자유롭게 자치하며 자연 속에 살려고 하는 아나키즘은 검정처럼 죽음이나 어둠이나 끝, 부정이나 허무나 절망, 흐림이나 닫힘이나 막힘이 아니라, 삶과 빛과 시작, 긍정과 충만과 희망, 밝음과 맑음과 열림의 사상이라고 생각하기 때문이다.

그래서 검정이 아니라 푸름이 어울린다. 그런 푸른 아나키즘을 대표하는 아나키스트가 크로폿킨이다. 푸른 하늘, 푸른 강, 푸른 들녘, 푸른 희망의 아나키즘! 나는 지금 그런 푸름 속에서 이 글을 쓰고 있다. 이 추악한 황사의 세상에서. 이 더러운 코로나 병균의 세계에서. 죽은 지 꼭 100년이 지난 크로폿킨의 혼백을 불러 전염병을 쫓아내는 푸닥거리라도 하는 심정으로.

내가 푸름의 사람으로 보는 크로폿킨은 19세기 러시아 출신의 지리학자이자 아나키스트 운동가, 철학자라고 우리의 위키백과는 그를 소개하지만, 영어판 위키피디아에서는 아나키스트, 사회주의자, 혁명가, 경제학자, 사회학자, 역사가, 정치학자, 지리학자, 아나코 코뮈니즘(코뮈니즘communism을 한국에서는 흔히 공산주의라고 번역하지만, 코뮌은 '지역 자치체'를 가리키는 말이니 차라리 '지역자치주의'라고 함이 옳다는 생각도 든다)을 옹호한 철학자, 행동가, 에세이스트, 조사가, 작가라고 한다.

어느 쪽이 옳다고 할 수는 없어도, 좀더 다양한 편인 위키피디아 쪽의 소개가 더 마음에 든다. 이렇게 많은 직업('행동가'나 '조사가'라는 직업은 우리에게 생경하지만)을 가진 사람은 세상에 그리 많지 않을 것이지만, 거기에 생물학자나 지질학자 또는 과학자를 더해도 무방하다. 그의 저서 중에서 가장 유명한 『상호부조론』은 진화의 원리에는 생존경쟁만이 아니라 상호협력이라는 측면도 있다고 주장한 생물학 책이기 때문이다. 그 밖에 그는 지질학 등에도 조예가 깊었다. 아니 그 누구보다도 과학 전반에 조예가 깊은 과학자였다. 그야말로 과학자 아나키스트였다. 아나키스트라고 하면 폭력주의자나 공상가 정도로 생각하는 사람들에게는 충격적인 이야기일지 모른다. 그러나 의외로 과학자 중에 아나키스트가 많다. 물론 아나키스트가 아닌 과학자는 더 많다.

금수저로 태어나 흙수저로 숨을 거둔 르네상스적 인간

———

크로폿킨은 그야말로 르네상스적 인간 또는 전인적 인간이라고 할 수 있다. 또 박식가니 만능인이라고 할 수도 있지만 그런 표현보다는 창조적 인간, 즉 창조인이라고 부르는 것이 더 적당할 것 같다. 소위 전공이니 전문이라고 하는 하나의 영역에서 미리 주어진 매뉴얼에 따라 기계적으로 사는 전문가 바보가 아니라, 학문의 경계를 넘어 실험정신과 도전정신으로 끊임없이 통합적이고 연계적인 사유를 하면서 새로운 가치를 만들어내는 창의력의 인간이다. 크로폿킨 말고도 그런 르네상스적 창조인인 인민 아나키스트는 우리나라에도 있다.

바로 신채호다. 독립운동가이자 아나키스트이고 혁명가이며 언론인이자 역사학자이며 소설가다. 그의 독립운동과 달리 아나키즘을 일시적 일탈이라고 보는 사람들도 있지만, 도리어 독립운동을 아나키즘의 일환으로 보는 것이 타당하다. 제국이라는 부당한 권력에 대한 가장 강력한 저항이 독립운동이기 때문이다. 독립운동은 식민지 아나키즘의 제일 과제다. 크로폿킨에게도 차르 치하의 러시아 민중을 해방시키는 것이 그의 아나키즘 운동에서 최우선 과제였다. 그래서 신채호를 비롯한 많은 독립운동가가 크로폿킨을 존경하고 그의 사상과 행동을 따랐다. 그런 점에서 나는 신채호를 비롯한 독립운동가들을 좋아하듯이 크로폿킨도 좋아한다.

지금 한국인은 대부분 크로폿킨을 모르지만, 인문과학이나 사회과학은 물론 자연과학의 차원에서 한국인에게 그만큼 영향을 준 사람은 없다. 즉, 카를 마르크스보다 그 영향력은 더 컸다. 그는 아나키즘이나 사회주의뿐만 아니라 지리학, 생물학(진화론), 프랑스 혁명사, 러시아 문학사 등 여러 방면에서 충격을 주었고, 엄청난 호응을 받았다. 한국에서 아나키즘이라고 하면 크로폿킨주의라고 해도 과언이 아니었다. 특히 1920년대에는 그의 『청년에게 고함』이 청년들은 물론 많은 사람에게 감동을 주었다. 그러나 내가 좋아하는 크로폿킨은 반항아, 이단자, 방랑자, 망명인, 혁명가 등의 이미지와 연결되는 '아나키스트' 크로폿킨이다.

그는 19세기 러시아에서 금수저 중의 금수저로 태어났으나, 고통

받는 인류를 위한다는 대의로 20세에 모든 출셋길을 버리고 사람들이 유형지로 갇히는 시베리아로 스스로 떠났고, 그 뒤로 이단과 방랑, 망명과 혁명, 투쟁과 빈곤의 흙수저로 살다가 79세로 죽었다. 평생을 여러 정부 당국자는 물론 이웃에게도 감시와 핍박, 탄압과 멸시를 받으며 정말 힘들게 투쟁 속에서 살았을 텐데 협력을 강조했으니, 얼마나 거룩한 일인가! 사람 사이의 사소한 불편에도 인간성을 믿지 못하는 나 같은 이기적 속물로서는 도저히 따라갈 수 없는 이타적 인간이기에 나는 그의 삶과 생각에 감탄한다.

권력의 지배에서 벗어나라

69세의 크로폿킨은 망명지인 영국의 시골에서 아내와 딸과 함께 외롭게 살면서 평생의 숙원이었던 상호협력에 관한 연구에 집중했다. 그리고 6년 뒤인 1917년, 75세였을 때 러시아혁명이 터져 41년 만에 조국으로 돌아갔지만, 정부의 입각 권유를 거부하고 시골에 묻히는 내부 망명을 했다. 그리고 마지막 저서인 『윤리학』 집필에 몰두하다가 4년 뒤에 죽었다. 레닌 정부는 국장을 제의했지만 가족은 이를 거부했다. 그 뒤 러시아의 아나키즘은 끝났고 그의 이름은 잊혔지만, 그는 우리의 신채호를 비롯해 여러 나라의 많은 사람의 가슴에 남았다. "모든 것은 모두의 것이다." 그러니 서로 공평하게 나누고 도우며 살자는 어린 시절의 깨달음을 평생 한순간도 잊지 않고 실천한 그를 어떻게 잊을 수 있겠는가?

지금 여기 우리에게 크로폿킨이 갖는 의미, 그가 우리에게 가질 수 있는 최소한의 소용이나 효용이 있다면 그것은 무엇일까? 리처드 도킨스의 『이기적 유전자』 등이 소개되면서 '이기주의와 이타주의' 또는 '경쟁과 협력'에 대한 논의가 생겨났지만, 2012년 번역된 『이 폐허를 응시하라』에서 리베카 솔닛이 이타주의의 전형으로 크로폿킨을 다루면서, 그리고 10년도 되지 않아 코로나19가 생기면서 크로폿킨은 우리에게 더욱 가까이 다가왔다. 코로나19와 같은 비극적인 재난이 생긴 이유는 과도한 경쟁이고, 그것을 극복할 길은 경쟁이 아닌 협력이라고 생각한다.

그러나 아무리 협력이 좋다고 해도 인간 세상은 경쟁을 포기하지는 않을 것이다. 크로폿킨도 이 점을 잘 알았다. 경쟁만이 살 길이 아니라고 보았기에, 아니 경쟁만으로는 죽는 것이기에 협력을 강조했다. 아나키즘도 마찬가지다. 아무리 지배자 없는 세상을 주장해도 지배자는 쉽게 사라지지 않을 것이다. 그러나 그런 세상으로 나아가야 한다. 조금이라도 권력의 지배를 벗어나야 한다. 그래야 우리는 비로소 자유로워진다.

소피야 코발렙스카야

Sofia Kovalevskaya, 1850~1891

나는 꽃이 아니라
불꽃이었다

불꽃처럼 살다간 여성 수학자

———

『불꽃의 여자』는 시몬 페트르망이 쓴 시몬 베유의 평전 제목이고, 『불꽃 같은 생애』나 『불꽃처럼 살다간 러시아 여성 수학자』는 소피야 코발렙스카야의 평전 제목이다. 세 책의 원제는 물론 내용에도 '불꽃'이라는 말은 없다. 나혜석을 다룬 책의 제목도 『불꽃의 여자 나혜석』이다. 페미니즘은 불꽃과 연관되는 경우가 많다. '우리는 꽃이 아닌 불꽃'이라는 말도 있다. 우리나라 래퍼인 슬릭은 앞뒤로 "나는 불꽃이다"라는 말을 되풀이하는 같은 제목의 노래를 부른다.

불꽃에 비유된 소피야 코발렙스카야의 전기가 2권이나 번역되었다는 것은 평전, 특히 여성을 다룬 평전이 그다지 많다고 볼 수 없는 현실에서 놀라운 일이다. 앤 히브너 코블리츠와 코둘라 톨민이 쓴 평전은 각각 1997년과 2003년에 번역본이 나왔다. 사실 소피야에게는 피었다가 금방 사라지는 순간성을 강조하는 불꽃보다는, 평생 가부장 세계에 저항해 치열하게 살다가 불꽃처럼 산화한 이단이라고 봄이 적절할지 모른다. 특히 지금까지도 남성 과학자들이 주류인 과학계에서는 그가 여성이라는 점 자체가 이단이었다.

소피야는 1850년 러시아 모스크바에서 장군의 딸로 태어나 언니와 함께 자란다. 진보적인 그의 어머니는 두 딸에게 조기 교육을 시킨다. 그 시절을 소피야는 이렇게 회상한다. "정말 행복한 시간이었다! 우리는 새로운 아이디어에 너무 열광했기 때문에 현재의 사회 상태가 오래 지속되지 않을 것이라고 확신했다. 우리가 꿈꾸던 자유와 보편적 계몽의 영광스러운 시기를 스스로 상상했다. 그리고 우리는 그것을 굳게 믿었다."

자매는 특히 러시아의 초기 사회주의 작가들인 니콜라이 체르니셉스키와 표트르 라브로프, 니힐리스트nihilist들의 영향을 받는다. 흔히 '허무주의자'로 번역되는 니힐리스트에게 가장 중요한 것은 당시를 지배한 종교와 미신을 파괴하는 혁명인 과학이었다. 따라서 과학자는 곧 '급진주의자'였다.

혁명가는 운명의 사람이다

어릴 적부터 아버지를 통해 수학에 흥미를 느낀 소피야가 아버지에게 대학에서 수학을 공부하겠다고 하자, 아버지는 대학 공부가 여자에게 어울리지 않는 일이라며 거부한다. 언니인 안나는 의학을 공부하고자 했지만 역시 아버지에게 거부당한다. 당시 러시아에서는 여성이 아버지나 남편의 서면 허가 없이 가족과 떨어져 살 수 없었다. 그래서 대학에 갈 수 있는 유일한 방법은 교육에 대해 진보적인 생각을 가진 남편을 찾는 것이었다. 안나는 찰스 다윈의 『종의 기원』을 러시아어로 번역한 블라디미르 코발렙스키에게 자신이 독일에서 공부할 수 있도록 결혼할 수 있는지 묻는다. 그러나 그는 안나 대신 소피야를 선택한다. 소피야는 당시 17세여서 아버지의 허락 없이는 결혼할 수 없었지만, 코발렙스키와 동거한 뒤 결혼한다.

같은 해 안나도 의학을 공부하기 위해 의대생과 결혼한다. 안나 부부는 미하일 바쿠닌과 세르게이 네차예프가 쓴 『혁명가의 교리문답』에 심취한다. "혁명가는 운명의 사람이다. 그에게는 사적 이해관계도, 사적 일도, 사적 감정도, 사적 유대도, 사적 재산도, 자신의 이름조차 없다. 그의 전체 존재는 오로지 하나의 목적, 하나의 생각, 하나의 열정인 혁명에 바쳐진다. 마음과 영혼은 말로써뿐 아니라 행동으로 사회질서와 문명세계 전체, 법, 예의, 관습과의 모든 관련을 단절한다. 그는 그 세계의 무자비한 적이며 그것을 파괴하는 단 하나의 목적으로 살고 있다."

1869년부터 소피야는 독일 하이델베르크대학에서 공부한 뒤, 예나대학에서 고생물학 박사학위를 취득한 남편과 함께 영국 런던에서 당대 과학계의 이단아들인 토머스 헉슬리, 찰스 다윈, 허버트 스펜서 등과 교류한다. 이어 1871년 소피야 부부는 안나 부부가 참여한 파리코뮌을 돕는다. 코뮌이 실패하자 안나는 런던으로 도망치고 남편은 체포되어 사형선고를 받았으나, 소피야와 아버지가 파리에서 구명운동을 벌여 그를 구출한다.

소피야는 1874년 박사학위 논문으로 괴팅겐대학에 '편미분 방정식', '토성의 고리 역학', '타원 적분'에 관한 논문 3편을 발표하고 수학 박사 학위를 받아 유럽 최초로 박사학위를 받은 여성이 된다. '편미분 방정식'은 오늘날 '코시-코발렙스카야 정리'로 불린다. 소피야는 대학에서 수학 강사가 되고 싶었지만 여성이라는 이유로 허락되지 않았고, 그의 무료 강의 제안도 거부된다. 그는 남편의 다양한 사업을 도왔으나 그것이 실패로 끝나 어린 딸과 함께 러시아로 돌아간다. 소피야는 러시아에서도 학생들을 가르치고 싶었지만, 여성이라는 점과 정치적 견해 때문에 거부당한다. 남편의 사업도 계속 실패해 파산에 이르고, 결국 남편은 1883년에 스스로 삶을 마감한다.

세계로 모험을 떠난 니힐리스트 걸

소피야는 1883년 스웨덴의 스톡홀름대학에서 사강사(대학이 아니라 학생들에게 보수를 받으며 강의하는 개인 강사)로 지내며, 여배우이자 소설가이며 극작가인 안네 샬로테 레플레르를 만나 죽을 때까지 '친밀한 낭만적 우정'을 나눈다. 1884년에는 5년제 계약교수가 되고 1888년에 당시 과학계의 최고상인 프랑스 과학아카데미의 보르댕 상을 받는다. 1889년 그는 북유럽 대학에서는 여성 최초로 스톡홀름대학의 정교수로 임명되고 남편의 먼 친척과 사랑에 빠졌으나, 정착을 거부해 결혼은 하지 않는다. 1890년에는 자전적 소설 『니힐리스트 걸』을 발표하지만, 1891년 독감으로 사망한다. 41세의 나이였다.

로저 쿡은 2003년에 쓴 소피야의 새로운 평전 서문에서 다음과 같이 말한다. "그녀의 삶에 대해 더 많이 생각하고 그녀가 극복해야 했던 어려움의 무게에 맞서 그녀가 성취한 것의 크기를 생각하면 할수록 그녀를 더욱 존경하게 된다. 그녀는 역사상 극소수의 사람들이 달성한 영웅적 위상을 보여준다. 그녀가 그랬던 것처럼 아직 여성이 거의 탐험하지 않은 세계로 모험을 떠나……사회가 그녀의 실패를 반쯤 예상하고 바라보는 동안 엄청난 용기와 결단력이 필요했다. 그녀가 그랬던 것처럼, 학문에 지속적인 가치가 있는 두 가지 주요 결과를 달성하는 것은 철의 훈련을 통해 개발된 엄청난 재능의 증거다."

소피야의 생애는 1956년 이오시프 샤피로 감독의 영화 외에도 여러 차례 영화나 드라마로 만들어졌고 소설로도 여러 편이 쓰였다. "나는 불꽃이다. 붉게 타올라 그 빛으로 앞을 밝힌다"로 끝나는 슬릭의 노래도 소피야를 생각하게 한다. 그러나 더는 한순간의 불꽃으로 끝나서는 안 된다.

루시 파슨스

Lucy Parsons, 1851~1942

자본주의의 억압에 맞서다

메이데이와 헤이마켓 사건

———

영화 〈러빙〉(2016년)은 1958년 미국 버지니아에서 백인 남성과 흑인 여성이 결혼했다는 이유만으로 1년형 판결을 받고 형 집행 면제 조건으로 25년을 다른 주에서 살게 된 뒤, 오랜 재판 투쟁 끝에 1967년 연방대법원에서 결혼금지법이 위헌이라는 판결을 받아내 부부가 10년 만에 고향으로 돌아온 실화를 다루고 있다. 1950년대까지 24개 주에 인종 간 결혼을 금지하는 법이 있었고, 수많은 사람이 악랄한 인종차별 노예법으로 고통을 당했다. 남북전쟁으로 노예라는 법적 신분은 사라졌으나, 노예의 삶은 계속되었다. 그것도 1960년대까지가 아니라 지금까지다. 어쩌면 1960년대에 잠깐 해방되는 듯했을 뿐이었는지도 모른다.

그런 미국을 보면 5월 1일 메이데이(노동자의 날)가 미국에서, 그것도 아나키스트들에 의해 시작되었다는 역사적 사실도 좀체 믿어지지 않는다. 1886년 시카고 헤이마켓 사건 이후 1889년 7월에 여러 나라의 노동운동 지도자들이 모여 결성한 제2인터내셔널의 창립대회에서 5월 1일을 메이데이로 결정한 뒤 1890년부터 대부분의 나라에서 이날을 메이데이로 기념해왔다. 반면 한국에서는 대한노총 창립일인 3월 10일을 노동절로 했다가 1963년에 '근로자의 날'로 바꾸고, 1994년부터는 날짜를 5월 1일로 바꾸었다. 이름을 '노동절'로 바꾸자는 주장이 있지만 고쳐지지 않고 있다. 미국에서도 9월 첫 번째 월요일을 노동절로 하면서 5월 1일은 '준법절'이라고 하는, 한국에서보다 더한 코미디를 해왔다.

헤이마켓 사건은 5월 1일부터 시작되었으나, 4일에 절정에 이르렀다. 전날 경찰에게 살해당한 노동자들을 추모하고, 8시간 노동제를 요구하는 파업 노동자들의 평화 행진이 이날 열렸다. 경찰이 이들을 해산시키려 하자, 폭탄 폭발과 뒤이은 발포로 인해 경찰 7명과 민간인 4명 이상이 죽었고, 많은 사람이 다쳤다. 혐의자로 체포된 아나키스트 8명은 폭탄을 던지지 않았지만 7명에게는 사형이, 나머지 1명에게는 징역 15년이 선고되었다.

이 재판은 미국의 양심적인 사람들만 아니라 영국의 오스카 와일드, 조지 버나드 쇼, 윌리엄 모리스와 같은 사람들에 의해서도 비판을 받았지만, 사형수 중 2명은 종신형으로 감형되고, 1명은 교수대로 끌려가기 전에 자살했다. 나머지 4명은 처형되었는데 그중 1명은 앨버트 파슨스였다. 그는 10대에 남부군으로 남북전쟁에 참전했으나 전후戰後에는 대학을 졸업하고 신문사를 창립해 링컨의 공화당을 지지하면서,

흑인의 참정권 보장 운동을 비롯해 인권운동에 종사한 백인 언론인이
었다.

여성은 '노예의 노예'

앨버트 파슨스는 친구들과 이웃의 외면, 신문사의 도산으로 1869년부
터 르포 기사를 쓰기 위해 텍사스를 여행하다가 흑인 노예 혈통의 재
봉 노동자 루시 파슨스와 우연히 만나 1872년에 결혼했다. 스무 살 이
상 연상인 흑인 해방 노예와 결혼한 전력이 있던 루시와 엘리트 백인인
앨버트의 사랑은 〈러빙〉의 사랑보다 감동적이다. 당시 미국에서 백인과
유색인종의 결혼은 금지되었고, 특히 남부에서는 흑백분리법을 강력하
게 실시하고 있었기 때문에 이 신혼부부는 시카고 빈민촌으로 이주해
야 했다.

　　　이들은 함께 사회주의 운동에 투신했으나 앨버트가 몇 차례 선거
에서 패한 뒤 아나키즘 운동과 노동조합운동에 참여했으며, 헤이마켓
시위도 주도했다. 대학을 졸업한 앨버트와 달리 루시는 독학으로 『알
람』이라는 신문을 창간해 아나키즘 운동을 독려했고, 여러 차례 연설을
했다. 헤이마켓 시위 후의 연설에서는 아나키스트들의 폭탄 투척을 부
인하면서 아나키스트는 폭탄과 횃불을 든 사람이 아니라 평화롭고 법
을 지키는 사람이며, 아나키란 혼돈이 아니라 정치적 지배가 없는 상태
를 말한다고 역설한다. 그러면서 굶주리는 빈민과 노숙자가 존재하고
그들을 낳은 사회가 온존하는 한 아나키스트도 있을 수밖에 없다고 주

장했다.

　남편이 처형당한 뒤에도 루시 파슨스는 자신의 운동을 더욱 강고히 하고 국제적으로 활동 무대를 넓혔다. 1888년 영국을 방문했을 때는 윌리엄 모리스, 표트르 크로폿킨과 함께 연설했다. 루시 파슨스는 언론과 저술 활동을 통해, 오직 직접행동만이 빈민과 노동자 계급의 승리를 가져올 수 있고, 특히 여성들이 가정부로 머물러서는 안 되며 주부의 역할을 거부하고 적극적으로 사회운동에 뛰어들어야 한다고 주장해 큰 반향을 불러일으켰다. 당시 '세계에서 가장 위험한 여성'으로 알려진 아나키스트 엠마 골드만과 루시는 많은 부분에 서로 동의했으나 결혼 제도에 대한 생각만은 달랐다. 루시는 결혼이 인간의 본성에 가까운 것이라고 옹호한 반면 골드만은 결혼이 여성을 억압한다고 하면서 자유로운 사랑을 주장했다.

　루시는 자본주의의 억압에 직접 맞서기 위해서는 좀더 중요한 이슈들이 있다고 하면서 1905년 유진 데브스·마더 존스와 함께 미국의 노동조합운동 중에서 가장 진보적인 '세계산업노동자연맹IWW'을 설립해 산업민주주의를 추구했는데, 당시 시카고 경찰은 그를 "폭도 1,000명보다 더 위험한" 사람으로 불렀다. 세계산업노동자연맹 창립총회의 유일한 여성 연설자로서 루시는 여성을 '노예의 노예'라고 하면서 자신의 독립성과 인간성에 따라 개성을 주장해야 한다고 역설했다.

　노동자들의 직접행동을 옹호하고, 총파업을 통한 공장 접수, 즉 생산수단을 노동자들이 장악하는 것을 목표로 삼은 그는 지도자 없이 노동자들이 평등하게 공장을 운영할 수 있다고 믿었다. 이처럼 노동자들에 의한 공장의 자주관리와 이를 통해 사회를 자유연합으로 만들어

갈 것을 주장한 생디칼리슴(19세기 말에서 20세기 초에 프랑스와 이탈리아를 중심으로 일어난 무정부주의적인 노동조합 지상주의)을 옹호한 그는 계급이야말로 억압적 사회체제를 작동시키는 근본 원인이라고 생각했다.

보스턴의 책방에서 만날 수 있는 아나키즘 정신

성차별과 인종차별을 비롯해 모든 계급차별에 맞서 싸우던 루시 파슨스에게 미국 정부는 지속적인 탄압을 가했다. 감옥에 가두거나 연설을 금지하기도 했으며, 거리에서 아나키즘 잡지를 판매했다는 이유로 벌금을 부과하기도 했다. 루시를 비롯한 아나키스트들의 노력으로 1889년 아나키스트들에게도 언론의 자유가 있다는 판결이 내려지기 전까지 아나키스트들에게는 표현의 자유가 금지되었다.

뒤에 도로시 데이, 존 리드, 놈 촘스키, 헬렌 켈러, 유진 오닐, 게리 스나이더, 피터 시거 등이 참여한 세계산업노동자연맹은 정부의 탄압으로 미국에서는 힘이 계속 약화되었으나, 그 조직은 세계적으로 확대되었다. 루시는 제1차 세계대전 때는 반제국주의 반전운동을 전개했고, 1930년대의 뉴딜정책과 프랭클린 루스벨트의 민주당에 동조한 주류 노동조합인 '미국노동연맹-산별노조협의회AFL-CIO'와도 항상 거리를 두었다. 뉴딜정책은 자본주의를 전복시키는 혁명을 막으려는 의도라고 보았기 때문이다.

1942년 89세로 루시가 사망했을 때 경찰은 그가 남긴 것을 모두 압수해 없애버려서 누구도 그에 대해 알지 못하게 했다. 그러나 27년 뒤인 1969년, 보스턴 시내에 그의 이름을 건 책방이 생겼다. '주인도 없고, 보수도 없다'는 표어 아래 자원봉사자들이 운영하는 이 서점에서 쏟아져 나온 루시 파슨스 관련 서적들과 함께 아나키즘 책들을 읽은 추억이 있다. 보스턴을 비롯해 미국의 많은 진보적 서점이 문을 닫았는데, 루시 파슨스 센터 서점만은 아직도 남아 있다. 헤이마켓 대학살은 미국만이 아니라 세계의 노동운동사에 가장 큰 영향을 끼친 사건인데도 미국에서는 잊히고 있어 유감이다. 한국에서도 마찬가지가 아닐까?

제인 애덤스

Jane Addams, 1860~1935

시카고에서
대동사회를 꽃피우다

어떤 이데올로기에도 사로잡히지 않는 자유인
———

안짱다리에 척추장애인인 제인 애덤스가 쓴 『헐하우스에서 20년』은 평생 계급을 뛰어넘는 대동사회를 추구한 삶의 전반을 기록했다는 점에서 가장 중요한 고전이라는 평가를 받는 책이지만, 한국에서는 그 책이 나온 지 거의 한 세기가 지난 2008년에야 번역되었다. 그것도 완역이 아니라 부분역인데 그 점을 전혀 밝히지 않고 있어 문제다. 특히 그의 삶 후반부의 예술 활동과 러시아혁명에 대한 부분을 생략해서다.

　게다가 원저와 달리 번역서 표지에는 '미국 여성 최초 노벨평화상 수상자 제인 애덤스의 자전적 에세이'라는 설명이 붙어 있지만, 노벨상을 받은 해는 1931년이고 책의 내용은 애덤스가 1889년에 만든 헐하우스 창립 초반의 20년에 그치며, 1910년부터 그가 죽은 1935년까지인 마지막 26년에 관해서는 별다른 언급이 없다. 그 26년은 애덤스가 미국의 제국주의에 반대하고 평화운동에 헌신하며 사회학 분야를 개척한 기간으로, 노벨상 수상 공적과 깊게 관련되어 있는 사회적·학문적 연찬研鑽의 시기였는데도 말이다.

또 1세기 전에 미국인이 쓴 책이니 지금 한국인이 읽을 때 알아야 할 이야기가 더해졌다면 더 좋았을 것이다. 헐하우스 창립 100주년을 기념해 발간된 원저의 서문을 쓴 미국인이 헐하우스가 '급진적'이라는 그릇된 인식을 바로잡고자 할 따름이라고 하기에 더욱 그렇다. 나는 헐하우스가 분명히 급진적이었다고 생각하지만, 애덤스 자신이 말하듯 공산주의와는 무관하다. 그는 미국의 전통인 프래그머티즘(19세기 후반 미국을 중심으로 발달한 철학 사상으로 행동과 실천을 중시, '실용주의'라고도 한다)에 충실한 사회개혁가로 어떤 이데올로기에도 사로잡히지 않은 자유인이었다.

애덤스는 존 듀이와 함께 민주주의를 '프래그머티즘'과 '시민적 행동주의'라는 관점에서 다시 정의했으며, 특히 권리보다는 의무에 중점을 두었다. 애덤스와 그의 동지들을 효율성에 더 신경 쓰는 현대인과 구별하는 주요 관점에는 두 가지가 있다. 첫째, 노동조합에 대한 계획적 지원을 요청한 것처럼 정치권에 국한되었던 민주적 구조와 관행을 사회경제적 삶으로 확장시킬 필요성을 인정한 것이다. 둘째, 개인주의 관점을 현대사회에서 더는 적합하지 않은 것으로 보고 이를 대체하는 새로운 사회적 윤리를 요구한 점이었다.

주거 정착 사업을 위한 헐하우스

애덤스는 책의 처음부터 자신이 척추장애인이고 안짱다리에 못생겼다며, 어린 시절의 콤플렉스에 대해 솔직하게 말해 충격을 준다. 게다가 고전을 읽어도 삶의 지혜가 생기지 않아 읽기를 포기했다고도 서슴지 않고 말한다. 신학교에서 사귄 친구 중 한 명이 훗날 대한제국의 의료 선교사로 건너가 명성황후의 병을 성공적으로 치료한 덕에 황실 주치의가 되었다고 하는데, 그 뒤로 그 친구가 어떻게 되었고 조선의 식민지화를 어떻게 생각했는지에 대해서는 언급이 없다. 그 친구는 조선 최초의 여성 의료 선교사인 애니 엘러스로, 1886년 조선에 와서 선교사 댈절 벙커와 결혼하고 정동여학당(현재 정신여고)을 세웠으며, 양화진에 묻혀 있다.

레프 톨스토이의 『나의 종교』와 초기 기독교에 매료된 그는 1886년 여름 장로교회에서 기독교인으로 세례를 받았고, 주세페 마치니의 『인간의 의무』를 읽고 민주주의가 사회적 이상이라는 믿음을 평생 간직했다. 그리고 존 스튜어트 밀의 『여성의 종속』을 읽고 결혼에 대해 의문을 가졌다. 애덤스는 영국 여행 중에 본 토인비 홀의 주민 정착 사업에서 영감을 얻어 1889년 시카고 슬럼가에 주거 정착 사업을 위한 헐하우스를 세웠다. 초기 기독교계에서처럼 다양한 계층이 사회적으로 서로 어울리며 공동의 이익을 얻게 하려는 꿈을 구체화한 것이다.

그 목표 중 하나는 특권적이고 교육을 받은 젊은이들이 대부분 사람들의 실생활을 접하도록 하는 것이었다. 이곳의 거주자들은 질병 치료와 육아, 교육 토론을 시작하고, 이어 예술과 체육 활동, 도서관과 박물관 등으로 영역을 확장했다. 노동단체와 다른 개혁단체들과 함께 최초의 소년심리원법과 공동주택법, 아동노동의 폐지, 노동자의 임금 보장과 1일 8시간 근무제, 공장 검열 등을 위해 노력했다. 또 이민자와 흑인을 위한 사법제도를 정립하는 데 힘썼고, 가난과 범죄의 원인을 규명하는 연구 작업을 제안했으며, 여성의 참정권 획득을 옹호하는 등 1930년대의 개혁을 이끌었다.

특히 헐하우스는 문화·계층·교육의 좁은 경계를 허물고 전통적인 사회봉사 시설을 넘어 지역예술 센터로 성장했다. 그 결과 서로 다른 공동체와 이념이 서로에게서 배우고 집단행동의 공통 근거를 모색할 수 있는 중립적인 공간으로서 시민사회를 세우는 기반이 되었으며, 개인을 특정 직업이나 직위에 맞게 만드는 기존의 교육제도에 도전해 사람들이 독립적으로 생각할 수 있는 공간·시간·도구를 제공했다. 이 과정에서 예술은 집단적 상호작용, 상호 간의 자아 발견, 레크리에이션과 상상력을 통해 도시의 다양성을 펼칠 수 있는 열쇠가 되었다. 예술은 다양성과 다문화주의를 통해 문화적 정체성의 지속적인 재창조에 기초해 고정된 사상을 교란하고, 건강한 사회에 필요한 다양성과 상호작용을 자극하면서 공동체의 비전에 없어서는 안 되는 것으로 자리 잡았다.

미국 연방수사국이 위험인물로 주시하다

애덤스는 평화운동에도 앞장섰다. 1898년 미국의 필리핀 합병에 반대해 반제국주의연맹에 가입하고 진보당을 지지했으며, 1899년에는 미국·스페인 전쟁에 반대했다. 1914년 이후 새로운 국제여성평화운동에 참여해 미국의 전쟁 개입에 반대했고, 1915년에는 여성평화당의 전국 의장에 선출되었다. 또 그해 헤이그에서 열린 국제여성대회를 주재하고 제1차 세계대전의 종전 선언을 모색하기 위해 위원장으로 선출되었다. 이는 전쟁에 대항해 국제적으로 처음 기울인 노력이었기에 중요했다. 그 뒤에도 애덤스는 세계 평화를 위한 노력을 계속했다.

특히 1917년 미국의 참전과 함께 보수세력들에게 반미 평화주의자로 비난을 받았지만, 애덤스는 자신의 신념을 포기하지 않았다. 톨스토이와 듀이의 영향을 받은 애덤스는 민주주의, 사회정의, 평화를 상호보완적인 것으로 생각했다. 인간의 친절, 연대, 시민적 우정을 훼손하고 전 세계 가족들을 힘들게 하는 대격변이라고 전쟁을 저주한 애덤스는 미국의 개입주의, 팽창주의, 제국주의 침략에 반대했다. 이에 당시 연방수사국FBI은 제인 애덤스를 미국에서 가장 위험한 인물로 간주했다. 그러나 1931년에는 노벨평화상을 받았다. 그는 노벨평화상 수상 후 4년 뒤인 1935년, 75세의 나이로 죽음을 맞이했다.

일리노이대학의 캠퍼스 건설을 위해 헐하우스는 건물 대부분이 헐렸고, 그 활동도 2012년에 끝났다. 애덤스는 생전에 대학에서 공개 강의를 했으나 대학과의 제휴는 거부했다. 자신의 목표가 대학 밖의 사람들을 교육하는 것이고, 나아가 대학의 통제를 바라지 않은 탓이었다. 그럼에도 애덤스는 헐하우스 창립 후 3년 뒤에 개설된 시카고대학 사회학과를 비롯해 미국 사회학의 발전에 중요한 기여를 했다. 그래서 2001년 미국사회학회의 회장이었던 조 페이긴은 애덤스를 미국 사회학의 핵심적인 선구자로 부르고, 사회학이 애덤스와 같은 사회활동가의 뿌리와 사회정의에 대한 헌신으로 다시 돌아가야 한다고 주장했다.

마리 퀴리

Marie Curie, 1867~1934

과학은 가장 급진적인 사회참여의 방식이다

주류에 맞서는 모든 과학에 흥미를 갖다

———

2020년 말에 본 영국 영화 〈마리 퀴리〉는 마리가 죽어가면서 남편인 피에르 퀴리와의 첫 만남을 회상하는 것으로 시작된다. 마리가 독서하며 걷다가 피에르와 부딪혀 놓친 책을 주워든 피에르가 책의 저자에 대해 말을 걸자 마리는 "주류적 태도에 맞서는 모든 과학에 흥미를 갖는다"고 답한다. 그 뒤에 이어지는 영화의 내용은 마리가 주류에 맞서 싸워 과학사에서 최고가 되는 삶을 보여준다. 과학자를 비주류 이단이라고 하는 것은 상식적이지 않을지 모르지만, 과학사를 보면 적어도 역사를 바꾼 위대한 과학자들에게는 그 말이 맞는다는 생각이 든다. 전위의 이단이라는 점에서 과학은 예술과 같다. 과학자와 예술가는 우리 미래의 머리와 눈이다.

영화는 마리와 피에르의 사랑과 연구에 초점을 맞추고 있어서 마리의 이단성에 대해서는 충분히 알려주지 않는다. 그의 이단성은 유대인 아버지에게서 비롯된다. 러시아가 지배하는 폴란드에 살던 아버지는 수학과 물리 교사였으나 정치적 이유로 해고되었다. 어머니가 결핵으로 숨진 뒤 마리는 어려서부터 아버지의 서재에 틀어박혀 과학과 사회와 관련된 독서와 토론을 통해 실증주의자로 자란다. 마리는 당시 폴란드의 민족해방투쟁을 지지한 아나키즘에도 관심이 컸다. 아나키스트와 실증주의자들은 남녀평등을 주장하고 관습에 저항했다. 노동야학에서 노동자를 가르치며 도서관도 만들어준 마리는 평생 사교나 오락, 옷차림이나 화장, 돈벌이나 출세와 같은 당시 부르주아 풍습과 무관하게 살았다.

여성이 대학교육을 받을 수 없는 폴란드를 떠나 프랑스로 가기 위해 마리는 시골에서 가정교사를 하는데, 언니의 학비를 먼저 마련해준다. 6년간의 시골 생활에서 모든 것을 혼자 책임지는 삶을 익힌 마리는 노동야학으로 돌아와 최초로 과학 실험을 하지만, 실험이 이루어진 곳이 불법시설이어서 항상 체포될 위험이 따랐다. 그는 언니의 공부가 끝난 뒤 24세 늦깎이 학생으로 파리 소르본대학에 입학한다. 2~3년 만에 석사학위 두 개를 받았으며, 실험 공간을 확보하기 위해 자기학을 전공하는 실험교사 피에르를 친구에게 소개받는다.

피에르는 파리코뮌에 참가한 아나키스트 의사의 아들로 코뮌 부상자들을 돌보면서 자랐다. 학교를 비생산적인 강제 시설로 여긴 아버지 때문에 피에르는 정규교육을 받지 못했으며, 독학으로 어렵게 소르본대학을 다녔다. 그러나 너무 가난해 박사과정에는 들어가지 못해 실험교사로 일하던 36세의 노총각이었다. 여덟 살 아래인 마리가 조국 폴란드에 돌아가 일하기 위해서 자신과의 결혼을 망설이자 피에르는 편지를 쓴다.

"감히 말하지만 우리가 우리의 꿈에 취해 한평생을 함께 보낼 수 있다면 그것은 믿기 힘들 만큼 아름다운 일이 될 것입니다. 조국을 향한 당신의 꿈, 인도주의를 위한 우리의 꿈, 과학을 위한 우리의 꿈. 저는 그중에서 오로지 마지막 꿈만이 현재로서는 온당하다고 믿습니다."

'폴로늄'과 '라듐'을 발견하다

둘은 드레스도, 반지도, 성찬도 없이 오로지 자신들이 세계를 구원한다고 믿은 과학에 목숨을 바칠 동지로서 새로운 삶을 시작한다. 결혼 선물로 받은 돈으로 산 자전거로 신혼여행을 하고, 나체로 수영하며 대화하는 모습이 영화에서 가장 아름다운 장면이다.

신혼부부의 집에는 침대와 탁자 하나, 의자 둘, 책장뿐이었다. 곧 두 딸이 태어났지만, 피에르가 교사로 일한 공업학교의 작은 공간을 이용해 실험을 계속한다. 마리와 피에르는 방사성 원소를 분리하고 발견해서 이후 원자핵물리학이 발전할 길을 열어주었다. 이어 발견한 새로운 방사 물질을 마리의 조국인 폴란드에 대한 경의로 '폴로늄'이라고 부르고 두 번째로 발견한 방사 물질을 '라듐'이라고 했다. 그 공로로 퀴리 부부는 1903년 노벨물리학상을 받는다. 처음에는 피에르만 추천되었으나, 그는 마리와 공동 수상하기를 고집했다. 노벨상 수상 이후에야 두 사람은 프랑스에서 자리를 얻는다. 그전에 마리는 외국인 여성이고,

피에르는 정규교육을 받지 못했다는 점, 그리고 두 사람 모두 반항적이라는 이유에서 아웃사이더로 살아야 했다.

피에르는 45세에 모교의 교수가 되지만, 2년 뒤에 교통사고로 죽는다. 두 사람이 자신들의 연구 성과를 경제적으로 이용했다면 숙원이었던 실험실을 더 일찍 가질 수도 있었으나, 그들은 과학을 돈으로 오염시켜서는 안 된다고 생각해 모든 특허를 포기한다. 마리는 자신에게 주어진 연금도 자선이라고 경멸하며 거부하다가 피에르의 사후 교수직과 함께 받는다. 그보다 24년 전 스톡홀름대학의 교수가 된 러시아인 소피야 코발렙스카야 이후 유럽에서 두 번째로 여성 교수가 된 것이었다. 마리는 제도교육에 반대해 아이들을 학교에 보내지 않고 직접 가르치면서 아이들이 과학자들의 연구실을 방문해 연구에 직접 참여하면서 배우게 했다.

제1차 세계대전에서 부상병들을 치료하다

연구에 몰두한 마리는 오랜 동료인 기혼남 폴 랑주뱅을 사랑한다. 영화에서는 그 사랑을 육체적 관계뿐인 양 묘사하지만, 여러 전기는 진실한 사랑이라고 본다. 엄청난 사회적 비난에도 1911년 두 번째로 노벨상을 받고 연구소도 완성되지만 곧 제1차 세계대전이 터진다. 지식은 만인을 위해 써야 한다고 믿은 마리는 노벨상 상패까지 내놓으며 병든 몸을 이끌고 전선에 뛰어들어 부상병들을 위해 방사선 촬영팀을 꾸린다. 운전병이 부족해 스스로 운전도 배워 전선을 누비는 등 마리의 노력으로

100만 명 이상이 검사와 치료를 받게 된다.

종전 이후 마리 퀴리는 건강이 더욱 나빠졌지만, 연구소의 재정 확보를 위해 세계의 절반을 여행한다. 1922년 그는 알베르트 아인슈타인 등과 함께 국제연맹을 위해 일하면서 1920년 아나키스트인 니콜라 사코와 바르톨로메오 반제티에게 가해진 미국 법원의 사법살인(사코 반제티 사건)에 반대하는 등 사회운동에도 참가한다. 마리 퀴리는 1934년 방사능 과다 노출로 세상을 떠났다. 이듬해 장녀 이렌 졸리오퀴리 부부가 노벨화학상을 받고, 1965년에는 차녀 이브의 남편이 노벨평화상을 받는다. 영화 중간중간에 첨가된 원자탄이나 원자핵의 문제는 마리가 경고한 대로 과학을 악용한 결과다.

마이클 샤디드

Michael Shadid, 1882~1966

의사들의 기득권과
싸운 의사

의사들의 '의료 이기주의'

———

대학에서 30여 년을 지내면서 나를 포함한 교수야말로 '전문가 바보'라고 항상 생각했고, 특히 의대 교수인 의사들이 그렇다고 생각해왔다. 그런데 2020년 9월 서울대병원 감염병동의 최은영 간호사가 그렇게 말해주어서 더욱 확신을 갖게 되었다. 그는 '있는 사실을 부정하는' 의사협회의 행태, 즉 공공의료를 행하는 의사가 부족해 심각한 문제인 것은 객관적 자료로 명약관화한데도, 의사 수를 늘리고 공공의료제도를 확충하려는 정부의 개혁안에 반대한다.

그러면서 자신들이 '공산독재'에 맞서 싸우는 민주화 투쟁을 한다며 '촛불은 이럴 때 들어야 한다'고 주장한 것은 사회적 합의와 관련된 경험이 부족하고 '군대처럼 수직적인 문화, 상명하복도 강'한 탓이라고 했다. 맞는 말이다. 반인권적 폭력이 지배하는 도제식 의대 교육이 주요

인이다. 그러나 더 큰 이유는 소위 전문가(엘리트) 특유의 직업 집단주의에 있다.

전문가 집단이 기득권을 지키기 위해 조폭과 다름없어 보이는 온갖 불법적 수단을 동원하고, 이를 호도하기 위해 사기성 궤변을 일삼는 행태는 한국만의 일도 아니고 어제오늘의 일도 아니다. 특히 한국인이 모든 점에서 우러러보는 미국이 그러한데 의료 분야에서는 더 그렇다. 대부분의 우리나라 병원 벽에는 미국에서 이런저런 연수를 했다는 증서들이 덕지덕지 붙어 있는데, 그 연수라는 것이 정말 웃기는 짓거리라는 이야기는 의료계를 조금이라도 아는 사람이면 누구나 아는 상식이다. 의사들이 골프채를 들고 뻔질나게 나다니는 미국에서 정말 연수한 것은 조직화된 의사 집단이 형성한 '의료 이기주의'인지도 모른다. 아니 현대적인 의료제도가 미국에서 들어온 탓에 의료 이기주의가 처음부터 깊게 뿌리내렸는지도 모른다.

나는 지금까지 의사협회를 탈퇴하거나 퇴출당한 의사가 있다는 이야기를 듣지 못했다. 반면 미국에는 의료 특권을 가난한 이들에게 나눠주고자 했던 노력 때문에 의사 면허증을 박탈당하고 의사협회에서 퇴출당하는 등 입신양명으로 가는 길이 가로막혔을 만큼 헌신적인 의사가 있었다. 바로 20세기 초 오클라호마주 엘크 시티에 협동보건 시스템을 세운 마이클 샤디드다.

가난한 사람들은 더 오래 아프다

샤디드는 초·중·고등학교에서 줄곧 1등을 해서 일류 대학 의대에 진학한 자가 아니다. 1882년 당시 오스만제국의 지배를 받은 레바논의 지극히 가난한 시골 마을에서 12남매 중 막내로, 형제 9명이 죽는 비참한 상황 속에서 겨우 살아남았다. 그는 베이루트에서 고등학교를 마치고 16세에 누나와 함께 미국으로 이민을 갔다. 집집마다 짐꾼 행상을 다니며 값싼 보석과 단추를 팔았던 그는 고학으로 어렵게 의대를 다니면서 사회당에 입당했다. 1929년에 쓴 『민중의 의사』라는 자서전에서 그는 의대 입학을 제한함으로써 의사협회가 의사의 공급을 줄이고 의사의 수입을 올리는 독점 관계를 형성한다고 보고, 의사들의 의료 행위를 약탈적이라고 비판했다.

또 개업 직후부터 가난한 사람들을 위한 의사로 살면서 1923년 오클라호마주 엘크 시티의 농부들이 적절한 의료 서비스를 받지 못하고 적당한 진료비를 내는 병원이 없다는 사실을 알았다. "가난한 사람들은 더 일찍, 더 오래 아프고, 가장 집중적인 치료가 필요할 때 가장 적게 치료받는다. 그들은 아프기 때문에 가난하고, 가난하기 때문에 아프다"는 현실을 직시하고 농민 환자들의 모임을 소집했으며, 엘크 시티에 협동조합이 소유하는 진료소와 병원의 설립을 제안했다. 오클라호마 농민조합은 그의 제안을 지지했고, 1931년 지역사회 보건협회의 주도로 병원이 문을 열었다. 미국 역사상 최초의 협동조합 의료기관이었다.

의료계는 샤디드를 냉대해 그가 20년 넘게 회원이었던 미국의사협회에서 쫓아내고, 배상책임보험 대상자에서도 제외시켰다. 오클라호마주 의사협회는 샤디드의 면허를 취소하려고 하고, 샤디드와 뜻을 함께해 협동보건 시스템에 종사하려는 의사들의 신분을 위협했다. 의사협회는 일반인이 의료제도에 참여한다는 점에서 협동조합이 비도덕적이고 비윤리적이라고 비판했다. 의사협회는 의료협동조합의 설립을 금지하는 법안을 통과시키려 했으나 그 법안은 농민조합의 도움으로 부결되었다.

샤디드는 "국가를 독재와 혼돈의 길로 이끄는 특권층의 지배를 피하기 위해 투쟁한다"고 선언하고, 의사협회를 비롯해 협회에 동조한 상류층과 그들의 심복인 보수 언론과 싸웠다. 샤디드가 만든 협동조합은 1934년 병원과 보건정책을 통제했고, 1939년까지 병원은 오클라호마 남서부의 농부 1만 5,000명을 위해 봉사했다.

그러나 미국의사협회는 의료 민주화를 더욱 노골적이고 집요하게 거부했다. 그러면서 1929년의 대공황 이후 미국 역사상 최초로 자유주의적 자본주의를 수정하는 뉴딜정책이 채택한 사회보장제도에서 의료보험제도를 유일하게 제외시켰다. 이는 지금까지도 미국에 공공의료제도가 없다시피 만든 결과를 초래했다. 워싱턴에서 샤디드가 중심이 되어 조합을 결성하려고 한 시도를 방해한 의사협회는 전 국민 의료보험제도를 도입하려던 프랭클린 루스벨트 정부의 1938년 의료 개혁만이 아니라 1948년 트루먼 정부에서 시도한 의료 개혁에도 반대하면서 공공의료를 "퇴폐한 국가가 전형적으로 보여주는 비난받아 마땅한 시스템"이라고 공격했다.

샤디드는 워싱턴 디어파크에서 건강협동조합 출범과 집단 건강협동조합을 결성해 조직위원회를 도왔고, 1947년 미국협동조합보건

연합을 설립한 뒤 1949년까지 재단 총재를 지냈다. 말년에는 당뇨병을 앓아 두 다리를 잃었으나 혼자 휠체어를 타고 러시아로 건너가 사회화된 의학을 강의하고, 미국과 유럽 전역을 돌며 협동 의료 서비스를 옹호하는 연설을 했다. 그는 1960년 레바논의 고향 마을에 '하라문병원'을 세우고 1966년 84세로 세상을 떠났다.

1930년대 미국의 작은 마을에서 그친 꿈

캐나다에서도 정부의 의료 개혁에 반대하는 의사들의 파업이 1960년 역사상 최초로 일어났다. 60년 전에 일어난 이 파업에서도 2020년 한국에서처럼 공공의료가 '빨갱이짓'이라면서 자신들이 '공산독재'에 맞서 싸우는 민주화 투쟁을 한다며, 자신들의 주장을 받아들이지 않으면 '질병이 창궐할 것'이라고 위협하기도 했다. 보수 언론이 동조했다는 점도 60년이라는 시간차와 캐나다라는 공간의 차이가 있는데도 미국과 너무나 유사했다. "정부의 명령을 받는 데 익숙하지 않은 점에서 우리 시대의 대제사장"이라고 비판받은 당시 캐나다 의사의 '대단한' 신분도 오늘날 한국의 의사와 일치했다.

단 한 가지 차이점이라면 60년 전 캐나다에는 촛불집회가 없었다는 점이다. 아니다. 정부의 대응도 달랐다. 캐나다 정부는 외국인 의사를 초빙해 의료 공백을 메우겠다고 선언했다. 그러자 파업이 실패하고 정부의 공공의료 개혁이 성공했다는 점도 오늘날의 한국과 다르다. 전문가는 민중에게 복종해야 한다는 민주주의의 원칙이 확립되었다는 점이 다르다. 그렇다. 바로 민주주의의 문제다. 한국에서는 아직도 민중은 물론 정부도 전문가의 이기주의에 복종한다.

샤디드의 공공의료 개혁은 2016년과 2020년의 민주당 대통령 후보 경선에 나선 버니 샌더스의 공약에서도 나타났지만, 그가 두 번 다 실패한 탓에 샤디드의 꿈은 여전히 1930년대 미국의 작은 마을에서 그쳤다. 다행스럽게도 한국에서는 의료보험제도를 실시하고 있으나 미국의사협회처럼 한국의 의사협회도 언젠가 이 제도를 무너뜨릴지도 모른다. 돌이켜보면 의료보험제도의 실시는 기적과 같았다는 생각이 들 정도다. 지금의 한국에서는 절대로 있을 수 없는 일이다. 본능적으로, 본질적으로 민주화에 역행하는 전문가의 이기주의를 어떻게 얼마나 약화시키느냐 하는 민중의 의지와 능력에 민주주의의 성패가 달렸다고 해도 과언이 아니다.

바르트 더리흐트

Bart de Ligt, 1883~1938

폭력이 있을수록
혁명은 사라진다

사람과 세상이 거듭나야 한다

———

내가 좋아하는 빈센트 반 고흐의 그림인 〈감자 먹는 사람들〉은 농민의 빈곤한 삶에 공감해 품게 된 새로운 사회적 도덕에 대한 열렬한 소망을 보여준다. 이 그림은 빈센트의 아버지가 1882년 네덜란드 남부의 시골 마을인 뉘넨의 작은 개척교회 목사로 부임하자, 이듬해부터 2년간 그곳의 농촌과 농민들을 그린 작품 중 하나다. 그림은 빈센트가 이런저런 직업의 실패를 거듭하다가 27세에 택한 마지막 길이었지만, 동시에 새로운 삶으로 향하는 힘찬 출발이었다.

1890년 빈센트가 죽고 20년 뒤 27세의 바르트 더리흐트는 뉘넨의 목사로 부임하면서 첫 사회생활을 시작했다. 빈센트도 한때 목사가 되려고 했지만 실패하고, 무급의 가난한 전도사로 일하며 화가의 길을 택했으나 아버지와 갈등했다. 빈센트와 달리 바르트는 목사가 되었지만 칼뱅주의 목사인 아버지와는 어려서부터 대립했고, 신학대학을 다니면서도 도그마적 학문에 실망했다. 세상과 등질 뻔한 고뇌를 공유한 두 사람은 소박하고 성실한 농민들과 함께 지내면서 비로소 자유로운 영혼으로 발전했다.

바르트는 당시 네덜란드 지성계를 석권한 독일 사상가들보다 프랑스와 영국의 유토피아주의자들과 기독교 사회주의자들인 키어 하디, 윌리엄 모리스, 존 러스킨의 영향을 받아 사회주의자가 되었다. 그는 러스킨이 사회적 책임을 갖는 생산을 강조하면서 보불전쟁(프로이센·프랑스 전쟁) 중에 영국 노동자들에게 "파괴적인 기계나 화합물을 만들기보다는 차라리 죽어야 한다"고 한 말을 즐겨 인용했다.

바르트는 뉘넨에 오기 한 해 전에 기독교인사회주의자연맹BCS에 가입한 뒤 뉘넨 부근의 공장 지대에서 노동자의 빈곤을 목격하고, 사랑의 정신으로 사람과 세상이 거듭나야 한다고 설교하기 시작했다. 그러나 정신적 요소를 무시한 당시의 마르크스주의를 값싼 궤변이라고 비판한 그는 조직된 사회주의가 진정으로 혁명적이지 못한 이유는 도그마로 정체되고 기성 질서의 기둥이 된 교회가 실패를 반복하기 때문이라고 보았다.

자본가들이 전쟁을 만든다

1914년에 터진 제1차 세계대전의 총동원이 전 유럽을 뒤흔드는 가운데, 바르트는 '교회의 죄'라는 선언문에서 제국주의와 교회가 공모해 전쟁을 초래했다고 비판하면서 전쟁에 반대했다. 이어 양심적 병역 거부자를 돕는 운동을 전개했으나 이를 주장하는 글은 물론, 설교도 금지당하고 구속되었다. 심지어 매국노로 비난받아 추방당하기까지 했다. 당시 대부분 국민들은 물론 평화주의를 주장하던 사회주의자들도 전쟁 지지로 돌아섰다. 1918년 전쟁이 끝난 직후 그는 "지배하지도 지배되지도 않고 스스로 지배하고 스스로 표현하고 스스로 발전한다"고 깨달은 뒤, 기독교인사회주의자연맹을 탈퇴하고 목사를 그만두었을 뿐 아니라 기독교에서도 완전히 벗어났다. 그런 탓인지 뉘넨의 교회 입구에는 교회를 그린 빈센트에 대한 이야기만 가득하고 그곳에서 8년간 목회 활동을 한 바르트에 대한 언급은 전혀 없다.

　북쪽의 뉘넨을 떠난 빈센트가 남쪽의 아를에서 해바라기를 그렸듯이 바르트도 뉘넨을 떠나 그리스철학과 동양철학에 심취해 모든 종교는 하나라고 주장하고, 복음서의 '의무로서의 사랑' 대신 깊은 내면에서 솟는 관대하고 진실하며 건강한 사랑의 개념을 주장했다. 그리고 그가 새로운 성경으로 삼은 에티엔 드 라 보에시의 『자발적 복종』을, 국가적 노예제도와 그것이 수반하는 폭력 숭배, 파시즘의 부상, 레닌주의와 스탈린주의에 기인한 메시아적 기대에 대한 해독제로 보았다.

　'반군국주의자들과 그들의 투쟁 방법'이라는 연설에서 그는 전쟁이 악할 뿐 아니라 비합리적이고 부도덕하며 비효율적인 수단이라고 했다. 그러면서 반전反戰과 건설적 혁명을 위한 투쟁은 순수한 수단으로 이루어져야 한다고 주장하며 러시아혁명을 비판했다. 1918년 군인과 노동자들에게 파업을 하고 그들의 권력과 책임을 의식하라고 촉구한 그는 1921년 국제반전사무국IAMB을 창설하고, 1923년 양심적 병역거부에 관한 최초의 네덜란드 법을 통과시키는 데 크게 기여하는 등 수많은 평화운동에 관여했다.

그는 "자본가들이 전쟁을 만든다"고 비난하면서 동시에 "프롤레타리아가 그것을 가능하게 한다"고 비판하는 등 평생을 완전한 평화주의자로 살았다. '지성인과 현대 전쟁'이라는 연설에서는 전쟁 기계를 만든 모든 사람, 프롤레타리아, 지식인에게 전쟁의 책임이 있다면서, 특히 프롤레타리아의 도덕적 기준을 높이지 못했다는 이유에서 지식인을 혹독하게 비판했다. 그는 이와 관련해 많은 성직자와 교사, 역사가와 언론인, 정치·사회 지도자, 화학자·엔지니어가 자신의 몸을 파는 여성보다 천박하다고 비난했다.

그의 반군국주의는 그가 추구한 새로운 문화와 사회의 창조라는 과업의 일부에 불과했다. 사회 전반에 걸친 근본적 혁명을 통해 노동자, 여성, 식민지 인민, 지식인이 그들의 불명예스러운 노예제도에서 해방되는 새로운 사회 건설이야말로 그의 꿈이었다. 톨스토이나 빈센트처럼 모든 도그마와 열정에서 벗어나 진실의 수호만을 믿은 그는 네덜란드를 비롯해 범세계적으로 아나키즘, 리버테리언(자유 지상주의자), 사회주의, 혁명적 반군사 평화주의가 함께 성장하는 데 밑거름이 되었다.

전쟁에 반대하는 전쟁

1925년에 이주한 스위스 제네바가 국제연맹 등 국제주의 활동의 중심지로 부상했으나, 그는 제국주의 국가들로 구성된 국제연맹에 회의적이었다. 이에 그는 1927년 '식민지 억압과 제국주의에 반대하는 브뤼셀 의회'를 주최한 데 이어 1930년대에는 파시즘과 나치즘에 대해 확고하게 반대 입장을 취했다. 그리고 마하트마 간디, 알베르트 아인슈타인, 올더스 헉슬리 등과 협력해 국제적인 평화연대운동을 전개하면서 평화 연구와 저술 작업도 함께했다. 1931년과 1933년에 쓴 2권짜리 방대한 저서 『행동으로서의 평화』는 '전쟁에 대항하는 직접행동의 원리, 역사 및 방법'이라는 부제처럼 평화에 대한 최고의 고전이 되었지만, 아직 우리말 번역은커녕 소개조차 없다. 폭력과 전쟁, 잔인함에 대한 비폭력적 저항이 모든 문화와 시대에서 볼 수 있는 보편적인 현상임을 보여주는 이 책은 『전쟁에 반대하는 전쟁』과 함께 그의 중요한 저술로 꼽힌다.

그의 대표작은 1934년에 쓴 『폭력의 정복: 전쟁과 혁명에 대한 에세이』다. 이 책은 1930년대 평화운동의 성서처럼 많은 사람에게 감동을 주었고, 사회운동의 물결을 비폭력으로 바꾸는 결정적인 계기가 되었으나 역시 우리말로 번역되지 않았다. 그는 이 책에서 제국주의와 자본주의를 인정하는 부르주아의 평화는 있을 수 없다고 비판했으며, 특히 식민지 해방을 선구적으로 강조했다.

나아가 전쟁의 근본 원인은 사회의 폭력에 있으므로 사회의 근본적 변화가 필요하며, 사회의 문화와 가치를 바꾸는 데에는 오랜 싸움이 요구되지만 반드시 비폭력적이어야 한다고 역설하면서, "폭력이 있을수록 혁명은 사라진다"고 말했다. 그런 점에서 러시아혁명은 물론 스페인 시민혁명까지 비판한 그의 관점은 당시 우파는 물론 좌파에게도 비판받았지만, 1938년 그가 죽고 나서 제2차 세계대전이 끝난 뒤 새로운 사회운동의 이정표로 재인식되었다.

그가 만년에 쓴 『에라스뮈스 전기』에서 에라스뮈스를 전쟁과 폭력에 맞서 싸웠을 뿐 아니라 사상의 자유와 인류의 해방을 위해 싸운 인류애 정신을 구현한 인물로 찬양한 것처럼 그는 '20세기의 에라스뮈스'로, 혹은 많은 사람이 말하는 '서양의 간디'로 기억되고 있다. 그리고 나의 바르트는 '평화 사상의 빈센트(승리자)'다.

에른스트 블로흐

Ernst Bloch, 1885~1977

어떻게 절망 속에서
희망을 찾았을까?

'유토피아의 정신'과 '이 시대의 유산'

———

어린 시절 부모나 선생에게 물어가며 배웠듯이, 어른이 되어서도 지적인 스승이 필요하다고 하면 아직도 유치한 탓일까? 아무리 나이가 많아져도 여전히 책을 읽는 것은 그런 스승의 가르침을 찾는 일이 아닐까? 내가 존경하는 그 몇 스승 가운데 한 사람이 에른스트 블로흐다. 다른 스승인 에드워드 사이드나 이반 일리치보다도 그는 더욱 폭이 넓은 백과사전 같은 전인全人이다. 누구에게도 물어볼 수 없는 문제들에 대해 그는 언제나 분명하게 답을 찾아가는 길을 보여주기 때문이다. 그래서 그는 내 사색의 사표師表이자, 내 마음의 멘토이고, 나를 개안開眼시킨 스승이다.

진정한 스승이란 지식만이 아니라 삶까지 존경하는 경우가 아니면 안 된다. 블로흐는 그 삶으로도 참 놀랍다. 그는 63세에 처음 교수가 되기 전까지 아무런 직업이 없는 재야 학자로 살았다. 대학 졸업 후 40여 년을 백수로 지내며 철학을 한다는 것이 어떻게 가능할까? 1885년 독일 서남쪽에서 유대인 철도 노동자의 아들로 태어난 그는 평생을 가난하게 살았다. 더욱이 유대인이라는 이유로 1917년 스위스 망명을 비롯해 1933년부터는 나치를 피해 방랑한 15년간 유럽의 여러 도시와 미국에서 막노동을 하면서 살았다.

그러면서도 그는 뛰어난 여성들과 세 번이나 결혼을 하고, 막스 베버·게오르크 지멜·죄르지 루카치·발터 베냐민·베르톨트 브레히트·테어도어 아도르노를 비롯한 당대의 수많은 석학이나 예술가와 만나 뜨거운 우정을 나누고 치열하게 토론했다. 30년이 넘는 최악의 망명 상황에서도 그는 수많은 책을 썼다. 제1차 세계대전으로 인해 스위스로 망명한 이듬해에 낸 제1주저인 『유토피아의 정신』을, 나치에 쫓긴 지 3년이 지난 1935년에 낸 제2주저인 『이 시대의 유산』을 비롯해서다.

블로흐가 어떻게 이 책들을 썼는지 나로서는 상상하기도 어렵다. 독일에서나 한국에서나 철학책이 베스트셀러가 되기는커녕 출판조차 어렵고, 게다가 그의 책은 너무나도 난해해 인세로 먹고살지도 못했는데 그는 도대체 어떻게 살았을까? 그것도 제1·2차 세계대전을 전후前後한 망명의 세월이 아니었던가? 심지어 그 수많은 책을 쓰기 위해 읽었을 수많은 책을 어떻게 샀고 그것들을 언제, 어디에서, 어떻게 마음 편히 읽으며 깊은 사색을 했을까? 물론 그는 언제 어디에서나 도서관을 찾았다. 그 방대한 『희망의 원리』를 쓴 하버드대학의 와이드너 도서관을 비롯해 그에게는 도서관이 있었다.

'희망의 원리'를 찾다

———

내가 『희망의 원리』를 읽은 지 스무 해가 지나, 와이드너 도서관을 하루 종일 헤매면서 반세기도 전에 블로흐가 읽었을 책들을 찾은 적이 있었다. 그에게 영향을 준 게오르크 헤겔이나 카를 마르크스의 19세기 책들은 물론, 그것들보다 훨씬 오래된 토마스 뮌처, 파라셀수스, 야코프 뵈메와 같은 종말론적인 종교 사상가들의 책을 안았을 때는 눈물이 났다. 그리고 밤에는 그가 밤새 닦았을 접시가 있었을 식당을 찾기도 했다. 그 절망 속에서 자포자기하지 않고 어떻게 평생 희망의 원리를 추구할 수 있었을까? 어떻게 절망 속에서 희망을 찾았을까? 그토록 절망했기에 희망을 그렇게 절실히 추구했을까?

게다가 남들은 학위과정은 물론 교수직도 마칠 즈음에 처음으로 교수가 되어 그 어느 때보다 학문에 대한 정열에 불탄다는 것이 어떻게 가능했을까? 그는 공산주의 정권과 마찰을 일으켜 1957년에 퇴직당했다. 제2차 세계대전 후 60세가 지나 동독에서 처음으로 교수가 된 지 10년 만이었다. 그렇게 완전히 고립된 상태에서도 그는 74세 때 『희망의 원리』를 20년 만에 완성했다. 『희망의 원리』는 사실 반세기에 걸친 블로흐 사상의 결산이었다. 그는 76세가 되던 해인 1961년 서독으로 이주했다.

학문에 대한 순수한 열정만으로도 그는 공부하는 사람에게 모범이다. 그런 그를 보면 이런저런 현실적 이유로 공부를 못하겠다는 소리를 도저히 할 수 없다. 블로흐는 우리가 상상하기조차 어려운 최악의 상황에서도 꾸준히 책을 읽고 썼기 때문이다. 특히 최악의 절망 속에서

『희망의 원리』를 썼다. 그러기에 이 책은 더욱 빛나는지도 모른다.

　　이처럼 단독 저술한 이론서로 3,000쪽이 넘는 책은 그다지 많지 않다. 페르낭 브로델의 『물질문명과 자본주의』가 그 정도지만, 이 책은 어디까지나 역사라는 하나의 분야에 그친다. 반면 『희망의 원리』는 철학이나 문학, 역사처럼 어느 한 분야의 책이 아니라 서양의 인문·사회과학을 공부하는 사람이라면 반드시 접하게 되는 책이다. 아니 사실 이 책은 음악, 미술, 건축 등 모든 예술 분야와 기술, 과학, 의학 등까지도 아우르는 책이다.

　　그런 의미에서 이 책은 백과사전이지만, 보통 백과사전과 달리 모든 학문과 예술 분야의 '희망의 원리'를 보여주는, 아니 모든 분야를 '희망의 원리'로 꿰뚫는 사상서라는 점에서 '희망의 백과사전'이다. 이처럼 '희망'이라는 하나의 키워드로 모든 학문과 예술, 역사와 세계를 관통하는 이 책은 모든 것이 철저히 분화된 우리의 왜소하기 짝이 없는 지적 풍토에서는 참으로 놀라운 일이고, 동시에 우리의 지적 빈곤을 타개할 지침이 될 수도 있다.

철학사에서 문명사까지 아우르다
———

이 방대한 책의 내용을 한마디로 말하기란 참으로 어렵지만, 동시에 한마디로 말할 수도 있게 하는 것이 이 책의 장점이다. 그것은 바로 책의 제목인 '희망', 즉 '더 나은 삶에 관한 꿈'과 '유토피아'다. 전체가 5부로 구성된 이 책은 추상적인 총론으로 시작해 구체적인 각론으로 나아간다. 나는 사실 책의 3분의 2를 차지하는 4~5부의 각론이 더욱 흥미로 웠기에 나처럼 추상론에 약한 독자라면 4~5부를 먼저 읽고 앞으로 되돌아가서 읽는 것도 무방하다. 4부에는 여러 유토피아(의학, 사회, 기술, 건축, 지정학, 회화와 문학)가, 5부에는 블로흐가 희망의 인간상이라고 본 오디세우스, 파우스트, 돈키호테 등에 대한 설명과 함께 음악과 종교 등이 논의되고 있다.

그 하나하나는 개별적인 논문으로 읽어도 좋을 만큼 완벽한 넓이와 깊이를 가지고 있다. 가령 돈키호테에 대한 그의 설명은 『돈키호테』를 읽기 전에 반드시 읽어보아야 할 핵심을 보여준다. 그런 점에서 블로흐의 이 책은 아르놀트 하우저의 『문학과 예술의 사회사』나 에리히 아우어바흐의 『미메시스』와 같은 문학사상서를 겸한다. 물론 블로흐의 책은 그들의 책보다 더욱 넓고 깊은 철학과 사상, 문화와 문명의 차원으로 나아가 철학사와 사상사, 문화사와 문명사를 아우르기도 한다.

물론 그가 독일어로 글을 쓴 서양의 사상가라는 점은 분명한 사실이자 한계이기도 하다. 그가 1977년에 죽기는 했지만 그의 사상의 뿌리는 16세기 르네상스부터 18세기 낭만주의까지의 시기였고, 그의 사상의 핵심은 19~20세기 서양 자본주의 문명에 대한 비판이었다. 그런 점에서 그는 포스트모더니즘이 회자되는 이 시대에 모더니즘을 무조건 부정하는 경향에 대해 성찰의 기회를 줄지도 모른다. 헤르만 헤세의 평처럼 "품위 있고, 공정하며, 방법적인 결함이 전혀 없는 사유라는 시민사회의 전통"이 블로흐에게는 분명히 있다. 물론 블로흐 역시 모더니즘의 긍정과 부정이라는 양면성을 가지며, 모더니즘의 어두운 측면인 제국주의와 식민주의를 긍정하는 문제점도 숨어 있다.

그렇지만 블로흐가 말하는 희망이야말로 역시 우리의 희망일 수 있다. 물론 그가 우리의 현실과 역사를 함께하지는 않았으나, 그가 주장하는 희망에 대한 희망을 우리도 버릴 수는 없기 때문이다. 언젠가는 우리가 자유의 나라에서, 새로운 고향에서 살 수 있으리라는 희망을 어찌 버릴 수 있겠는가?

현계옥

玄桂玉, 1896~?

신청년의 애인이 아닌
독립운동 동지로 살다

몽골에서 말을 달리다

———

얼마 전 우리 동네의 좁은 아스팔트 길을 달리는 승마꾼들을 피하다가 쓰러져 다쳤는데, 그들은 나를 거들떠보지도 않고 멀리 사라졌다. 이런 건 교통사고가 아닌 모양이다. 몇 년 전까지만 해도 흙길 1차선이었는데 별안간 아스팔트를 깔더니 중앙에 흰 선을 그어 2차선으로 만들었다. 그래서 사람이 걸을 수 있는 공간은 한 치도 안 남게 되었다. 대형 트럭이나 중장비와 마찬가지로 승마용 말들이 닥치면 멀리 피하거나 아니면 꼼짝없이 논두렁에 처박혀야 한다. 그래서 골프 이상으로 나는 승마를 싫어한다.

그럼에도 나는 말을 탄 적이 있다. 처음이자 마지막으로 몽골에서다. 1시간 정도 가이드의 안내를 받아 말을 타고 초원을 천천히 산책하는 관광 코스였다. 거의 1세기 전, 그곳 광야에서 말을 달리다가 사라진 현계옥을 느끼고 싶어서였다. 그 뒤 영화 〈밀정〉(2016년)에서 현계옥을 모델로 했다는 배우 한지민(연계순)은 현계옥과는 너무나 대조적이어서 실망했다. 현계옥은 얼굴과 몸집이 크고 늠름한 모습의 대장부 풍모다.

그녀에 대한 기록도 마찬가지로 전한다. 좁은 기방 구석에 쭈그리고 앉아 있기보다 광야에서 말달리는 모습이 훨씬 잘 어울린다. 영화 〈암살〉(2015년)에서 전지현이 연기한 남자현(안옥윤)도 마찬가지다. 가냘픈 서구식 미녀가 아니라 강인한 생활력을 갖춘 우리 이웃 같은 억센 여장부다. 그뿐만 아니라 영화의 스토리는 실제의 역사와도 많이 달라서, 역사를 제대로 알고자 하는 사람이라면 보지 말라고 권하고 싶다.

여성해방과 민족해방

현계옥은 1896년 경남 밀양에서 관기의 딸로 태어났으나 어머니를 일찍 여의었다. 당시 천민이었던 악공 아버지는 딸을 어머니처럼 관기로 키우려고 가무를 가르쳤다. 그러나 1908년 관기 제도가 폐지되자, 현계옥은 달성군으로 이주해 노래와 춤을 파는 동기童妓가 된다. 기생집에서 일하던 중 그는 노동야학 보조교사인 현정건을 만나 사랑을 나눈다. 현정건은 『동아일보』 사회부장 때 손기정의 베를린올림픽 마라톤 우승 사진에서 일장기를 지웠던 소설가 현진건의 셋째 형이다.

두 사람의 사랑을 안 현정건의 집안에서는 현정건에게 양반집 딸 (윤덕경)과의 결혼을 강요했다. 하지만 현정건은 1910년 결혼 3일 만에 상하이로 가고 현계옥도 서울로 가서, 두 사람은 편지로 열렬한 사랑을 이어간다. 배재학당을 졸업한 현정건은 상하이에서 무역을 했으며, 1919년부터 독립운동에 관여했다. 또 1920년에는 상하이 고려공산당 등에서 활동했다. 사회주의 계열에서 활동했던 탓인지 그는 오랫동안 독립운동사에서도 잊힌 인물이었다.

17세 때부터 대구기생조합에서 활동했던 현계옥은 서울에서도 그 이름이 자자했다. 중국 혁명가 황싱黃興의 애인이자 기생 출신 혁명가였던 추진秋瑾을 사모해 임진왜란 당시 의기였던 진주 논개와 평양 계월향의 사당을 중수하기 위해 비녀와 가락지를 팔기도 했다. 이러한 일로 인해 그는 경찰의 취조와 고문 끝에 구류에 처해지는 등 감시의 대상이 되었다. 그런 상황에서도 그는 여장부가 되고자 서울에서 승마를 시작했으며, 말 타기는 이후 몽골에 살 때까지 이어졌다. 1919년 2월에 현정건이 밀입국하자, 현계옥은 그에게 동지로 대해줄 것을 요구해 현계옥의 집은 독립운동 아지트로 변했다. 현계옥은 그해 3월 만주로 가서 현정건과 살림을 합쳤다가 이듬해 함께 상하이로 갔다. 상하이에서 가야금 연주로 생활하면서 연극배우로 번 돈을 군자금으로 내놓았다.

또 현계옥은 독립운동 단체인 의열단에 가입해 김원봉에게 폭탄 투척법과 권총 사격법을 배운다. 최초의 여성 단원이었던 그는 헝가리인 폭탄 전문가 마자르를 도와 폭탄 제조와 운반 작업을 수행하기도 했으나, 1923년쯤 의열단 일은 끝났다. 당시 상하이파 고려공산당이 주도한 조직인 청년동맹회가 의열단의 암살 활동을 테러리즘으로 매도해 청년동맹회의 중요 멤버인 현정건과 대립했기 때문이다. 의열단을 떠난 현계옥은 청년동맹회에 참여해 현정건과 함께 1926년에 잡지『여자해방』 발간을 담당했다.

『여자해방』은 3호 정도의 발간으로 그쳤으나, 여성해방과 민족해방, 프롤레타리아 사회혁명이라는 삼위일체의 혁명으로 사회주의 건설을 추구한 점에서 당시 국내에서 시작된 정철성 등의 사회주의 여성운동과 연결되었다. 또한 그것은 나혜석이나 김명순 등의 연애 중심의 여성해방론에 대한 강력한 반발이기도 했다. 최근 한국의 학계에서 나혜석을 아나코 페미니즘(무정부 여성주의)의 원조로 보는 견해가 있지만, 적어도 옘마 골드만에게서 보는 아나코 페미니즘을 나혜석의 그것과 비교하기는 어렵다.

몽골인민공화국에서 독립운동을 하다

1927년 4월 장개석이 쿠데타를 일으켜 국공합작을 파괴하고 좌파를 탄압하기 시작하자, 중국에서 조선인 좌파에 대한 일제의 탄압도 거세어졌다. 그래서 이듬해 3월 현정건은 상하이 프랑스 조계에서 치안유지법 위반으로 체포되어 국내로 압송된 뒤 12월에 3년 징역형을 선고받고 1932년 6월 출옥하기까지 평양형무소에 갇혀 있었다. 현계옥은 현정건이 출옥하기 1년 전인 1931년 7월 상하이를 떠나 모스크바로 가서 모스크바동방노력자공산대학에 입학했다고 하는데 이에 대한 증빙자료는 없다. 현계옥이 현정건의 출옥을 기다리지 않고 모스크바로 간 이유는 알 수 없지만, 출옥 후 현정건이 본처에게 돌아간 것은 사실이다. 현계옥은 본격적인 혁명가의 길을 택한 걸까?

현정건의 본처 윤덕경은 1910년 결혼 후 혼자서 시부모와 함께 거의 유폐 상태로 살다가 1917년 서울로 이주해 보통학교 과정을 다닌 뒤 자수 교사로 활동하면서 소비조합 등의 사회활동도 했다. 특히 1930년 초부터 정칠성을 알면서 여성운동에도 관심을 가진다. 기생 출신의 정칠성은 현계옥과 친했고, 사회주의 여성운동으로도 서로 통했다. 1932년에 현정건이 출옥하고 6개월 만에 병으로 죽자 윤덕경도 한 달 반 뒤에 음독자살한다. 그리고 현계옥은 몽골 광야에서 야생마처럼 사라진다. 1924년에 세워진 아시아 최초의 사회주의 국가인 몽골인민공화국에 가서 독립운동을 했을 것으로 보이지만, 아직까지 그곳에서 관련 자료가 발견되지 않아 안타깝기 짝이 없다.

도로시 데이

Dorothy Day, 1897~1980

조금씩 더
가난해집시다

홈리스를 위해 '환대의 집'을 열다

———

2017년 5월 14일 대법원은 과거 통합진보당 행사에서 〈혁명동지가〉를 불렀다는 혐의 등으로 기소된 당원 3명에 대해 국가보안법 제7조 제1항에서 규정한 반국가단체 등의 활동을 찬양·동조한 혐의로 유죄판결을 확정했다. 아직도 노래를 불렀다는 이유로 반국가 범죄자라는 엄청난 죄인이 되는 세상에 여전히 살고 있고, 저 지독히 어두웠던 세월에서 변한 것이 아무것도 없음을 여실히 깨닫는다.

내가 1991년에 읽은 도로시 데이의 『잣대는 사랑』은 1933년 노동절에 미국 뉴욕 유니언 광장에 모인 5만 명이 '공산주의 찬가'를 부르는 장면의 묘사로 시작한다. 그곳에서 『가톨릭 노동자』라는 신문의 창간호가 무료로 배포되었다. 당시 가톨릭은 반공의 선봉에 섰기에 대부분 사람들은 쓰레기통에 버렸지만, 이 신문을 읽은 소수는 가톨릭에도 양심적인 사람이 있다고 생각했다. 데이는 창간호 사설에서 예수와 사도使徒도 홈리스임을 알아 위안을 받는다면서 이 신문은 셋방 부엌과 지하철역에서 집필되고, 편집되고, 종사자에게는 월급을 주지 않는다고 썼다. 그 종사자는 오직 한 사람, 자식을 키우는 가난한 이혼녀인 도로시 데이였다.

　도로시 데이는 1897년 미국 뉴욕의 브루클린에서 태어났다. 보수적인 언론인 아버지, 부친과 같은 길을 간 두 오빠 밑에서 자랐지만, 톨스토이와 크로폿킨, 엠마 골드만을 비롯한 아나키스트들의 책을 읽고 자기 방식으로 살고자 2년 만에 대학을 그만두고 급진적인 사회운동에 투신했다. 그 뒤 몇 차례 투옥되고, 좌파 기자 노릇을 하며 마음껏 사랑하고, 낙태하고, 결혼하고 딸도 낳았으나, 문득 '오랜 외로움'을 느껴 가톨릭에 귀의하면서 이혼했다. 그리고 대공황으로 거리에 넘쳐나는 홈리스를 위해 살기로 결심하면서 『가톨릭 노동자』를 발행하고 피터 모린과 함께 '환대의 집'을 열어 홈리스 등 가난한 사람들을 보살폈다. 스페인 내전 때는 가톨릭의 방침과 달리 프랑코와 싸운 인민전선을 옹호하고, 이어 1941년 미국이 일본에 선전포고를 한 이후에 평화주의를 재확인하고 비협조를 촉구했으며, 특히 양심적 병역 거부자들을 지지했다.

미국의 베트남 전쟁을 비판하다

데이는 1951년 냉전이 막 시작될 무렵 마르크스, 레닌, 마오쩌둥에 대해 "비록 그들의 목적이 권력 쟁취를 의미하고, 강력한 군대의 건설, 강제수용소의 강제력, 강제노동과 고문, 수백만 명의 학살을 초래했다고 믿어야 하지만 그럼에도 그들의 혁명은 형제애로 활기를 띠었다"고 썼다. 그는 "모든 인간은 형제"라는 믿음이 가톨릭 신자들에게도 예외 없이 모든 사람의 인간성을 찾도록 요구하기에 그들을 예로 들었다. 가톨릭 지도자들과의 투쟁도 계속되어 1951년 뉴욕대교구는 데이에게 출판을 중지하거나 그의 출판물 이름에서 '가톨릭'이라는 단어를 삭제하라고 명령했다. 1952년 그는 자서전인 『오랜 외로움』을 냈다(이 책은 2011년 『고백』이라는 제목으로 우리말로 번역되었다).

1955년에는 민방위훈련에 참가하기를 거부하는 평화주의자들과 함께했다. 그때 민방위훈련 참가 거부에 대한 처벌이 위헌이라고 주장한 사람들과 달리 데이는 그것이 법이 아니라 철학의 문제, 즉 미국이 원자폭탄을 처음 사용한 것에 대한 '공적인 참회'라고 말했다. 평화주의자들은 유죄를 인정했으나 판사는 이들을 순교자로 만들지 않겠다며 감옥에 보내지 않았다. 그 후 데이는 5년간 같은 일을 되풀이했다. 1958년에는 피신하는 대신 미국 원자력위원회 사무실 앞에서 피켓시위하는 단체에 가입했다. 몇 년 후 형기가 정지되었으나 다른 사유로 30일 동안 감옥에서 복역하기도 했다.

1960년 그는 피델 카스트로의 '사회정의의 약속'을 찬양했다. "가난한 빈곤층에 대해 아무것도 하지 않는 것보다 폭력으로 반란을 일으키는 것이 훨씬 낫다"고 말한 그는 몇 달 후 쿠바를 여행했다. 데이는 1960년대에 히피라고 불렸지만, 당시의 히피에 대해서는 비판적이었다. 풍요로운 중산층의 자기 방종, 즉 '고난을 알지 못하고 원칙 없이 살아온 사람들'이라고 비판했다. 데이는 미국의 베트남 전쟁을 '문명 수호 전쟁'이라고 옹호한 가톨릭 지도자들과 달리 베트남 전쟁에 비판적이었고 호찌민을 "비전의 사람, 애국자, 외국 침략자에 대한 반항자"라고 찬양했다. 동시에 그는 소련에서 배신자로 낙인찍힌 알렉산드르 솔제니친을 옹호했다.

1972년 예수회는 데이의 75세 생일을 맞아 지난 40년 동안 미국 가톨릭 공동체의 열망과 행동에서 최고를 상징하는 사람이 도로시라고 찬양했으나, 데이의 사상은 아나키즘에서 비롯되었다. 데이는 아나키스트들이 "자신과 같이 경찰서와 감금 장소, 유치장, 교도소 등에서 수감 생활을 하고, 연방소득세 납부를 거부하고 투표한 적이 없기" 때문에 운동의 가치를 공유한다고 인정했지만, 아나키스트들이 자신의 "단일한 권위주의적 신앙"에 대해서는 의문을 가졌다고 말했다. 반면 그는 "비록 그들이 그리스도를 부정하지만, 도리어 그들에게서 그리스도를 볼 수 있었다. 그들은 세상의 비참한 사람들에게 더 나은 사회질서를 위해 일하는 것에 자신을 바치고 있기 때문"이라고 했다. 데이의 분배주의적 경제관은 그가 영향을 받은 피에르 조제프 프루동의 상호주의 경제 이론과 매우 유사하다.

절망의 시대를 구원할 정신의 아름다움

1970년대 초 노동야학에서 오스트리아 신부에게 도로시 데이에 대한 이야기를 처음 들었을 때에는 부정적인 인상을 받았다. 그 신부는 데이가 노동운동을 한답시고 가톨릭 신자이면서 낙태를 했고 많은 남자와 사랑을 했으며 조국을 사랑하지 않은 아나키스트라고 하면서, 당시 노동자 남녀나 위장 취업자의 혼숙 문제를 비판했다. 노동 사목이었던 신부가 그렇게 말할 정도였으니 당시 가톨릭은 데이를 긍정적으로 평가하지 않은 듯하다.

그러나 2015년 9월 프란치스코 교황은 교황으로서는 최초로 미국 의회의 합동회의에서 연설하면서 에이브러햄 링컨, 마틴 루서 킹 주니어, 토머스 머튼과 함께 데이를 언급하면서 "그의 사회적 행동주의, 정의에 대한 열정, 억압받는 이들을 위한 열정은 복음서와 신앙, 성도들의 본보기에서 영감을 받았다"고 말했다.

그 뒤 짐 포리스트가 쓴 도로시 데이의 평전 『잣대는 사랑』과 로버트 콜스가 쓴 『환대하는 삶』을 읽었다. 그러나 최고의 평전은 2017년에 나온 『도로시 데이: 아름다움이 세상을 구원한다』는 도로시 데이의 손녀인 케이트 헤네시가 쓴 것이다. 이 책에서 "아름다움이 세상을 구원한다"는 말은 도스토옙스키의 『백치』에 나오는 말이고, 그 아름다움이란 절망의 시대를 구원할 정신의 아름다움을 말한다. 데이의 손녀도 그런 의미로 할머니를 회상했을 것이다. 그러나 나에게 데이는 아름다운 여인, 사랑스러운 여인이다. 추악한 세상을 구원하지는 못할지언정 아직도 세상은 아름다울 수 있다는 희망을 준다. 가톨릭에서는 그를 성녀로 지정한다는 이야기가 있지만, 나에게 그는 그냥 아름다운 사람으로 충분하다.

내가 아름답다고 하는 것은 1978년 세계성체대회에서 한 말 때문이다. "우리 모두 조금씩 더 가난해지도록 노력합시다. 제 어머니께서는 '모든 사람이 조금씩만 덜 가지면 한 사람 몫이 나온다'고 말씀하셨습니다. 우리 식탁에는 언제나 한 사람 몫의 자리가 더 있습니다."

1980년, 단 1평의 주거 공간도 재산도 소유하지 않고 그가 떠나면서 남긴 묘비명은 "하느님 감사합니다"였다.

제르맨 틸리옹

Germaine Tillion, 1907~2008

폭력에 맞서
인간성을 옹호하다

파시즘에 반대하다

프랑스의 국립묘지인 '팡테옹'에는 빅토르 위고, 볼테르, 장 자크 루소, 에밀 졸라, 앙드레 말로 등 프랑스를 빛낸 위인들이 묻혀 있다. 1791년부터 2015년까지 팡테옹에 묻힌 73명 중 여성은 단 2명이었다. 남편과 합장된 경우를 빼면 자신의 업적으로 묻힌 여성은 노벨상을 받은 과학자 마리 퀴리가 유일했다. 그래서 남녀차별이라는 비판을 받았다. 그 때문인지 2015년에 새로 묻힌 4명 중 2명이 여성이었다(여권신장에 앞장섰던 정치인 시몬 베유가 2018년 추가됨에 따라 지금까지 팡테옹에 안장된 여성은 모두 5명이다).

둘 다 나치 점령하의 레지스탕스로 수용소를 경험했으며, 그중 한 사람은 샤를 드골 전 대통령의 조카딸이었다. 드골 앙토니오즈는 "수용소에서 굶주린 포로들이 동료에게 먹을 것을 양보하던 광경이 잊히지 않는다"며, 인간의 위대함을 믿고 평생 노숙인과 빈곤층을 위해 헌신한 인물이다. 또 한 사람은 위대한 레지스탕스이자 인류학자이며 페미니스트인 제르맨 틸리옹이다. 그는 우리나라 사람에게는 무명이나 다름없다. 물론 그의 저서는 논문, 심지어 신문이나 잡지나 텔레비전의 기사로도 전혀 소개되지 않았다. 틸리옹과 함께 팡테옹에 안장될 후보로 거론된 시몬 드 보부아르 등은 우리에게 너무나도 유명한데 말이다.

틸리옹은 『증여론』으로 유명한 마르셀 모스에게서 인류학을 배웠으며, 이는 그 이후의 삶으로 연결되었다. 그는 1934년부터 모스의 권유로 20대 여성의 몸으로 혼자 알제리 산악 지방에 사는 베르베르인들의 극단적인 남권사회에 들어가, 4년간 현지 조사를 하고 그들의 생활문화를 연구했다. 4년간의 고독한 현장 연구를 마치자마자 1939년 제2차 세계대전이 터지면서 파리로 돌아와, 남성들도 대부분 등을 돌린 레지스탕스 단체를 조직해 적극적으로 활동했다. 또 1937년에 설립된 인류박물관 지하실을 파시즘에 반대한 지식인들의 집합소로 삼아 여러 지식인과 함께 『레지스탕스』를 불법으로 발간해 배포했다.

1941년부터 레지스탕스 지식인들이 체포되기 시작했고, 이듬해 재판이 열려 19명 중 10명이 사형 판결을 받고 7명이 총살당했다. 이에 저항시인 루이 아라공은 사형당한 사람에 포함된 러시아인들에 대해 "조국의 볼셰비즘에서 도망쳐 프랑스인이 되었고, 인류와 여러 민족의 과학인 인류학에 의해 인류의 현실에 눈을 뜬 두 사람이 히틀러의 민족주의(인종차별주의)에 반대한 것은 우연이 아니다.······그들이 인류박물관의 기둥이 된 것도 우연이 아니다. 인류박물관의 가르침은 그 정복의 도구에 불과한 나치의 학문과는 상반된 것이다"라고 썼다.

분노와 범죄를 폭로하다

틸리웅도 룩셈부르크의 목사이자 나치 스파이였던 자의 밀고로 1942년 어머니와 함께 게슈타포에 체포되었다. "독일의 적을 돕고 낙하산병을 숙박시키고 스파이 행위를 하여 프랑스를 배신했으며, 게슈타포의 첩보활동을 방해하고 감옥에서 사형수 3명을 탈옥시키려고 했다"는 이유로 여러 교도소와 수용소를 거치는 가운데, 그의 어머니는 해방 직전인 1945년 3월 가스실에서 살해되었다.

그랬는데도 틸리웅은 알제리인을 파악하면서 닦은 관찰력으로 강제수용소의 구조와 그곳에 있는 사람들을 조사하고, 수감자들에게 수용소가 어떻게 기능하는지 강연을 했다. 그곳의 생활이 아무리 비참하다고 해도 그곳을 이해하는 것이 폭력에 희롱당하지 않고 폭력을 통제하는 데 도움이 된다고 그는 생각했다. 틸리웅은 수용소에서 병에 걸리고 어머니를 여의었는데도 살아 돌아온 데 대해 "분노와 범죄를 폭로해야 한다는 집념, 우정에 의한 협력은 있었으나, 본능적이고 육체적으로 살고 싶다는 희망을 갖지 않았기 때문"이라고 했다.

1945년 4월 프랑스인 여성 수용자 300여 명과 함께 스웨덴 적십자사에 의해 구출된 틸리웅은 7월에 파리로 돌아와 국립과학연구센터 연구원으로 복귀했다. 이후 많은 전범 재판을 방청하면서 레지스탕스에 대해 조사하는 '국가청산인'의 대표가 되었다. 1946년 강제수용소에 관한 저서를 발표했으며, 그 조사는 평생 계속되었다. 죽음과 함께한 삶에 대해 증언하는 것, 수용소 정보를 가능한 한 철저히 수집하고 보존하는 것이 앞으로 인류에게 남은 가장 중요한 과제라고 생각한 그는 평생 자료를 수집하고 연구했다.

1946년에 레지스탕스 훈장을 비롯해 많은 포상을 받은 그는 프랑스에서 강제 이송된 여성과 아동에 관한 퇴역 군인부의 조사를 담당하는 등 레지스탕스와 관련된 활동을 계속했다. 1951년에는 소련의 강제수용소에 대한 조사에 참여해 공산당 출신의 레지스탕스 동료들에게서 비난을 받았다.

1954년에 알제리 독립전쟁이 터지자, 틸리옹은 당시 내무부 장관이었던 프랑수아 미테랑의 요청으로 알제리 산악 지방 주민들을 조사했다. 이어 1955년부터 프랑스령 알제리 총독부에 사회복지센터를 설치하고 훈련받은 직원 1,000여 명을 배치해 1962년 휴전할 때까지 알제리 전역의 120곳에 초등교육, 무료 진료소, 행정 원조, 직업준비교육을 제공했다. 1962년 사회복지센터의 시찰관 10명이 프랑스 극우민족주의자들의 무장 지하조직에 의해 살해되자, 틸리옹은 『르 몽드』에 '어리석음에 의해 저질러진 냉혹한 살해'라는 제목으로 이를 격렬하게 비판하고, 알제리 사하라 사막을 조사해 『1957년의 알제리』를 출판했다. 또 '강제수용제도에 반대하는 국제위원회'에 참여해 알제리의 포로수용소와 감옥에 대해 조사했다.

1957년에는 알제리 민족해방전선의 지도자 야세프 사디의 요청을 받고 고문과 처형이라는 악순환을 끝내기 위해 테러 지하조직과 프랑스군의 교섭을 돕기 시작했다. 그 직후 사디가 체포되자, 틸리옹이 증언에 나서 처형을 면하게 했다. 사디의 옥중기에 근거해 만든 영화가 〈알제리 전투〉(1966년)였다. 그는 1960년 프랑스 교육부 장관의 요청으로 감옥 교육과 일제리 학생을 위한 장학금을 만드는 등 알제리와 프랑스의 평화를 위해 활동했다. 또『상호보완적인 적』에서 프랑스의 고문과 처형, 알제리의 테러를 비판하고, 보부아르와 장 폴 사르트르 등과 함께 위원회를 만들어 고문을 규탄했다. 1962년 알제리가 독립하자 틸리옹은 레지스탕스 동료들과 함께 프랑스알제리협회 결성에 앞장섰다.

인간과 세계를 이해하고자 하는 정열

———

알제리 독립 후 파리로 돌아온 틸리옹은 알제리 사회학을 강의하면서 교도소 내 교육 개선 등 여러 인권활동에 종사했다. 2000년에는 알제리 전쟁 중 프랑스군이 저지른 고문을 인정하고 단죄할 것을 당시 정부에 요구했다. 그사이에도 인류학 조사와 레지스탕스 연구를 계속했다. 특히 1966년의『할렘과 의형제들』에서는 이슬람의 여성 억압이 종교가 아니라 친족관계에서 비롯된다고 밝히는 등 여성의 지위에 관한 조사와 연구에도 종사했다.

틸리옹은 2008년 101세의 나이로 숨졌다. 그의 생전에 알제리 정부는 알제리와 프랑스의 대화에 기여한 틸리옹의 공로를 기리는 국제행사를 열었다. 당시 니콜라 사르코지 대통령은 그의 마지막 생일을 축하하면서 20세기를 '틸리옹의 세기'라고 했다. 그는 제2차 세계대전과 식민지 전쟁, 강제수용소, 고문, 테러와 같은 20세기의 모든 비극과

악을 겪으면서도 언제나 눈을 크게 뜨고서 그 정체를 파악하고, 비극에 번롱翻弄당한 사람들에 대한 공감으로 행동했다. 프랑스의 사상가 츠베탄 토도로프는 틸리옹의 이런 삶을 "인간과 세계를 이해하고자 하는 정열"이라고 요약하고, 그를 "20세기를 대표하는 인간성의 옹호자"라고 일컬었다.

이시도르 파인스타인 스톤

Isidor Feinstein Stone, 1907~1989

나 자신이
진실한 언론의 대변자다

권력과 거리를 둔 영원한 아웃사이더

———

"국내외적으로 무력으로 억압하는 것에 의존하는 경향이 점점 심해졌다. 세계적 문제에서도 '내 마음대로 한다'는 오만한 자세가 갈수록 심해지고 있다."

이는 도널드 트럼프 전 미국 대통령이나 아베 신조 전 일본 총리에 대한 비판이 아니라, 1950년대 냉전을 시작할 때 이시도르 파인스타인 스톤이 했던 말이다. "모든 정부는 거짓말을 한다"는 말도 그가 베트남 전쟁 때 했던 말이다. 스톤은 '작가'나 '저술가'라는 직명과 함께 '정치적으로 진보적인 미국의 탐사 기자'로 소개된다. 정부나 기업 등이 제공하는 자료에 의존하지 않고, 학구적이라고 할 정도로 치밀하고 철저한 조사로 중대한 공적 문제를 파헤쳐 숨겨진 진실을 폭로함으로써 시민의 인권을 지키는 탐사 기자로 평생을 살았기 때문이다.

그런 스톤을 '프리 저널리스트free journalist'라고도 하는데 우리말로는 '자유 기자'라기보다 '독립 기자'라고 번역하는 것이 더 적절하겠다. 유튜브가 생긴 뒤 1인 언론이 유행하는데, 그 선구는 스톤이 혼자서 자비로 1953년부터 18년간 간행한 『주간 스톤(I. F. 스톤 위클리)』이었다. 미국 뉴욕대학 언론학부는 이를 20세기 미국의 100대 사건 가운데 16위로, 신문 중에서는 2위로 평가하고 스톤을 최고 언론인으로 꼽았다. 그러나 무엇보다도 그는 권력과 거리를 둔 영원한 아웃사이더로서, 권력에 가까운 인사이더였던 월터 리프먼 등의 전형적인 언론인과는 상극이었다. "장관이 당신을 점심 자리에 불러 이런저런 의견을 물어보게 되면 당신은 이미 끝장이다."

본명이 '이시도르 파인스타인'인 스톤은 가난한 러시아 이민의 후손으로 1907년 필라델피아에서 태어나 82세가 된 1989년에 역시 가난하게 죽었다. 언론인으로서 천분은 14세에 4쪽짜리 동네신문『진보』를 만들어 간디의 인도 독립투쟁과 윌슨의 평화주의를 지지했을 때부터 나타났다. 10대인 스톤에게 가장 강력한 영향을 미친 사람은 아나키스트 언론인이자 작가인 표트르 크로폿킨이었다.

고향의 시골 고등학교를 52명 중 49등으로 졸업했지만, 1학년 때에 지역신문 통신원을 지냈을 정도로 타고난 언론인이었다. 대학에서 철학을 공부하다가 중퇴하고 공화당 계열인『필라델피아 인콰이어러』의 기자가 되었으나, 곧 민주당계의『필라델피아 레코드』로, 여기서 다시 일간지『뉴욕포스트』로 옮겼다. 25세 때『뉴욕포스트』의 논설위원으로 히틀러를 비판한 것도 생래적인 언론인 기질 때문이었다. 당시에는 리프먼을 비롯해 어떤 언론인도 히틀러에게 관심이 없던 때였다.

진정한 언론인이란 어떠해야 하는가?

스톤은 10대에 사회당에도 가입했지만 당파적 분열에 질려 탈당했고, 루스벨트의 뉴딜정책을 지지했다. 1937년에 쓴 『법원이 결정권자다』에서는 뉴딜정책을 가로막는 보수적인 사법부를 비판해 새로운 법학의 지평을 열고 재판이 시작되도록 했으나, 같은 해에 기자를 신문사 경영진에 종속시키려는 태도에 분노해 신문사를 사직했다. 1939년부터는 소련을 노골적으로 비판했지만 미국의 지배층도 비판한 탓에 언제나 자신에게 적대적인 분위기에서 언론 활동을 해야 했다. 1941년에 쓴 『평상시처럼』에서는 전시戰時에 산업과 기업의 독점에 의한 비효율적인 계획과 실천, 이를 용인하는 미군을 비판하고 이어 연방수사국에 의한 정치적인 고용차별을 비판했다.

1945년 제2차 세계대전이 끝나자 그는 팔레스타인 특파원으로 활동했다. 유대인들의 팔레스타인 이주를 조사한 뒤 쓴 『팔레스타인 잠행기』에서 유대인과 아랍인이 평등하게 공존하는 이스라엘 건국을 주장하고, 유대인들의 아랍인 차별에 반대해 '반유대주의자'라는 비난에 시달렸다. 냉전과 매카시 선풍에 따른 인권의 제한을 비판한 그는 1952년에 쓴 『비사 한국전쟁』에서 미국의 정책하에 남한이 38선에서 게릴라 공격을 계속하자 북한을 자극해 전쟁을 시작하게 했다고 주장했다.

정부의 공식 보도와 언론 보도 사이의 괴리를 발견하고 그 틈새를 집요하게 파고든 이 책은 소위 남침 유도론의 효시였다. 미국에서 이 책은 출판과 판매가 금지되었고, 한국에서는 36년이 지난 1988년에야 번역서가 나왔다. 원저와 달리 번역서의 제목 앞에는 '미국의 첫 베트남'이라는 부제가 달렸다. 38선에서 교전이 잦다가 확대되어 전쟁으로 발전했다는, 브루스 커밍스의 『한국전쟁의 기원』은 스톤의 견해를 발전시킨 것이었다. 냉전 붕괴 후 옛 소련 자료의 공개로 남침 유도론은 유효성을 잃었지만, 당시 자료의 한계 속에서 이룬 독창적인 연구였던 점은 평가할 만하다.

그 뒤 스톤은 미국 정부의 블랙리스트에 올라 연방수사국의 감시를 받았으며, 일자리를 구할 수 없게 되자 1953년부터 1인 신문인 『주간 스톤』을 창간했다. 친구에게 빌린 3,000달러와 도산한 한 좌파 매체의 구독자 명단 5,000여 명을 바탕으로 취재, 집필, 편집, 발행, 배포를 모두 혼자서 했다. 광고를 싣지 않는 겨우 4쪽짜리 신문을 구독료만으로 20년 가까이 버텼다. 당시 그는 "억압받는 자들에게 약간의 위안이라도 주기 위해, 내가 직접 본 그대로의 진실을 쓰기 위해, 나 자신의 무능력에 의한 한계를 빼놓고는 어떤 것과도 타협하지 않기 위해, 나 자신의 충동을 빼놓고는 그 어떤 주인도 따르지 않을 자유를 누리기 위해, 진정한 언론인이란 어떠해야 하는가라는 나 자신의 이상을 실천하기 위해, 내 가족의 생계를 책임지기 위해. 이 밖에 바랄 것이 또 뭐가 있겠는가?"라고 했다.

인류의 머리를 도끼로 찍다

1964년 스톤은 통킹만 사건(1964년 베트남 동쪽 통킹만에서 일어난 북베트남 경비정과 미군 구축함의 해상 전투 사건. 미국이 베트남 전쟁 개입을 공개적으로 강화한 계기가 된다)을 조작해 베트남 전쟁을 시작한 린든 존슨 대통령에게 도전한 유일한 언론인으로, 베트남 반전운동의 이론적 토대를 마련했다. 4,000부로 시작한 『주간 스톤』은 1960년대에 7만 부까지 발행되었다. 그러나 1950년대부터 스톤은 소련의 간첩으로 몰리는 등 색깔론 공격을 받았다. 협심증으로 1971년 주간지의 간행을 중단한 스톤은 펜실베이니아대학으로 돌아가 고대 그리스어로 학사학위를 받고 『소크라테스의 재판』을 썼다.

이 책에서 스톤은 아테네인들이 소크라테스에게 사형을 선고한 것은 실수지만, 그런 선고를 당할 만큼 소크라테스는 반민주적이며 개방사회의 적이었다고 주장했다. 이러한 견해는 이 책이 나온 1988년에는 물론 지금까지도 인류의 성인으로 받들어지는 소크라테스에 대한 새로운 견해로 세계적으로 논쟁을 불러일으켰지만, 한국에서 그의 견해를 참조하는 사람은 거의 없다. 여하튼 역사가란 모름지기 역사 탐사 기자여야 한다는 말도 있는데, 스톤이야말로 프란츠 카프카가 말했듯이 도끼로 인류의 머리를 찍는 참된 작가이자 저자였다.

미국의 변호사이자 소비자 보호와 반핵 운동 지도자인 랠프 네이더는 "스톤은 독립적이며 부패에 물들지 않았다는 점에서 현대의 토머스 페인이었다"며, "그는 시력과 청력이 나빴어도 다른 어떤 언론인들보다 더 많이 보고 더 많이 들었다. 충만한 호기심으로 매일매일 새로운 사실을 발견하고 불의에 분노할 수 있는 능력을 가졌기 때문이다"라고 말했다. 그는 네 편 내 편을 가르는 진영 논리가 아니라 누가 했다해도 불의와 불평등, 진리로 포장된 거짓말을 포착하고 비판했다. 그래서 동지가 적이 되는 경우도 흔했다.

그는 거만하지만 사실은 유치한 전문가들을 혐오했고, 그들과 달리 도발적이면서도 경쾌한 문장을 구사했다. 그는 언제나 남들이 비겁하게 침묵할 때 '홀로 용감하게' 외쳤다. 기자들이 정부나 기업의 발표를 앵무새처럼 그대로 옮겨 쓰레기를 양산하기에 바쁠 때, 그는 평생 독학으로 다진 철학과 사상을 토대로 진실을 추구하는 비판적인 글을 썼다.

레오폴트 코어

Leopold Kohr, 1909~1994

모든 불행은
거대함에서 온다

도시가 작을수록 인간은 커진다
———

크리스마스 캐럴 〈고요한 밤〉은 오스트리아 잘츠부르크 근처, 인구가 3,000명도 안 되는 작디작고 너무나 조용한 마을인 오베른도르프에서 만들어져 처음으로 불렸다. 그러니 대도시의 거대한 상가나 건물은 물론 성당이나 교회라고 해도 세계 최대라는 식의 대형 건물에서 요란스럽게 울려 퍼지는 것은 그 노래를 만든 사람들에게 결례를 범하는 짓이다. 그 마을은 '작은 것이 아름답다'는 이상적인 공동체의 원형으로, 1909년 그곳에서 태어난 레오폴트 코어가 현대문명의 거대함과 시끄러움을 싫어하고 작고 조용한 것을 좋아하게 된 것과 직결된다.

마찬가지로 〈고요한 밤〉도 작고 조용한 밤, 가난하고 소박한 밤을 찬양하는 것이니 부자들의 화려한 크리스마스 파티와는 전혀 어울리지 않고, 그런 곳에서 이 노래를 부르는 것도 이것을 만든 사람들의 마음을 모독하는 짓이다. 오베른도르프 같은 작은 계곡들이 모두 각각의 지역적 개성으로 살아가는 것이 그곳 사람들에게는 좋은 삶인 반면, 천편일률적이고 기계적이며 도식적인 도시 생활은 타락한 삶으로 경원된다. 계곡의 작은 마을에는 공장이 아니라 목장, 자가용이 아니라 자전거, 아니 걷기가 알맞다. 모차르트가 위대한 조화의 음악을 창조한 것도 작은 도시인 잘츠부르크 출신이기 때문이라고 코어는 생각했다.

코어는 고향에서 자란 뒤 인근의 인스브루크대학에서 법학을, 빈대학에서 정치학을, 런던경제대학원에서 경제학과 정치이론을 공부하면서 어떤 조직과도 무관한 독립적인 사회주의자가 되어 평생을 그렇게 살았다. 1937년에는 프리랜서 특파원으로 스페인 내전에 참전하면서 조지 오웰, 어니스트 헤밍웨이, 앙드레 말로의 친구가 되었다. 파시즘과의 싸움이었기에 세계 정의를 위해 스페인 내전에 기꺼이 참전했지만, 코어에게는 카탈루냐와 아라곤의 분리주의 지역과 알코이와 카스페처럼 작은 아나키즘 도시들의 제한적이고 자급자족적인 자치 실험이 더욱 감명 깊었다.

아무리 커도 인구 10만 명 정도의 대학 도시인 잘츠부르크나 인스브루크와 같은 소도시 정도가 사람이 사는 '인간적 규모'로 적합하고, 자유로운 시민들이 국가의 지배를 벗어나 자치하며 주위 자연과 조화를 이루어야 한다는 그의 이상사회는 스페인 내전을 경험하면서 더욱 확고하게 굳어졌다. 따라서 1938년 나치가 오스트리아를 침략해 합병한 것은 그의 이상을 송두리째 파괴한 것이었고, 어쩔 수 없이 이민을 간 미국도 그에게는 맞지 않았다.

작은 나라에 사는 사람들이 행복하다

――

1943년부터 뉴저지주의 럿거스대학에서 경제학과 정치철학을 가르쳤지만, 거대함을 특징으로 하는 미국 학계는 그를 환영하지 않았다. 1941년에 발표한 최초의 논문인 「이제는 불통일: 소규모 자치 단위를 기반으로 한 사회를 위한 요청」에서 유럽을 수백 개의 도시국가로 분할할 것을 그는 요구했는데, 정치와 군사의 거대주의에 젖은 미국에서 먹힐 리 없었다. 같은 논리라면 미국도 50개 이상의 나라로 분리되어야 했다. 특히 1950년대 매카시즘(1950~1954년 미국을 휩쓴 반공산주의 선풍) 시절에는 미국 정부의 의심도 받았다.

그래서 1955년부터 1973년까지 미국의 해외 영토인 푸에르토리코대학에서 경제학과 행정학과 교수로 재직하면서 마을 재생과 친환경적 교통수단에 대한 개념을 발전시켰다. 같은 취지의 첫 저서인 『국가의 붕괴』도 미국과 영국 출판사들에 여러 차례 거부된 뒤 옥스퍼드대학 식당에서 우연히 만난 허버트 리드의 추천으로 1957년 영국에서 겨우 출판되었다(이는 아르놀트 하우저의 『문학과 예술의 사회사』가 출판된 과정과 똑같다).

이 책에서 그는 다음과 같이 말한다. "모든 형태의 사회적 불행 뒤에는 오직 거대함이라는 한 가지 원인이 있다. 지나치게 단순화된 것처럼 보일 수도 있지만 만약 우리가 거대함, 즉 지나치게 큰 것이 단지 사회적 문제 이상의 문제라고 생각한다면, 우리는 그 생각을 더 쉽게 받아들일 수 있음을 알게 될 것이다. 그것은 모든 창조물에 스며드는 유일한 문제다. 뭔가 잘못될 때마다 너무 큰 것이다.……그리고 한 국민의 몸이 공격성, 잔인성, 집단주의, 거대한 어리석음의 열병으로 병들게 된다면 그것은 나쁜 지도력이나 정신착란의 희생자가 되어버린 탓이 아니라, 과잉 집중된 사회 단위에 매력적인 개인이나 작은 집단이 녹아들기 때문이다."

코어는 역사를 통틀어 작은 나라에 사는 사람들이 더 행복하고, 더 평화롭고, 더 창조적이고, 더 번영했음을 보여주었다. 그는 세계의 주요 국가들이 작은 나라들로 다시 해체된다면 실제로 우리의 모든 정치적·사회적 문제는 크게 줄어들 것이라고 보았다. 동시에 갈수록 점점 커지는 정치 단위를 만들려고 하기보다는, 작은 규모의 정치 단위가 평화와 안보를 가져다준다는 믿음을 가지고 있었다. 이에 따라 코어는 지도자들이 시민들에게 접근하고 호응하는 작고 상대적으로 힘없는 국가의 구성으로 돌아가 권력 집단을 최소화해야 한다고 주장했다.

나아가 그는 1960년대 미국을 중심으로 빈곤국에 이루어진 대규모 대외 원조가 지역 이니셔티브와 참여를 억압한다고 비판하고, 도리어 중앙집권적인 정치·경제 구조를 해체하고 지역 통제에 유리한 정치·경제 구조를 구축해야 한다고 역설했다. 나아가 한 나라 안에서도 "건강한 대도시는 도시의 연합이 되어야 하는 것처럼, 건강한 도시는 광장의 연합이 되어야 한다"는 식으로 물리적이고 정치적인 세분화의 중요성을 설명했다.

그런 도시의 모델로 찾은 이탈리아 도시국가들에 대한 그의 낭만적인 열정은 르네상스 군주의 계몽적 후원에 대한 향수를 불러일으켰다는 점에서 보수적이라는 비판도 받았다. 그는 언제나 민주주의자이고 사회주의자였지만, 대중사회와 20세기 중반의 산업주의에 대해서는 매우 비판적이었다. "우리 시대의 중심 질병은 추악함, 가난, 범죄, 방치가 아니라 현대국가 및 도시 거대주의의 비견할 수 없는 차원에서 오는 추악함, 빈곤, 범죄, 방임이다"라고 했다.

너무 크면 올바르지 않다

만년의 코어는 영국의 웨일스로 이주해 1977년까지 웨일스대학에서 정치철학을 가르치면서 공동체에 입각한 웨일스 독립 프로젝트를 진행했다. 1983년 스톡홀름에서는 '인간적 규모를 위한 운동의 초기 영감'을 준 공로로 '바른생활상Right Livelihood Award(정의와 진실, 평화 증진을 위한 활동을 벌인 개척자에게 주는 상으로, '대안 노벨상'으로도 불린다)'을 받았다.

언제나 열린 마음으로 대화를 즐긴 그는 푸에르토리코에서 이반 일리치, 웨일스에서는 에른스트 슈마허 같은 사람들에게 영향을 끼쳤고, 그의 집은 언제나 사람으로 가득찼다. 에른스트 슈마허의 베스트셀러인 『작은 것이 아름답다』는 코어의 핵심 원칙 중 하나에서 제목을 딴 것이다. 마찬가지로 코어의 사상은 커크패트릭 세일의 『인간적 규모』와 『대지의 거주자들: 생태지역적 비전』에도 영감을 주었다.

많은 사람에게 코어는 매력적인 대화주의자이자 재치 있게 대중적 속설을 비판하는 자로 묘사되었다. 고전적 학습과 유럽 문화에 몰두한 코어는 20세기 후반에 가장 심오한 독창성과 혁신성을 가진 정신의 하나로 녹색사상, 생태지역주의, 제4세계, 분권주의, 아나키즘 운동 등에 중요한 영감을 주었다.

1994년 죽은 뒤 그의 유해는 오베른도르프의 푸른 계곡으로 돌아갔다. 가족의 해체까지 주장하지는 않았지만 평생 독신으로 살았던 코어는 단 한 번도 폭넓은 명성과 인정을 누리지 못했다. 하지만 그의 생각은 현대에 유행한 어떤 사상보다 수십 년 앞서 있었다. 친구 한 명이 그가 죽은 후 말했다. "이제 그의 시대다!" 아니다. 어쩌면 코로나19 이후에야 그렇게 말해야 할지도 모른다. 너무 크면 언제 어디서나 잘못된다. 너무 크면 아름답지도, 올바르지도, 참되지도 않다. 작아야 진선미다.

자크 엘륄

Jacques Ellul, 1912~1994

세계적으로 생각하고
지역적으로 행동하라

양쪽을 보고 전체까지 보라

———

내가 보르도를 자주 찾는 이유는 포도주 때문이 아니다. 1990년대 초부터 몽테뉴의 성을 찾아, 몽테스키외의 생가와 그곳의 포도밭 들판을 여행했다. 그리고 고야가 망명해 마지막 그림을 그린 집도 찾아갔다. 그들만큼 유명하지는 않지만 자크 엘륄이 근무한 보르도대학과 함께 그의 이름을 딴 중등학교도 찾아갔다. 그 학교 입구에서 만난 학생들이 "세계적으로 생각하고 지역적으로 행동하라"는 말을 한 사람이 바로 자크 엘륄이라는 사실을 몰라서 놀란 적이 있다. 더구나 몽테뉴나 몽테스키외를 아는 사람도 거의 없어 더욱 놀랐다.

내가 더 좋아하는 엘륄의 말은 "한쪽만 보지 말고 양쪽을 보고 전체까지 보라"는 말이다. 바로 '변증법'이다. 그래서 가령 모두가 오로지 '자유'를 주장할 때 그것과 '책임'이 조화를 이루어야 한다고 역설했다.

마찬가지로 모두가 기술을 숭배할 때 기술의 부정적인 측면을 지적했다. 기독교와 마르크스주의도 그에게는 변증법적인 관계였다. 그 변증법에서 내가 제일 좋아하는 "존재한다는 것은 저항하는 것이다"라는 그의 말이 나왔다. 그는 자신이 저술하는 모든 주제는 '자유를 위한 저항'이라고 했다. 그에게는 기독교도, 마르크스주의도 자유를 위한 저항이었다.

철학, 신학, 법학, 사회학 등에 두루 통달한 20세기의 프랑스 사상가인 그의 저서는 30권 이상 우리말로 번역되었고 그에 대한 연구서도 많이 나왔다. 하지만 그를 아는 사람들은 소수의 신학자나 목사들뿐이고 철학이나 법학, 사회학에서는 그를 철저히 무시해 유감이다. 한국의 왜곡된 전공주의가 낳은 폐단이라고 할 수 있지만, 한국에서보다는 덜해도 그의 조국인 프랑스나 그의 책이 많이 번역되는 미국에서도 비슷한 현상이 일어나는 것을 보면 그의 글이 기독교나 현대문명을 철저히 비판하는 저항적인 태도 탓이라고 볼 수도 있을 것 같다.

1912년에 보르도의 가난한 집안에서 태어나 1994년에 보르도에서 가난하게 살다가 죽은 엘륄은 거의 평생을 보르도에서 보냈고, 그 반 이상을 보르도대학에서 학생과 교수로 살았다. 한국 못지않게 중앙집권적인 프랑스에서 파리에 살지 않는다는 것은 특히 지식인에게 불리하지만, 그는 끝까지 지방을 버리지 않았다. 평생을 두고 '세계적으로 생각하고 지역적으로 행동하라'는 신념을 지킨 것이다.

제2차 세계대전이 끝나기 직전 반년간 보르도 부시장을 지내기도 했지만, 1944년부터 1980년 68세로 퇴직할 때까지 37년 동안 보르도대학 법학부에서 학생들을 가르쳤다. 보르도대학에 오기 전에도 1937년부터 몇몇 지방대학에서 강의했다가, 1940년에는 학생들 앞에서 당시 나치의 괴뢰정권 수반이었던 앙리 필리프 페탱을 비판했다는 이유로 해임되기도 했다.

기술사회의 위험을 경고하다
———

나치가 프랑스를 점령하자, 엘륄은 시골에서 농사를 짓다가 유대인의 도피에 필요한 가짜 신분증을 만들고 나치 감옥에서 탈출한 이들과 유대인을 안전지대로 이동시키는 등 레지스탕스 운동에 참여했다. 전후에는 지역의 범죄 예방과 댐 건설 반대 등을 포함해 환경보호운동이나 농업보호운동에도 적극 참여했다. 이렇듯 지역에서 실천적 행동을 하면서 새로운 신학운동과 기술과 소외에 대한 선구적 사상가로 그를 알린 저서 60여 권과 논문 수백 편을 저술했다.

그의 사상이 형성된 중요한 출발점은 18세에 개신교로 회심回心하고, 19세에 마르크스 이론에 눈뜬 것이다. 그는 그리스도 신앙을 받아들였지만 현실의 기독교를 신랄하게 비판했으며, 특히 4세기에 이루어진 국교화로 기독교가 국가와 결탁한 결과 복음적인 메시지를 완전히 와해시켰다고 공격했다. 또 마르크스의 저서를 탐독하면서 마르크스주의자가 되었지만, 그는 이 이데올로기를 철저히 비판하면서 주류 마르크스주의와는 거리를 두었다. 특히 '소외'와 같은 마르크스의 핵심 개념을 받아들이면서도 자본가의 노동 착취와 같은 주장은 배제했다. 소련을 비롯한 공산주의 국가에서도 자본주의 국가에서와 마찬가지로 기술의 지배를 받는다고 보면서 문제는 '체제'가 아니라 '기술'이라고 주장했다.

21세부터 그는 잡지 『에스프리』를 내어 미국식 대량생산 방식인 테일러주의와 포드주의가 초래한 심리적 장애와 이를 낳은 미국 사회를 비판했다. 그와 동시에 기술이 단순히 기계의 사용을 넘어 인간의 의식에 통합되고 결국은 인간의 의식을 지배한다는 점을 강조했다. 평생을 두고 기술이 인간의 욕망을 매개로 무한히 자체 증식하는 힘이 되고, 인간의 통제를 벗어나 인간을 억압하는 자율적인 현상이 됨으로써 인간이 기술을 감지할 수 없게 한다고 보았다. 즉, 인간의 의식을 넘어 기술 그 자체가 신성화되고 절대화되어, 인간 역사의 모든 가치를 유용성이니 효율성이니 경제성장이니 하는 기술의 가치로 대체한다는 것이다.

그는 기술사회가 인간의 의식을 극도로 복잡하게 조작하는 과정인 선전과 교육 등을 통해 인간의 육체적·심리적 부적응을 최대한 막는다고 주장했다. 또 인간을 완벽하게 기술사회에 통합시키며, 기술 자체의 운동 원리를 벗어나는 다른 어떤 것도 용인하지 않는다는 점에 폭력성과 전체주의성이 있다고 했다. 그런데도 그는 인간이 기술사회 속에서 절망하거나 기술을 외면할 것이 아니라, 기술을 비판적으로 수용하고 나아가 현실을 개혁할 것을 기대했다.

기독교는 그리스도에 대한 최악의 배반이다

엘륄은 기술사회에서 벗어나는 길을 신앙, 특히 기도라는 개인적 결단에서 찾았다. 성서를 인간에게 책임과 자유를 떠안기는 책, 그 내용의 전개가 권력을 비판하는 만큼이나 종교를 비판하고 인간과 신 사이에 어떤 매개도 없이 직접 대화를 강조하는 책이라고 보았다. 반면 기독교가 지배하는 국가와 교회는 성서와 단절되었다고 하면서, "기독교가 성경대로 바르게 선포된다면 기독교는 많은 신자를 얻지도 못하고 이 땅에서 누릴 수 있는 대가와 이익을 얻지 못할 것이다. 그런데도 인간의 동의를 얻기 위해 그들의 기호를 맞추고 그들을 매료시켜야 하다니!"라고 탄식했다.

이러한 탄식은 마르크스의 말대로 종교가 아편이 되어 세계 최대의 대형 교회를 만들고, 이를 기반으로 사회정의를 철저히 배신하며, 오로지 돈과 권력의 주구走拘가 되어 있는 경우에 더욱 강해질 것이다. 그의 저서 대부분이 외국, 특히 미국과 한국에서 가장 적극적으로 번역되고 있는 이유도 그런 점에 있을 것이다.

프랑스에서 무명이었던 그는 20세기 말 그의 사후에 미국에서 유명해진 뒤, 프랑스에서 널리 알려졌다. 프랑스의 문화 집중 현상은 보르도라는 지방 출신인 그의 주장을 철저히 무시했다. 반교권주의가 강력한 프랑스에서는 그의 신학이 대부분 지식인에게 거부당했고, 마찬가지로 그가 교회에 가한 근본적이고 신랄한 비판은 그를 기독교인들에게서 멀어지게 했다. "기독교는 그리스도에 대한 최악의 배반이다"라고 그가 주장하는 이유는, 4세기 콘스탄티누스 황제 치하에서 교회가 국가와 거래를 맺은 이후 기독교가 권력과 돈과 기술을 추종해온 순응주의 때문이었다.

이와 반대로 그는 그리스도의 메시지와 아나키즘의 강한 유사성을 인정했다. 즉, 자유를 추구하고 국가와 교회 제도를 거부하거나, 최소한 이 제도들이 신성화되는 것을 거부한다는 점에서 공통된다는 것이다. 이 점은 내가 엘륄에게서 배운 가장 중요한 점이지만, 대부분 기독교도들이 가장 강하게 거부하는 측면이기도 하다.

엘륄에게는 1967년 이스라엘과 아랍 간의 갈등이 시작된 이후부터 죽을 때까지 이스라엘 편을 들었다는 점 외에도, 이슬람에 대해 부정적인 견해를 표하는 등 문제점이 있었다. 하지만 이반 일리치나 닐 포스트먼을 비롯해 많은 반산업주의적 기술문명 비판자들이나, 예수를 아나키즘을 추구하는 급진주의자로 바라보는 사람들에게 깊은 영향을 미쳤음은 부인할 수 없다.

하워드 진

Howard Zinn, 1922~2010

미국의 민중사를
몸으로 다시 쓰다

엘리트를 위한, 엘리트에 의한, 엘리트의 나라

———

정치인들은 항상 자기들만이 '국민'의 편이고, 그들에게 반대하는 사람들은 '국민'의 적이라고 주장한다. 그 정도로 파렴치하게 거짓말을 일삼지 않는다고 해도 사람들은 자신이야말로 객관적이거나 중립적인 반면 남들은 주관적이거나 편향적이라고 비난하기 일쑤다. 특히 학자나 언론인들이 그렇다. 통계나 숫자, 역사나 현실을 들먹이며 그렇게 강변한다. 그러나 그들이야말로 사실은 철저히 주관적이고 편향적이다. 역사나 뉴스라고 하는 것도 수많은 사실 중에서 취사선택된 것일 뿐이다. 요즘 유행어로 말하면 '진영적'이다. 더 쉽게 말하면 '당파적'이고 '이기적'이고 '적대적'이다. 통계나 숫자도, 역사나 현실도 그렇게 악용될 뿐이다. 그러니 대부분 파렴치한 거짓말쟁이다.

"가르치는 자로서, 글 쓰는 자로서 나는 단 한 번도 '객관성'에 집착한 적이 없다. 객관적이라는 것은 가능하지도, 바람직하지도 않다"고 정직하게 말한 사람은 하워드 진이다. 그는 '피플people'이라는 명확한 관점과 신념을 밝히면서 말을 하고 책을 쓴다. '피플'은 '국민'이나 '민중'이라고 번역하기도 하지만, 하워드 진에게는 엘리트 지배층이 아닌 비엘리트 피지배층이나 하층계급, 특히 노동자 계급이다. 그는 미국을 '피플의 나라'가 아니라 '엘리트의 나라'라고 비판한다. '피플에 의한', '피플을 위한' 나라도 아니고 오로지 '엘리트에 의한', '엘리트를 위한' 나라라고 한다. 내가 그를 좋아하는 이유는 그가 말하는 미국은 물론이고, 그 미국을 닮고자 하는 한국이 더욱 그렇다고 보기 때문이다. 한국이야말로 '엘리트를 위한', '엘리트에 의한', '엘리트의' 나라라고 보기 때문이다.

하워드 진은 1922년 가난한 피플로 태어나 평생 피플로 살다가 2010년 88세의 피플로 죽었다. 한국에서는 교수가 엘리트라지만 하워드 진은 평생 피플로 산 교수다. 부모는 유럽에서 이주한 유대인 노동자였고, 진도 어려서부터 노동을 하면서 찰스 디킨스 등의 소설을 읽고 자본주의와 사법이 항상 피플을 억압한다는 사실을 알았다. 17세 때 공원에서 열린 평화 집회에 갔다가 경찰의 곤봉 세례를 받은 뒤 진보적 자유주의자에서 급진주의자로 바뀌었다.

이듬해 수업료가 무료인 뉴욕시립대학에 들어갔지만 생활비를 벌기 위해 대학을 중퇴하고, 조선소에서 3년간 일하면서 노동조합을 만들었다. 이어 파시즘과 싸우기 위해 제2차 세계대전에 참전했지만, '좋은 전쟁'에 회의를 느끼면서 평생 반전주의자가 되었다. 제대 후에도 3년간 노동을 한 뒤 뉴욕대학에 입학했지만 밤에는 노동을 해야 했다.

콜럼버스를 정복자이자 학살자로 비판하다

————

1951년 대학 졸업 후 컬럼비아대학 대학원에서 역사를 전공하고 광산 파업에 대해 석사 논문을 쓴 뒤, 여러 대학에서 강의를 하다가 1956년부터 애틀랜타의 흑인 여자 대학인 스펠먼대학의 전임교수가 되었다. 당시 흑인 차별의 중심지였던 애틀랜타에서 인종차별에 반대하는 내용의 수업을 하고, 시위와 집회에 참여하면서 흑인 민권운동의 중심에 선 진은 결국 1963년에 해직당했다. 1963년부터 1988년까지 26년간 보스턴대학에서 정치학을 가르치며 학생들에게 이론서보다도 문학작품을 많이 읽게 하고 즉흥적으로 강의하는 것으로 유명했다. 베트남 전쟁 반대운동에 뛰어들어 관련 글을 많이 썼고, 1968년에는 베트남을 방문하는 등의 경험을 통해 최초로 피플의 입장에서 미국의 역사를 본 『미국 민중사』를 1980년에 냈다.

미국에서 해마다 10만 부씩이나 팔린 스테디셀러이자 베스트셀러였던 이 책은 1986년 우리나라에서 『미국 민중 저항사』라는 제목으로 처음 번역되었다. 콜럼버스를 잔인한 침략 정복자이자 학살자로 비판한 첫 부분부터 기존의 생각을 뒤바꾼 이 책은, 그 뒤 내가 미국뿐만 아니라 역사를 이해하는 데 가장 자주 참조한 책이다. 소위 통사적인 교과서가 아니기에 유명한 사건이나 인물은 대폭 생략하거나 비판하는 반면, 기존의 주류 역사에서 무시된 사건이나 자신이 하고 싶은 이야기에 집중해 철저히 주관적인 책임을 과시한다. 그러니 주류 학계나 언론에서는 이 책을 '빨갱이 책'이라고까지 극언하며 매도하기 일쑤인, 비주류 이단의 역사서다.

진은 노예제도가 세계적인 현상이지만 미국처럼 인종차별이 오랫동안 문제된 나라는 없었다고 하면서 이 점을 집중적으로 살폈다. 미국에서보다 한반도에서 그런 문제는 더욱 심각했지만 우리 역사책에서는 거의 다루지 않기 때문에 나에게는 감동적이었다. 진에 의하면 신대륙에는 언제나 노동력이 부족했는데, 인디언이나 백인은 노동력으로 부리기 쉽지 않아 의지할 곳 하나 없는 흑인들을 노예로 삼았다. 즉, 미국은 모든 사람에게 평등한 꿈의 땅이 아니라, 처음부터 영국의 계급제도가 고스란히 이식된 열악한 조건에서 계급 질서가 더욱 강화된 나라였다. 인디언과 노예는 물론이고 가난한 백인까지 저항하자 지주들은 그들을 의도적으로 분리시켰다. 즉, 백인 빈민에게는 약간의 권리를 주되 빈곤에서 빠져나오지 못하게 해서 그들보다 더 비참한 흑인처럼 되는 것을 두려워하게 만들고 흑인 노예를 감시하게 했다.

사람들에게 진정한 평등을 돌려주다

진은 미국 독립이란 지주들이 하층민을 가장 효율적으로 통제하는 나라를 만든 것이었다고 비판했다. 즉, 모든 사람이 평등하다는 민주주의가 아니라, 기득권층 중심의 공화제를 만들었다는 것이다. 여기에는 노예나 여성은 물론 재산이 없는 빈민도 제외되었다. 독립 이후 미국은 인디언을 상대로 속임수, 약속 파기, 학살, 세균전 등 다양한 술수를 써서 서부를 개척했다. 남북전쟁도 노예해방과는 무관하게 시작되었다. 북부는 남부의 시장과 자원을 얻으려고 싸웠을 뿐이었다.

전쟁이 끝난 뒤에 남부의 백인들은 자신들의 권리를 회복했고, 토지 소유나 임대차를 금지당한 흑인은 다시 노예로 돌아갔다. 남북전쟁은 미국이 제국주의 국가가 되는 토대를 만들었을 뿐이다. 남북전쟁이 노예해방을 위한 전쟁이 아니었듯이 두 차례 세계대전도 평화나 민주주의를 위한 전쟁이 아니라 제국들의 전쟁이었고 전쟁이 끝난 뒤에도 제국들의 전쟁은 냉전으로, 1990년대부터는 이라크 침공 등 다시 열전熱戰으로 이어졌다.

평생 전쟁에 반대한 진은 2003년 조지 W. 부시의 이라크 침공에도 반대하면서 이보다 더 심각한 문제는 "미국이 폭력배들에게 둘러싸인 대통령의 손아귀에 있는" 점이라고 비판했다. 그는 1998년 인터뷰에서 "거대 기업이 경제를 지배하지 않는 세상, 기업이 일하는 사람들의 통제를 받고 노동자와 소비자 대표가 의사결정 기구에 참여할 권리가 있는 세상"을 꿈꾼다고 말했다.

그런 세상에서 4년 만의 선거가 아닌, 1871년 파리코뮌에 존재한 것과 같은 풀뿌리 민주주의가 가능하다고 주장했다. 그리고 그 목표는 사람들에게 진정한 평등을 돌려주고 모든 사람이 기본적인 의식주를 보장받으며, 진료비 부담이나 복잡한 행정절차 없이 의료 혜택을 받고 국경 없이 자유롭게 이동하는 것이라고 주장했다. 그리고 그것은 상상하기도 힘들지만 그런 상상이 없다면 오늘날 벌어지는 일을 제대로 읽을 수 없다고 했다.

2008년 대통령 선거에서 버락 오바마가 승리하자 그가 패권주의적 외교정책을 바꾼다면 위대한 대통령이 될 것이라고 진이 말했지만, 그가 죽을 때까지는 물론 죽고 나서도 그런 변화는 없었다. 미국의 양

당은 자본주의와 군사력 유지라는 '영원한 적대적 문화'의 공유자로 피플을 적대한다는 진의 비판은 지금도, 그리고 미국만이 아니라 다른 많은 나라에서도 여전히 옳다.

에드워드 파머 톰슨

Edward Palmer Thompson, 1924~1993

진영을 뛰어넘어
평화주의를 외치다

비엘리트 하층계급의 구체적 현실을 꿰뚫다

———

2018년 정년퇴직을 하면서 퇴임식을 비롯해 이런저런 자리를 맡으라는 이야기가 있었지만 모두 물리친 이유는 부끄러워서였다. 교수를 지낸 반평생, 단 하루도 부끄럽지 않은 적이 없었는데 그것을 축하한다니 너무 창피했다. 다행인 것은 단 하나, 퇴직으로 그 부끄러움에서 벗어날 수 있다는 것이었다. 퇴직 후 대학에 침을 뱉는 사람도 보았지만 제 얼굴에 침을 뱉는 것 같아 그러지는 못했다. 그럴 바에야 차라리 대학을 가지 않거나 당장 그만두어야 한다고 생각했다. 대학의 산학협동 등에 항의해 6년 만에 교수직을 내던지고 대학 밖에서 프리랜서로 살다 죽은 에드워드 파머 톰슨처럼 말이다.

내가 대학을 다닌 1970년대에 그가 쓴 『윌리엄 모리스: 낭만주의자에서 혁명가로』를 읽고 우리나라에 윌리엄 모리스에 대한 책이 없는 것을 오랫동안 안타까워하다가, 그에 대한 책을 1998년에 쓴 것도 부끄러운 만용이었다. 톰슨이 1955년에 이 책을 쓴 이유는 사회주의자로서 소련 공산당의 지령에 따르기보다 영국 고유의 주체적이고 창조적인 민주적 사회주의의 뿌리를 찾기 위해서였다. 톰슨이 그 뿌리로 본 모리스는 반세기 이상 예술가로서만 강조되었고 그의 정치는 철저히 무시되었다. 그런 경향은 지금까지도 여전하지만, 톰슨은 반세기 전에 이 점을 극복하고자 모리스의 민주적 사회주의를 재조명했다.

　19세기의 교조적 사회주의에 반발한 모리스의 자율적 사회주의는 19세기 말 일본을 거쳐 한반도에도 소개되었으나, 일제강점기 이후 사회주의는 소련 공산당의 교조적인 것으로 굳어졌다. 소련 공산당에 반발한 톰슨이 모리스를 재조명했듯이, 20세기 말의 교조적인 한반도 사회주의에 반발한 나도 '모리스로 돌아가라'는 취지로 그를 처음 소개했다. 1896년 모리스가 죽고 한 세기 이상이 지나고, 톰슨 책의 초판이 나온 지 반세기가 지난 2012년에 톰슨의 책이 번역되었다.

　톰슨은 영국의 역사가, 소설가, 시인, 사회주의자, 평화운동가였지만 우리에게는 『영국 노동계급의 형성』을 쓴 역사가로 유명하다. 나는 영국 노동사의 효시로 꼽히는 시드니 웨브와 비어트리스 웨브 부부의 『산업민주주의』 등을 번역한 적이 있다. 그렇기 때문에 나는 두 가지 측면에서 이 책들을 높이 평가해왔다. 하나는 19세기 말의 과도하게 제도론적이고 과소하게 정치적이며 엘리트주의적인 차원의 노동사를 극복한 톰슨의 학문사적 공헌이다. 또 하나는 1956년 소련의 헝가리 침략에 항의해 공산당을 탈당한 뒤, 모리스를 통해 그가 추구한 새로운 사회주의의 꿈을 '노동계급의 일상 문화'라는 뿌리에서 찾으려고 한 점이다.

이 책은 노동계급이 좌파 엘리트가 만든 이념이나 구조 안에서 상상된 것이 아니라 비엘리트 하층계급의 구체적 현실에서 형성되었다고 주장했다. 이는 교조주의자들처럼 노동계급의 형성 과정을 정파주의나 정치운동으로 환원하지 않고, 그것이 일상생활 속에서 형성되는 과정을 보여주었다. 이는 비엘리트주의에 충실한, 즉 엘리트주의에 철저히 반한 것이었다. 톰슨은 구좌파든 신좌파든 모두 엘리트주의에 젖었다는 점에서 참된 사회주의가 아니라고 비판했다. 즉, 노동계급이 고정된 계급의식을 갖기 마련이라고 보는 구좌파는 물론, 반대로 노동계급은 자본에 오염되었으므로 지식인이 그 역할을 대신해야 한다고 주장한 프랑크푸르트학파 등의 신좌파도 비판한 것이었다.

'민주적 사회주의'와 '사회주의 휴머니즘'

이 책을 쓴 뒤에도 톰슨은 『휘그 귀족과 밀렵꾼』 등의 저술에서 엘리트에 반하는 노동계급은 자신들에게 강요되는 억압에 범죄와 무질서로 반응했고, 범죄는 엘리트의 지위와 재산·이익을 위협하는 활동이었다고 보았다. 톰슨이 1960년대 후반과 1970년대 후반에 집권한 노동당 정부가 시민의 자유를 무시한 것을 비판하고, 1980년대에 시민 중심의 핵무기 반대 운동에 투신한 것도 그 나름의 '민주적 사회주의' 또는 '사회주의 휴머니즘'에서 비롯되었다.

톰슨의 이러한 사상과 활동은 영국의 제국주의를 비판한 자유주의자로 영국의 식민지인 인도 콜카타에서 인도의 민족주의를 지지하고 인도의 자치를 위해 헌신한 교육 선교사 가정에서 태어난 것과 무관하지 않았다. 그의 부모는 라빈드라나트 타고르와 자와할랄 네루 등 인도의 지성인들과도 친했으나, 암리차르 학살 사건 이후 고립되어 좌절한 나머지 1923년에 영국으로 돌아와야 했다. 그 뒤 그의 아버지는 옥스퍼드대학에서 벵골어를 가르치며 인도에 대한 저술을 비롯해 시와 소설과 평론, 역사와 전기 등을 출판했다. 톰슨은 1924년 옥스퍼드에서 태어나 독립적인 학교에서 교육을 받았는데, 그런 교육도 그의 사상 형성에 기여했다.

옥스퍼드대학에 다니며 사회주의 활동을 하다가 제2차 세계대전 중 장교로 참전한 그의 형이 불가리아에서 반파시스트 빨치산을 도왔다는 이유로 파시스트에게 잡혀 총살당한 것도 그에게 깊은 영향을 주었다. 불가리아 해방 후 불가리아의 영웅으로 추앙된 형에 대해 톰슨은 어머니와 함께 책을 썼다. 톰슨도 케임브리지대학에서 사회주의 활동을 하다가 재학 중에 제2차 세계대전에 참전해 프랑스와 이탈리아에서 파시즘과 싸웠다. 제대 후 복학해 문학을 공부하다가 역사로 전공을 바꾸었으나, 몇 년간 유고슬라비아와 불가리아의 철도 건설 등의 재건 사업에서 자원봉사를 하며 민중의 집단적 노력을 직접 체험했다.

재학 중 공산당에 가입한 뒤 1946년에는 에릭 홉스봄 등과 함께 '공산당 역사가 그룹'을 결성했다. 대학 졸업 후에는 빈곤한 노동자가 많은 영국 북부의 요크셔에서 노동운동과 성인교육에 종사하면서 노동자들에게 많은 것을 배웠다. 그때 수업에서 사용한 윌리엄 모리스의 생애와 작품을 정리해 책으로 처음 냈으나 학계는 그 책을 외면했다. 그런 가운데 그는 스탈린 비판 등을 둘러싼 공산당 내부의 갈등을 경험했고, 결국 1956년에 홉스봄과 달리 공산당을 떠났다.

학문의 자유와 인권 침해에 항의하다

톰슨은 사회주의를 포기하지 않고 다양한 입장을 가진 사람들로 구성된 제2차 세계대전부터 시작된 반파시즘 연대에 충실하면서 여러 잡지를 창간하고 편집했다. 이어 『영국 노동계급의 형성』을 썼으나 좌우 정통파에게 비판을 받았다. 사상이나 정치나 경제로 환원시키는 종래의 역사학과 달리, 톰슨은 '자유'라는 관념, '비국교 신앙', '민중 소요'라는 3가지 전통에서 노동계급의 민중이 태어나면서부터 변모했다고 보았다. 이 책에는 이를 뒷받침하는 다양한 역사적 에피소드를 보여주는 수많은 자료와 작품을 서사시처럼 담았다.

1965년에는 신설된 워릭대학 사회사연구소의 소장으로 취임해 사회사 연구에 종사했으나, 영국 정부가 좌우를 불문하고 미국의 베트남 전쟁을 지지하고 대학이 고도성장과 산학협동 등으로 학문의 자유와 인권을 침해하는 것에 항의하며 1971년에 사직했다. 1978년에는 루이 알튀세르를 스탈린주의적이라고 비판한 『이론의 빈곤』(이 책은 2013년에 우리말로 번역되었다)을 발간하는 등 학문적 활동에도 종사했지만, 1970년대 후반에는 반핵 평화운동의 선봉에 섰다. 그는 1982년에 낸 『문명의 최종 단계, 절멸주의에 대한 노트』에서 전통적인 제국주의 비판론에 빠져 미국만을 비판의 대상으로 삼는 구좌파를 비판했다.

또 양 체제 내에서 핵무장과 군비경쟁을 가속화하는 내적 압력과 강제 시스템의 논리인 '절멸주의'가 작동한다고 분석하면서, 절멸주의의 중독에서 벗어난 사회세력이 주도하는, 진영을 초월한 평화운동의 연대를 주장했다. 그가 유언처럼 남긴 '절멸주의'라는 말과 함께 이를 극복하기 위한 평화 연대와 사회적 민주주의, 무엇보다도 그의 자유로운 삶과 생각이 너무나도 절실하다.

이반 일리치

Ivan Illich, 1926~2002

전문가 시대는
인간을 불구로 만든다

학문은 서로 가르치고 배우는 것이다

———

사상가이자 신부인 이반 일리치가 자란 동네를 찾아 2019년 6월에 다녀온 크로아티아의 서부, 아드리아해 연안의 달마티아에서는 아직도 시골 내음이 났다. 일리치는 1926년 오스트리아 빈에서 태어나 얼룩 반점을 가진 개 '달마티안'의 원산지인, 동유럽 발칸반도의 소박한 달마티아에서 성장했다. 이곳에서 보낸 어린 시절은 일리치의 소박한 자율의 삶과 생각의 기본이 되었다. 동유럽 출신의 비주류 사상가들이 서유럽 주류의 사상을 전복하는 이단의 혁명은 일리치에게서도 분명하게 나타난다.

아버지는 크로아티아인, 어머니는 유대인인 일리치는 유럽을 뒤덮은 반유대주의 탓에 대도시인 빈으로 돌아가야 했다. 그곳에서 일리치는 지크문트 프로이트의 손을 잡고 산책하면서 정신분석학에 대한 이야기를 듣기도 했지만 1942년 이탈리아 피렌체로 다시 도피해야 했고, 10대의 나이로 레지스탕스 활동에 가담하기도 했다. 제2차 세계대전이 끝나자 신부가 되기 위해 로마 바티칸의 그레고리안대학에서 신학과 철학, 이어 오스트리아의 잘츠부르크대학에서 역사학을 공부해 아널드 토인비에 대한 논문으로 박사학위를 받았다.

폭넓은 지식을 갖추고 11개 언어에 능통해 바티칸 국제부에 들어갔으나, 가톨릭의 관료주의와 배타적인 보신주의에 질려 곧 사퇴하고 미국으로 건너갔다. 1951년 프린스턴대학에서 중세 사상을 연구하다가 뉴욕에서 푸에르토리코 이주민들을 위해 4년간 신부로 일했다. 1956년 푸에르토리코의 가톨릭대학 부총장으로 임명되어 남미에서 활동할 사제들을 위한 집중훈련센터를 설립했으나, 기독교당 결성에 반대하고 가톨릭이 반대한 산아제한에 찬성한 탓에 부총장직을 사임해야 했다. 이후 도보로 남미를 횡단했다.

1961년 멕시코의 쿠에르나바카에 대안적 학문 공동체인 '국제문화형성센터(1967년 '국제문화자료센터'로 개칭)'를 세우고, "학문이란 서로 가르치고 배우는 것이므로 함께 사례해야 한다"는 이유로 스스로 돈을 내고 가르치며 사람들과 함께 공부했다. 그리고 당시 막 시작된 미국 중심의 후진국 개발을 자립자존적 생활에 대한 전쟁으로 보고, 이를 지원한 로마가톨릭을 '문화제국주의'라고 비판했다. 1968년 바티칸에 의해 종교재판에 가까운 심문을 받고, 결국 1969년 '정치적인 부도덕'을 이유로 사제직에서 쫓겨났다.

권위주의와 형식주의에 담을 쌓다

당시 그는 무기를 든 카밀로 신부와 카리스마적인 해방사상가인 카마라 신부와 함께 '위험한' 진보적 신부로 불렸다. 하지만 그들과 달리 일리치는 산업사회의 산업적 생산방식 대신 기존의 사회주의와는 다른 자율적 공동사회를 구축하기 위해 일상생활에서 저항적 삶을 제창하고 스스로 실천했다. 이에 따라 1971년 학교를 비판한 『학교 없는 사회』, 1973년 교통체계를 비판한 『행복은 자전거를 타고 온다』와 기술사회를 비판한 『절제의 사회』, 1976년 의료제도를 비판한 『병원이 병을 만든다』, 1977년 전문가 사회를 비판한 『인간을 불구로 만드는 전문가』를 발표해 학교와 병원은 각각 교육과 건강의 장애물이며, 근대화가 빈곤을 없애기는커녕 빈곤을 근대화하고, 국가교육에 의해 국민의 언어능력이 쇠퇴한다고 주장했다.

과거의 자율적 생활 주체였던 민중이 그들의 고유한 기술을 박탈당해 건강은 의사에게, 공부는 교사에게, 교통은 자동차에, 놀이는 텔레비전에, 생존은 임금노동에, 남녀의 고유한 성적性的 차이는 자본주의 경제체제에 의해 중성화되는 과정으로 보았다. 따라서 그는 경제발전이 수요의 노예가 되는 것이지, 희소성에서 자유로워지는 것은 아니라고 비판했다. 이 같은 비판은 경제발전이 인간에게 더욱 큰 자유를부여한다는 명제를 근본적으로 부정하는 것이었다. 이는 1968년 학생운동 이후 서구의 소비 풍요 사회, 더 중요하게는 자본주의적 경제발전에 의해 생겨난 잘못된 수요에서 민중의 자율적 능력을 지키고자 한 제3세계의 발전 전략에 중대한 영향을 미쳤다.

1976년 센터가 폐쇄되자, 독일과 멕시코를 왕래하면서 중세사를 중심으로 저술과 강의 활동을 한 그는 1970년대 저술과 같은 충격을 던지지는 못하고 오랫동안 잊혔다. 그러나 1978년 노동의 환상을 비판한『누가 나를 쓸모없게 만드는가』, 1981년 여성 노동을 분석한『그림자 노동』, 1982년 여성문제를 다룬『젠더』, 1985년 물질의 역사성을 다룬『H_2O와 망각의 강』, 1988년 독서 능력을 다룬『깨달음의 혁명』, 1992년 상식과 진보를 비판한『과거의 거울에 비추어』, 1993년 지식이 책으로 획득되는 기원을 다룬『텍스트의 포도밭』등은 1970년대의 계몽적 저술을 심화시킨 것으로 보아야 한다. 안타깝게도 1992년에는 암에 걸려서 한쪽 뺨에 커다란 혹이 자라 고통에 시달렸다. 그는 일을 못하게 한다는 이유로 진통제를 대량 투여하는 치료를 거부하고, 스스로 만든 아편 가루를 먹으면서 10년간 일하다가 2002년 독일 브레멘에서 76세에 숨졌다.

그의 공식 직함은 신부나 교수였지만, 교수로서는 물론이고 신부로서도 권위주의나 형식주의와는 담을 쌓은 자유인이었다. 죽기 몇 년 전 브레멘시에서 평화상을 받을 때 그는 수상식장의 화려한 분위기에서 시작해 브레멘에 갈 때마다 묵었던 친구 집의 소박하고 개방된 분위기, 누구나 초대받는 스파게티와 포도주 파티, 밤늦게까지 이어지는 활발한 토론, 사람들이 자유롭게 오가거나 멋대로 잠을 자기도 하는 우정과 환대를 묘사하는 것으로 수상 소감을 바꾸어갔다.

소박하고 자율적인 삶의 실천이 중요하다

———

에리히 프롬은 일리치의 사상을 '근원적 휴머니즘'이라고 불렀다. 일리치가 쿠에르나바카에 살았을 때 프롬도 이웃 동네에 살았기 때문에 두 사람은 매우 친했다. 당시 가장 급진적인 사상가이었던 프롬은 일리치가 "학교가 신화를 창출하는 의례"라고 말하자, 이에 충격을 받아 일리치를 만나려 하지 않았다. 그 정도로 일리치의 사상은 급진적이고 근원적인 것이었다. 그의『학교 없는 사회』는 학교를 지옥처럼 다닌 루저인 나에게 잃어버린 청춘의 정당성을 회복시켰기에 기꺼이 번역했으나, 지금도 우리는 학교에 대한 과도한 믿음이 지배하는 세상에 살고 있다. 그보다 먼저 1980년대에 번역한『행복은 자전거를 타고 온다』,『병원이 병을 만든다』,『그림자 노동』,『절제의 사회』도 아직 우리와는 거리가 멀다.

제3세계의 고유문화와 중세적 자연법 사상 위에서 현대문명을 비판한 일리치는 학교부터 교통, 의료, 성, 노동에 이르는 일상생활을 제자리에 돌려놓기, 즉 교육과 문화, 의료와 교통, 자연과 환경, 성과 언어, 학문과 예술 등 모든 분야에서 개인의 자율을 주장하며 국가와 자본과 전문가들의 지배에 철저히 반대했다. 그의 사상은 정치, 사법, 관료, 군대, 공장, 기업 따위의 수많은 제도, 나아가 현대문명 전반에 걸친 비판으로 이어지고 실천되어야 한다. 그것은 추상적인 거대이론이 아니라, 구체적인 생활의 제도화된 오류를 극복하고 반드시 회복해야 할 우리의 소박한 자율과 자족의 삶 자체를 강조한다는 점에서 더욱 중요하다.

일리치는 20세기가 '인간을 불구로 만드는 전문가의 시대'라고 했다. 그런 전문가의 머릿속에서 나온 화려한 이데올로기나 유토피아가 아니라, 일반 시민 자신의 생활을 스스로 근본적으로 바꾸어보려는 작고 소박한 희망이 더 중요하다. 권력이나 자본과 거리를 두는 것은 물론 도시나 아파트, 학교나 병원, 골프나 헬스, 자가용이나 방송, 외식이나 먹방, 스마트폰이나 인터넷 등 지금 우리를 지배하는 허위의 주류적 일상과 거리를 두는 저항이 필요한 시대에 이반 일리치는 나의 영원한 스승이다.

로널드 데이비드 랭

Ronald David Laing, 1927~1989

골방의 조현병을
태양 아래로 끌어내다

정신병원에 '야단법석 방'을 만들다

———

몇 년 전 어느 출판사에서 번역할 필요가 있는 책들을 추천해 달라기에, 1960년에 나온 로널드 데이비드 랭의 대표작인 『분열된 자기』를 추천했더니 이미 2년 전에 번역되어 있더라고 알려와 너무 기뻤다. 세상에는 나온 지 반세기 이상이 지났는데도 왜 번역이 안 되어 있는지 궁금한 책이 수없이 많다(그중에는 수천 년이 지난 책도 있다). 하지만 요즘엔 조현병이 사회적으로 물의를 일으킨 지도 오래인데다 거리마다 정신과 병원이 들어서고, 많은 사람이 그곳을 드나드는 형편이다.

그런데도 그 분야에서 '코페르니쿠스적 전환'을 가져왔다고 평가받는 책이 최근에야 번역되다니 기쁘면서도 참으로 기이하다는 생각이 들었다. 반세기 전 나는 다른 중학생들과 다르다는 이유로 정신과 병원에 끌려가 범죄인 취급을 당한 것을 시작으로 평생 이상하다는 소리를 들어왔다. 최근에도 불면증 때문에 병원에 찾아갔더니 의사가 1시간 가까이 기계처럼 읊어대는 매뉴얼에 질려버려 다시는 정신과에 가지 않겠다고 맹세한 적이 있다.

보통 R. D. 랭으로 인용되는 로널드 데이비드 랭은 1927년에 스코틀랜드 글래스고에서 아버지가 반사회적이고 폭력적인 엔지니어인 가정에서 자라 어려서부터 정신적인 갈등을 경험했다. 폐쇄적인 사립 기숙학교에서 그 갈등은 더욱 심해져 지역 도서관에 드나들며 철학을 공부하고, 글래스고대학 의대에 다니면서도 버트런드 러셀을 회장으로 내세운 '소크라테스 클럽'을 만들어 철학 공부에 열중했다. 대학 행사에서 술에 취해 한 발언이 교수들을 불쾌하게 만들어 의사 시험에서 떨어지는 바람에, 반년 동안 정신과에서 근무한 뒤에야 의사 자격을 얻었다. 그 뒤 정신병원에서 2년간 병역의무를 치르면서 많은 군인이 연금을 받기 위해 거짓으로 정신질환자 행세를 하고, 비장애인이 과도한 약물치료 때문에 정신이상이 되는 것을 보았다.

1953년에는 글래스고로 돌아와 실존주의 토론 그룹에 참여하고 당시 널리 사용된 전기충격요법과 신약 처방에 반대해 동료들에게서 보수적이라는 평가를 받기도 했다. 그러나 그는 정신병원에 '야단법석 방'이라는 실험적인 치료 환경을 마련했다. 그곳에서는 환자들이 똑같이 평상복을 입고 편안한 환경에서 지냈다. 또 자유롭고 평등한 관계 속에 모든 의사결정을 함께하면서 그들을 소통하고 존중해야 할 사람으로 대우했다. 그 방에 들어오고 나가는 것도 환자의 자유였고, 그 방에서 지내는 동안 독서는 물론 음악, 미술, 요리와 같은 취미 생활을 하는 것도 당연히 허용되었으며, 그 밖에 어떤 행동의 제약도 받지 않았다. 진보적이라고 자부한 동료들은 그의 이러한 새로운 시도에 놀랐다.

분열된 두 자아의 갈등

———

랭이 보살핀 환자들의 행동이 눈에 띄게 향상된 치료 과정을 설명한 책이 『분열된 자기』다. 이 책에서 랭은 조현병이란 자신이 참을 수 없는 외부 세계에 대한 반응일 뿐이라고 말한다. 또 그 환자란 '하고 싶지만 하지 못한 이야기'를 마음속에 담고 살아가기에 언제나 자신의 이야기에 귀 기울여주고 그 이야기를 진지하게 고려해줄 누군가를 찾아 헤매는 사람일 뿐이라고 했다. 조현병이란 의학적 병이 아니라 '분열된 자아'의 결과로 생기는 두 자아 사이의 갈등, 즉 개인적이고 진정하며 실제적인 정체성인 참 자아와 우리가 외부에 투사하는 거짓 자아 사이의 갈등이라는 것이다.

　랭은 거짓 자아란 자신의 세계 속에서 안전하다고 느끼는 대부분의 사람과 달리 자기 자신을 상실한 채 다른 사람의 의도와 기대에 순응하면서 살 때, 또는 다른 사람의 의도와 기대라고 상상하는 것을 따라서 살 때 생긴다고 설명한다. 그리고 어린 시절 겪는 가족 내 갈등과 부모의 병든 양육 태도를 조현병의 중요한 원인으로 본다. 어린 시절 참 자아가 약화되었을 때 거짓 자아를 발달시킨다고 본 랭은 거짓 자아로 세상과 상호작용하게 될 때 조현병을 겪을 위험에 빠진다고 했다.

　이처럼 랭이 조현병을 앓는 이들을 환자가 아니라 '자신과 세계의 관계에서 불화'를 경험하고 '자신과의 관계에서 분열'을 경험한 사람

118

이라고 주장한 것은 조현병에 대한 혁명적인 인식의 전환이었다. 당시 대부분의 전문가들은 조현병 환자를 정신이 불안정해 무의미한 환상과 강박관념에 사로잡혀 있는 사람으로 보고, 이들을 정신병원에 가두고 화학요법이나 전기충격요법으로 치료하는 것을 당연시했기 때문이다. 즉, 환자가 미친 것이 아니라 반대로 '미친 듯한 세상에 완벽하게 합리적으로 적응한 것'이 조현병 환자라고 랭은 주장했다. 그는 개별 환자나 피상담자가 표현한 감정을 단순히 정신질환의 증상이 아닌 실제 경험과 관련된 유의미한 설명으로 보고, 사람들이 조현병이라고 부르는 것을 사실이 아닌 이론에 불과한 것으로 간주했다.

조현병 환자들을 따뜻하게 보듬다

당시의 정신질환 치료 과정에 이의를 제기한 랭은 대중들에게 저명한 정신과 치료자로 알려졌다. 그러나 랭은 그런 명성을 거부하고 다양한 저작 활동을 펼치는 한편 대중매체에 출연하거나 대중 강연도 활발하게 진행하면서 조현병 환자를 옹호했다. 그중 하나가 켄 로치 감독이 만든 드라마 〈인 투 마인즈〉(1967년)와 그것을 다시 영화로 만든 〈가족 생활〉(1971년)이다. 로치는 랭처럼 조현병 환자들을 이해하려면 사회적 배경, 특히 가족 내 권력 상황을 이해할 필요가 있음을 강조했다. 하지만 랭은 결국 병원에서 쫓겨난다. 1989년에 사망했을 때 랭은 '20세기의 가장 영향력 있는 정신분석가'라는 평을 듣기도 했지만, 스스로 평생 정신적 갈등에 시달린 탓에 자기 병조차 못 고쳤다는 비웃음을 받기도 했다. 이는 그가 평생 사회의 주류와 타협하지 못한 이단아였기 때문이 아닐까?

전근대에는 조현병 환자들을 악령에 사로잡힌 자로 보고 지금도 그런 관점에서 여전히 각종 미신이 횡행하기도 한다. 하지만 그들도 우리와 똑같은 사람이기에, 이른바 '정상'이라고 하는 우리도 언제든지 그들처럼 될 수 있다고 생각하면 그들을 충분히 이해하고 공감할 수 있다고 주장한 점에서 랭은 옳다. 감옥 같이 어두운 골방에 갇힌 조현병 환자들을 찬란한 태양 아래로 해방시키고 드라마나 영화의 사랑스러운 주인공으로 등장시킨 점만으로도 그는 옳다. 따뜻한 인간관계의 형성이야말로 조현병의 유일한 치료 방법이라고 본 랭은 냉정한 전문가가 아니라 환자들의 삶과 아픔을 진정으로 이해하려 애썼기 때문에 옳다.

더 중요한 그의 공적은 조현병이 가족의 엄격한 권력적 상하 관계에서 비롯되어 학교나 직장이나 사회나 국가의 권력적 억압에 의해 생긴다고 본 점이다. 그런 관점에서 본다면 조현병의 치료 방법이나 처세훈으로 효도나 조직 순응을 강조하며, 전통적 가족 질서나 보수적 사회질서를 옹호하거나 무조건적인 긍정주의나 행복주의를 선전하는 소위 '도사'들이나 그들이 쓴 정신 건강 비법서들은 참으로 믿기 어렵다. 그것이 종교든 도덕이든 의료든 연애든 철학이든 정치든 뭐든 간에 억압적인 권력관계를 긍정하면 그 희생의 결과인 조현병은 더욱 창궐할 것이다. 인간이면 누구나 자유롭고 평등하며 존엄한 존재라고 보는 민주주의만이 조현병을 없앨 수 있다.

A. 튜더 아리야라트네

A. Tudor Ariyaratne, 1931~

민중이 길을 만들고
길이 민중을 만든다

불교 사상과 지역개발을 접목하다
___

2006년에 나온 『개발사상가 50인』은 개발도상국의 개발과 관련된 세
계적 사상가들을 다룬 책인데, 반수 이상이 월트 로스토같이 우리에게
도 널리 알려진 서양의 경제개발주의자들이어서 실망한 적이 있다. 개
발도상국 출신으로는 간디와 마오쩌둥, A. 튜더 아리야라트네 정도다.
간디는 개발에 반대했다고 보는 사람들도 있지만, 우리와는 전혀 다른
방식으로 그만큼 개발에 힘쓴 사람도 없다. 간디의 방식은 그의 죽음
이후 인도에서보다 '인도의 눈물'이라고 하는 스리랑카에서 아리야라
트네에 의해 지금까지 이어져왔다.

그래서 그는 '스리랑카의 간디'라는 별명보다도 '간디 이후의 간
디'라고 부르는 것이 더 적절하다고 볼 수도 있지만 우리나라에는 소
개된 적이 거의 없다. 그 대신 간디의 제자로는 '걸어 다니는 성자'라고

일컬어지는 비노바 바베가 자주 소개되었는데, 간디의 가르침을 불교의 재해석에 응용한 개발사상가인 아리야라트네의 삶과 생각은 우리에게도 여러 가지 교훈을 준다. 특히 그의 사르보다야 운동은 스리랑카의 불교 새마을운동이라고 할 수 있는데, 그것이 우리의 불교나 새마을운동과 얼마나 다른 것인지를 보여주어 흥미롭다.

1931년에 스리랑카 남부 갈 지방의 시골에서 태어난 그는 고향에서 대학까지 마치고 1972년까지 그곳 고등학교에서 교사를 했다. 그러던 중 1958년에 학생 40명, 교사 12명과 함께 지역에서 소외된 사람들이 지역민들과 융화할 수 있도록 하기 위해 시작한 사르보다야 운동을 지금까지 계속하고 있다는 점 외에는 그의 삶에 특이한 사실이 없다. 사실 그의 삶에는 1만 5,000개 마을의 자치적 운영으로 도로와 우물과 화장실 등을 건설하고, 유치원 5,000개를 비롯해 수천 개의 보건소, 도서관, 마을 은행을 세우고 수많은 상을 받았다는 것을 보탤 수 있다.

게다가 그는 수천 명이 일하는 재단을 운영하고 수만 명의 청소년이 자원봉사하는 평화여단 등을 꾸리는 사회적 기업가로서 세계적인 모범이기도 하다. 하지만 수많은 사람의 참여로 이루어진 그것들을 조금도 자신의 업적으로 자랑하지 않는 보통 사람이다. 그는 소위 스님이 아니고 비구比丘라고 자처하지도 않는 일반인으로 종교적인 냄새도 별로 풍기지 않는다.

마을은 국가의 심장

'사르보다야'는 산스크리트어로 '모두의 복지'를 뜻하지만, 아리야라트
네는 이를 불교의 이념인 '모두의 깨우침'에 기초해야 하는 것으로 보
았다는 점에서 특이하다. 부처의 첫 번째이자 가장 중요한 권고는 세상
으로 나가 사람들의 복지를 위해 일하라는 것이었다는 그의 말을 나는
좋아한다. 그에 의하면 부처는 세계를 하나의 총체로 보고 인생에 대한
총체적인 이해 없이 인간은 행복할 수 없다고 했다. 다른 사람이 깨닫
는 것을 도와주지 않으면 나 자신을 깨달을 수 없다고도 한다.

　　그가 믿는 불교는 우리가 흔히 '소승불교'라고 하는 것으로, 대중
의 구제를 목표로 하는 대승불교와 달리 개인의 구제를 목표로 한다는
점에서 사소한 것으로 경멸받기도 한다. 하지만 사실은 그 반대가 아닐
까 할 정도로 소승불교는 사회적인 반면 대승불교는 반사회적인 것이
아닌가 하는 의문을 나는 소승의 땅을 여행할 때마다 갖는다. 한때 우
리나라에서도 '참여 불교'니 '실천 불교'니 '민중 불교'라는 말이 유행했
지만, 지금은 불교가 '산중 불교'나 '종단 불교'가 아닌가 하는 생각을
떨치기 어렵다.

　　아리야라트네는 민중을 사회 변화의 중심에 두고 마을은 국가의
심장이자 정신적·도덕적 비전의 원천이므로, 마을의 정치력 강화, 불교
적 각성, 지역개발을 강조한다. 나아가 사회질서의 기초로 구조적 폭력
을 비폭력의 정신적 혁명으로 대체하고자 한다. 이처럼 '비폭력', '지역
발전', '자기희생'이라는 간디의 원리를 믿는 아리야라트네는 '개발'이
라는 세속적 원리와 '무상'과 '무아', '사성제四聖諦(4가지 고귀한 진리)'라

는 불교의 핵심 사상을 사회봉사와 연결시켜 자신의 사상을 전개하고 실천한다.

먼저 그가 말하는 비폭력은 증오, 탐욕, 망상과 같은 부정적이고 반응적인 상태를 '명상'이라는 자기 훈련을 통해 긍정적인 지향으로 바꾸는 체계적인 '태도 조정'을 뜻한다. 또 사회와 자연에서 자아의 무상과 상호 의존의 실현이 모든 사람에 대한 가장 깊은 존중을 수반하기 때문에 '무상無常'을 강조한다. 그에 의하면 인생은 무상하기 때문에, 즉 끊임없이 변하기 때문에 고난을 극복해야 하고, 특히 다른 사람들이 고난을 스스로 극복하도록 돕는 것은 모든 존재의 상호 의존성에서 나오는 당연한 일이다. 그리고 '무아無我'라는 것은 자기 존재의 부정이 아니라 자신의 의식이 해탈로 가는 길에서 더 깨어 있고 자비로운 상태로 바꾸는 방법의 하나로, 다른 사람들을 위해 이타적인 봉사를 하는 것이라고 본다. 즉, 무아는 의무가 아닌 자비에서 나오는 봉사를 통해 실현된다는 것이다.

아리야라트네는 사성제에 대해서도 독자적으로 해석한다. 사성제에서 첫 번째 진리는 고통을 아는 것이다. 그는 빈곤, 질병, 억압, 분열 같은 고통은 전 세계에서 발생한다는 것을 인식하고, 개인만이 아니라 사회 전체의 고통을 덜도록 도울 능력을 가진 사람들이 해결해야 하는 것으로 본다. 두 번째 진리는 고통의 기원을 아는 것이다. 고통은 이기주의, 경쟁, 탐욕, 증오에서 나오기 때문에 개인으로서는 물론이고 사회적으로도 이것들과 싸워야 한다고 그는 주장한다.

세 번째 진리는 고통을 끝내는 것이다. 아리야라트네는 이를 개인의 고통이 아니라 마을과 사회의 고통을 끝내는 것으로 파악하고, 이를 위해 주민들이 그들의 삶을 재건하고 서로 돕는 것을 기반으로 강력한 공동체 유대를 형성하도록 해야 한다고 생각했다. 네 번째 진리는 열반에 이르는 '팔정도八正道'다. 이 점에서도 그는 사회적인 옳음을 강조한다. 가령 올바른 마음 챙김(정념)이란, 지역사회 전체에서 해야 할 일을 알게 되면 즉각 이에 부응해 고통을 제거해야 하는 것으로 본다.

비폭력 운동에 의한 평화

아리야라트네에 의하면 경제는 삶과 생활의 일부이므로 경제활동에 대한 도덕적·사회적 영향은 경제와 별도로 고려할 수 없다. 소비주의, 자본주의, 빈부격차의 심화를 비판하는 그는 서양 세계와 세계은행 같은 국제기구에도 비판적이다. 그에 따르면 서양은 사람이 지배할 수 있는 단순한 사회적·경제적·정치적 제도 대신에 사람을 지배할 수 있는 대규모 방법과 시스템을 만들었는데, 이는 불교를 기반으로 한 풀뿌리 노력을 통해 극복할 수 있다고 한다. 그 핵심은 비폭력에 의한 평화다. 평화를 얻는 유일한 방법은 '나와 나의 것'을 없애고 모든 동물과 인류가 통일을 이루는 상호관계라는 불교의 참된 교리를 실현하는 것이다.

오랜 식민지 지배의 결과로 1983년 스리랑카에서는 북쪽의 힌두교 지역과 남쪽의 불교 지역 사이의 갈등으로 인해 6만 5,000명이 사망한 내전이 터졌다. 그때 그는 남북의 마을들이 각각 짝을 이루어 덜 황폐한 마을이 더 황폐한 마을의 주거나 고용 시스템의 재건을 돕는 운동을 시작하기도 했다. 이 운동은 궁극적으로 두 지역의 군대를 폐지하고 통일된 평화군을 새롭게 만든다는 목표를 세웠지만 내전은 2009년까지 계속되었다. 이 내전 때문에 아리야라트네의 사르보다야 운동에서 자비와 평화를 핵심으로 하는 불교적 이념까지 비판을 받기도 하지만, 그런 비판이 옳은 것인지에 대해서는 의문이 있다.

나는 아리야라트네가 "우리는 길을 만들고 길은 우리를 만든다"고 한 말을 항상 마음에 새긴다. 앞의 길은 마을의 길이고 뒤의 길은 마음의 길을 뜻하는지 모르지만 마을과 마음은 그에게 하나다.

H. 브루스 프랭클린

H. Bruce Franklin, 1934~

미국의 침략적 속성을
까발리다

괴물의 침략사

H. 브루스 프랭클린은 책으로 한국에 알려진 바 없는 미국의 문화사학자다. 한국에서도 최근 미술사학자와 고고학자를 중심으로 문화사학회가 조직되어 학술잡지 『문화사학』을 내고 있지만, '문화사학자'라는 직명은 아직 생경하다. 역사 자체를 문화사라고 하기는 해도, 엄밀하게는 문화를 중심으로 한 역사의 일부가 문화사다. 여전히 왕이나 왕조를 중심으로 한 정치사가 학계는 물론 대중적으로도 우세한 한국에서는 프랭클린 같은 비판적 문화사학자를 보기가 쉽지 않다. 그런 분위기 탓인지 미국사를 전공한 사람이 꽤 많은데도 프랭클린은 소개된 적이 없다. 물론 벤저민 프랭클린이나 프랭클린 루스벨트와 같이 다른 프랭클린은 여러 명 소개되었지만 말이다.

미국사를 모르는 나는 놈 촘스키의 책을 통해 프랭클린을 알았다.

2011년에 번역된 『촘스키, 희망을 묻다 전망에 답하다』에서 미국 문화의 주요 테마가 "괴물에게 목숨을 잃기 직전에 초강력 무기나 슈퍼 영웅"이 미국을 구한다는 것임을 프랭클린이 밝혔다고 하면서, 촘스키는 "괴물에 대한 두려움은 대외적으로는 침략과 폭력", "대내적으로는 (이 민국가 미국에서!) 이민자에 대한 증오"로 나타나는 포퓰리즘이라고 했다. 이어 2014년에 번역된 『촘스키, 은밀한 그러나 잔혹한』에서도 같은 이야기를 한다.

토머스 제퍼슨은 미국독립선언에서 영국 왕이 "우리에게 맞서서 무자비한 인디언 야만인들을 풀어놓았으며, 그들이 알고 있는 유일한 전쟁이란 남녀노소 가리지 않고 어떤 상황에 처한 사람이든 모조리 죽여 없애는 것"이라고 했지만, 제퍼슨이야말로 "유럽인이 무자비한 야만인이었음을 너무나 잘 알고 있었다"고 촘스키는 말한다. 마찬가지로 미국인은 인디언에 이어 흑인 노예, 중국인, 베트남인, 무슬림을 괴물로 삼았지만, 사실상 괴물은 자신들이었다고 그는 말하기도 했다.

그러나 나는 프랭클린이 분석한 '괴물 가설'의 침략사는 미국 문화의 본질이 아니라 서양 문화 자체의 본질이라고 보며, 그 기원을 고대 그리스·로마의 제국주의적 신화와 문화로 본다. 그것이 중세에는 기독교로 바뀌었다가 근대에 다시 제국주의적 침략으로 등장한 것이 '지리상의 발견'이라는 영토 침략, '종교개혁'이라는 종교 침략, '르네상스'라는 문화 침략이다. 나는 프랭클린이나 촘스키를 알기 훨씬 전부터 이러한 주장을 했다. 여하튼 촘스키나 프랭클린은 나의 주장을 확인해 준 점에서 고마운 사람들이지만, 그들이 말하듯이 그런 주장은 미국에서는 이단이라고 할 수 있다.

미국에 학문의 자유가 있는가?

———

프랭클린은 학자로서도 이단이다. 1934년에 태어난 프랭클린은 1955년에 애머스트대학을 졸업하기까지 수많은 직업을 전전했고, 대학 졸업 후에도 예인선 갑판원, 공군 항해사, 정보장교를 비롯한 여러 직업을 가졌다. 1966년 베트남 전쟁에 항의하며 전략항공사령부에서 물러났다. 1961년 스탠퍼드대학에서 박사학위를 받고 영어학 조교수로 고용되어 허먼 멜빌과 너새니얼 호손을 연구했으나, 1966년부터 파리에서 마르크스주의를 공부하고 미군 탈영병의 유럽 조직을 도운 뒤 베트남 전쟁 반대운동에 참여했다.

1972년 베트남 전쟁에 반대하는 폭동을 선동했다는 혐의로 스탠퍼드대학에서 해고되었는데, 프랭클린이 종신직 교수로서 유일하게 해고된 그 사건은 '미국에 과연 학문의 자유가 있는가?'라는 의문을 전국적으로 불러일으켰다. 그는 3년간 실직 상태에 있다가 1975년부터 2016년까지 럿거스대학의 영미학 교수로 재임했다. 퇴직 2년 전인 2014년에는 80세의 나이인데도 콘돌리자 라이스 전 국무장관을 대학 졸업식 연사로 초대하는 것에 반대했다.

그는 공상과학 소설, 슈퍼 무기, 교도소 문학, 해양 생태라는 다양하고 특별한 주제를 연구했다. 1966년에 낸 『완벽한 미래: 19세기 미국 과학소설』을 비롯해 과학소설가인 로버트 하인라인에 대한 연구서와 미국 드라마 〈스타트랙〉(1966년)의 역사에 대한 저술들은, 앞서 소개한 괴물 가설의 제국주의가 미국의 과학소설과 영화, 드라마 등에 어떻게 침투해서 미국인의 현실 인식을 마비시키고 있는지를 잘 보여준다.

1988년에 낸 슈퍼 무기를 다룬 『워 스타즈: 미국 상상력의 슈퍼 무기』에서는 18세기 로버트 풀턴의 잠수함 노틸러스부터 20세기 후반의 치명적인 무기에 이르기까지, 표면상 전쟁을 끝내기 위해 고안된 슈퍼 무기가 인류를 멸종시킬 수 있다고 경고했다. 이 책의 2008년 개정판에서는 이러한 미국 문화로 인해 21세기도 영구적인 전쟁 상태가 될 것이라고 했다.

영화 〈인디펜던스 데이〉(1996년)가 개봉했을 때 프랭클린은 "역사적 경험으로 볼 때 미국 문화의 기본은 우수한 기술로 무장한 채 다른 이들의 고유문화를 말살하는 외계인의 침략과 같은 것"이라고 말했다. 그는 베트남이 미군 전쟁포로를 계속 수용하고 있다는 정부의 잘못된 선전과 대중의 미신을 폭로하는 책들도 썼다. 그리고 『미국의 감옥 문학: 범죄자와 예술가로서의 피해자』(1989년)와 『20세기 미국의 감옥 문학 선집』(1998년)과 같은 책에서, 죄수인 작가와 예술가가 "문화 생산의 주류에 깊은 영향을 끼친 혁신적인 창작자"라고 주장했다. 그의 저술은 범죄자들이 자신의 이야기를 출판사에 판매해 범죄를 홍보함으로써 이익을 얻지 못하게 한 '샘의 아들 법Son of Sam law'을 뒤집는 대법원의 결정에 인용되었다.

미국의 비인간적인 얼굴을 폭로하다

그는 인권침해라는 측면에서 미국의 형벌제도에 대해 거침없이 비판했다. 2007년에는 대서양과 걸프 연안의 먹이사슬에서 중요한 물고기인

멘헤이든(청어의 일종)에 대한 책을 집필해 이 어류를 보호하기 위한 대규모 운동을 일으켰다. 2018년에 낸 회고록인 『집중 훈련: 정당한 전쟁에서 영원한 전쟁으로』에서 그가 80여 년에 걸친 그의 생애를 회상하면서, 제2차 세계대전이 끝났을 때 미국은 결코 동아시아를 떠나지 않았고, 여기에서 전쟁이 시작되었다고 말한 부분도 인상적이다.

특히 미군이 일본 히로시마와 나가사키에 원자폭탄을 투하하기 전에 일본의 도시 전역에 실시한 폭격과 6·25전쟁 때 실시한 폭격이 베트남 전쟁으로 이어진 뿌리를 캐는 부분이 그렇다. 그에 따르면, 일본과 한국에 가해진 폭격을 지휘했던 미 공군의 커티스 르메이 장군은 6·25전쟁 때 네이팜탄도 사용했으며, 훗날 "남한과 북한의 거의 모든 도시를 불태웠"고 "인구의 20퍼센트를 죽였다"고 말했다고 한다. 르메이가 베트남 전쟁 때 "베트남을 폭격해 석기시대로 되돌려야 한다"고 주장한 것은 6·25전쟁에서 비롯된 것이었다.

웬들 베리

Wendell Berry, 1934~

대가 없이 일하고
가난해져라

자신이 사는 곳에 뿌리를 두다

———

새벽노을을 바라보며 개와 닭들에게 모이를 주고, 닭장 문을 열어 풀밭에 닭들을 풀어주거나 개와 산책하는 일은 언제나 감동적이다. 어떤 글이나 그림이나 영화보다 훨씬 더 감동적이다. 자연을 바라보고 생명을 돌보는 것만큼 아름답고 위대한 사랑은 없다. 그 밖에 다른 일은 다 부질없다. 그런 감동으로 농사를 사랑하지 못한 젊은 시절을 후회한다. 아귀다툼 같았던 그 시절이 너무 싫어 시골에 숨어 사는데 아직까지도 욕하고 손가락질하는 패거리들이 있어 슬프지만, 밤이 지나고 붉디붉은 새벽노을을 보면 다시 감동뿐이다.

내 발을 쪼아대는 닭들을 내려다보며 내 친구 웬들 베리의 책을 다시 읽는다. 1934년생이니 거의 20년 연상인 그를 감히 친구라고 부르는 것은 먹을거리에 관심이 있으면서 먹을거리의 생산에 무관심하다는 것은 말도 안 된다면서, 먹을거리는 스스로 키우고 거두어 먹어야 한다고 그가 쓴 글을 읽었기 때문이다. 그렇게 평생 한 번도 해보지 않은 농사를 짓겠다고 결심했고, 그 뒤 시골 생활이나 농사에 회의가 들 때마다 그의 책들을 다시 찾아 읽는다.

웬들 베리는 미국의 시골인 켄터키 중에서도 시골에서 태어나 켄터키대학에서 영문학을 공부하고 몇몇 대학에서 영어를 가르치기도 했지만, 1965년부터 농사를 지으며 수많은 시와 소설, 수필을 썼다. 그의 글은 모두 '자신의 작업은 자신이 사는 곳에 뿌리를 두고 그곳에 대한 반응에서 나온다'는 신념에 근거해 시골의 모습과 그곳의 삶을 그대로 보여주기에 감동적이다.

그의 글은 그의 삶이다. 책상 위에서 컴퓨터로 찍어낸 글이 아니라 농토에서 농사꾼의 흙 묻은 손으로 땅을 갈듯 쓴 글이다. 대단한 권위라도 있는 듯 보이는 남의 나라 책이나 보고 옮긴 남의 글이 아니라, 자신의 땀방울과 숨길로 한마디 한마디를 엮은 글이어서, 농사란 흙에 대한 헌신과 상상력에 의존하는 실용예술이라는 그의 믿음을 확신시켜 준다.

그가 30대 초반부터 살아온 산골짜기 고향, 미국의 마지막 시골 같은 이 동네의 주민 수는 100명이 조금 넘어 우리 동네와 비슷하지만, 미국의 시골이 다 그렇듯이 이 동네의 넓이는 우리의 작은 군郡 정도이고 이웃집이 까마득하게 보일 정도이니 비교하기 어렵다. 그래도 이곳 사람들은 서로를 잘 알고 각자의 집에서 키우는 말과 노새와 젖소와 개들까지도 다 안다. 우리 식으로 말하자면 숟가락, 밥그릇 숫자까지 다 아는 셈이다.

이곳에는 상점이 하나뿐이지만 교회는 둘이다. 베리는 침례교회에 다니지만, 기독교가 환경과 평화의 파괴에 도전하지 않는 점을 줄곧 비판했다. 또 1960년대 말부터 베트남 전쟁을 비롯해 원자력발전소나 화력발전소 건설에 반대하는 비폭력 불복종 운동, 정부의 농정農政이나 사형제도 등을 비판하는 활동을 줄기차게 해왔지만 어떤 조직에도 관여하지는 않았다.

미국의 마지막 농부

동네 사람들 중에 오랫동안 정착한 사람들이 아니라 뜨내기가 많아 문제인 점은 우리와 비슷하지만, 우리네 뜨내기는 대부분 농사를 짓지 않는 도시 생활족인 점에서 다르다. 베리는 우리가 책임감을 가지고 살려고 하면 동네의 하천이 어디에서 흘러오고 쓰레기가 어디로 가는지를 금세 답할 수 있어야 한다고 말하는데, 우리 시골에는 그런 사람이 거의 없다. 대대로 살아온 노인들도 잘 모른다. 도시인들은 두말할 필요도 없다.

베리 식으로 말하면 우리는 모두 자기가 사는 땅에 대해 책임감이 없다. 땅값을 최대한 올리려고 한다는 점에서는 책임을 진다고 할 수 있을까? 그 밖에는 땅에 대해 관심이 없다. 사실 땅 위에 세운 집도 거의 없다. 도시는 물론 시골까지 점령한 아파트는 땅의 집이 아니다. 땅 위에서 걷는 사람도 거의 없다. 차로 움직일 뿐이다. 몇 걸음 걸어도 아스팔트나 시멘트 위에서다.

베리는 자신이 소농이라며 소농을 옹호하는 책을 쓰지만, 그가 말하는 소농은 15만 평의 농장으로 우리의 소농과는 규모가 다르다. 한국에서 소농이란 그 100분의 1 미만의 땅을 경작하는 농가로 전체 농가의 3분의 1 정도다. 반면 미국에서 소농이란 연간 수입이 25만 달러 이하인 '가족농'을 말하는데, 이는 우리 돈으로 3억 원 정도이고 월수입으로는 2,500만 원 정도다. 수입으로 따져도 한국의 소농과는 큰 차이가 있다. 베리가 소농을 민주주의의 기본이라고 함은 그런 미국의 전통에 근거한 것이다. 게다가 미국의 식량자급률은 100퍼센트를 훨씬 넘는 반면, 우리는 50퍼센트도 채 안 된다.

베리가 가족의 먹을거리를 모두 직접 생산하고 그것으로 음식을 만들어 먹는 점도 우리와 다르다면 다르다. 곡물과 채소는 물론 돼지와 닭, 소와 양을 키워 먹을거리를 완전히 자급자족하는 점에서 우리와 다르다. 나무로 만든 그의 집은 그가 숲에서 주워온 나무로 난방을 하는 점도 다르다. 집에는 전기가 들어오지만 전력을 이용한 난방시설은 없다. 컴퓨터는 없고 CD플레이어만 있다. 전력산업에 대항해 60년이나 된 타자기를 사용해 낮에만 글을 쓴다. 그의 생활은 우리네 시골 생활과 많이 다르다.

미국의 농촌에서도 그처럼 사는 사람은 흔하지 않다. 그래서 나는 그를 '미국의 마지막 농부'라고 부른다. 그는 자신을 '미친 농부'라고 하고 자신의 삶을 '해방 전선'이라고 한다. 그가 해방하려고 하는 것은 도시의 물질, 이익, 소비, 광고, 허위, 무엇보다도 그 모든 것을 낳는 자본과 권력이다. 그래서 그는 도시를 떠나 시골에 산다. 그곳에서 대가 없이 일하고, 가난해지고, 사랑받을 자격이 없는 누군가를 사랑하라고 한다. 그러나 나에게 울림이 가장 큰 그의 말은 '책임'에 대한 것이다.

자유롭게 산다는 것

———

그는 우리가 책임 있게 먹어야 하는 이유는 자유롭게 살기 위해서라고 한다. 나는 그 말을 내가 키운 채소를 처음 먹었을 때 비로소 이해했다. 내가 굳은 땅을 파서 씨앗을 심고 잡초를 캐내면서 땀 흘려 키운 채소를 처음 먹었을 때 만끽한 것은 자유였다. 그러나 그 자유마저도 이제는 문제다. 베리의 외침은 미국에서도 외로운 것이지만 이 땅에서는 더욱 외롭다. 사실 미국에서는 식량주권의 문제가 아니라 기계식 대량생산이나 유전자 조작 농법 등이 문제가 아니라 그것도 우리와 비교하면 문제가 안 될 정도다. 코로나19 사태 이후 귀농하는 사람이 많아지리라 예상했지만 수도권 인구가 비수도권 인구를 능가했다는 슬픈 소식만 들린다.

20여 년 전 나의 귀농은 참회였고 부활이었으며 재생이었다. 그러나 몇 년 못 가 논밭을 아파트니 창고니 폐차장이니 쓰레기 소각장이니 축사 따위가 덮어버려 다시 이사를 가려고 했지만, 주변에 그렇게 변하지 않은 곳이 거의 없어 그대로 눌러앉았다. 그런 건물들 틈새에 논밭이 조금 남아 있어도 비닐로 덮여 있어 흙 내음을 맡기 어렵다. 유기농 작물이라는 것도 하늘을 막은 비닐 속에서 온갖 유기약품을 이용해 공장식으로 생산되고, 과일나무도 최대 생산을 목표로 개조된 과일 기계처럼 도열해 있다. 하루 종일 사람은 거의 못 보고 차 소리만 요란하다. 베리는 그런 농사는 농사가 아니라고 하지만, 농사로 먹고살려면 그렇게 할 수밖에 없다고들 한다.

베리가 말하는 전통적인 방법 그대로 죽을 때까지 땅을 파고 씨앗을 뿌리며, 닭과 개와 함께 하루를 보내며 살아야 한다고 매일 다짐하지만, 귀농을 하려는 젊은이들에게 그렇게 권할 생각은 없다. 20여년 농사로 나에게 남은 것은 자전거를 타기는커녕 한 발걸음도 걷지 못할 정도로 아픈 다리뿐이기 때문이다.

호세 무히카

José Mujica, 1935~

자발적 가난을
선택하다

세상에서 가장 가난한 대통령

——

몇 년 전, 우루과이로 이민을 떠난 친구의 가족이 그곳에서 대통령을
지낸 호세 무히카를 만나 함께 찍은 사진을 보내왔다. 84세의 순박한
시골 농부 할아버지와 함께 활짝 웃는 모습이었다. 유엔 연설 때나 버
락 오바마와 블라디미르 푸틴 대통령을 만날 때, 심지어 대통령 취임식
이나 퇴임식에서도 보았던 노타이의 허름한 작업복, 낡고 줄도 세우지
않은 통바지, 싸구려 운동화, 평생 세수를 하지 않은 듯한 푸석한 얼굴
과 헝클어진 머리칼 그대로였다.

국회의원이나 장관은 물론 대통령이었을 때도 농사일을 계속하
던 20평의 낡고 누추한 오두막, 후줄근한 옷들이 빨랫줄에 걸린 잡초투
성이 앞마당의 풍경이 떠올랐다. 비서나 경호원은커녕 부인이나 자녀
도 없이 다리 저는 개와 함께 다니며, 손수 장비를 들고 이웃집을 수리

하기도 한 그는 간디 이후 자발적 가난으로 산 유일한 지도자다. 월급의 90퍼센트는 빈민주택기금으로 기부했고 남은 액수도 국민 평균 소득 80만 원보다 많은 정도라고 한다. 그는 유일한 재산인 낡은 차로 출퇴근하는 길에 히치하이커들을 태워주고 비리가 단 한 건도 없는, '세상에서 가장 가난한 대통령'이었다.

정치가에게 가장 이상적인 삶의 방식은 그들이 봉사하고 대표하고자 하는 다수의 사람처럼 사는 것이라고 했지만, 무히카는 사실 대중보다 더 가난한 삶을 살았다. "최고의 정치는 정직"이라고 하면서 대통령도 누구도 숭배하지 말라고 한 그는 누구보다도 빈민의 벗이었다. 우루과이 인명사전에 그는 그냥 '농부'로 기록되어 있다.

우루과이는 다른 남미 국가 대부분처럼 1516년 이래 300여 년간 스페인의 식민 통치를 받다가 19세기 중엽에 와서야 독립할 수 있었다. 하지만 20세기 초에는 기간산업의 국유화, 8시간 노동, 노인 연금 혜택 제공, 교육제도 개혁 등을 성공시키면서 오늘날 우루과이가 자랑하는 사회민주주의 복지국가를 이룩해 '남미의 스위스'라고 불렸다. 무히카가 태어나기 5년 전인 1930년, 우루과이는 독립 100주년을 기념하는 첫 월드컵대회를 개최했을 정도로 선진국이었고, 당시 10대였던 무히카도 사이클 선수로 출전했다.

그러나 1970년부터 미국의 지원을 받은 군부가 집권하면서 모든 것이 바뀌었다. 무히카는 고등학교 졸업장도 받지 않고 독재정권에 맞서 도시 게릴라 활동에 뛰어들어 '로빈 후드'로 불렸다. 그는 37세였던 1972년에 투옥되어 50세가 된 1985년 민정 이양 후 석방되기까지 무려 13년간 감옥살이를 했다. 그러나 감옥에서 그는 진정한 민주주의자로 거듭났다. 뒤에 그가 노벨평화상 수상자로 추천된 이유는 대통령이어서가 아니라 게릴라에서 민주주의자로 부활했기 때문이다. 그는 진보세력을 단결시킨 민중 참여 운동을 거쳐 1994년에는 하원의원, 1999년에는 상원의원으로 선출되었으며, 2005년에 출범한 타바레 바스케스의 민주정권에서 농축수산부 장관을 지낸 뒤 2010년 대통령에 취임했다.

나는 인생을 간소하게 살기로 결심했다

무히카는 자신이 가장 존경한 '체 게바라 이후 가장 위대한 남미 지도자'로 불리면서도 극단적 사고로는 변화가 불가능하고 참된 혁명은 '사고의 전환'이라고 주장했다. 그러면서 철저한 현실주의와 실용주의로 보수적 경제정책과 진보적 사회정책을 동시에 추진해 경제성장률과 교육 수준, 사회적 포용도를 높였다. 간접세를 대폭 줄이는 반면 부유세와 기업세 같은 직접세를 대폭 늘리는 등 성숙한 정치 시스템과 정책적 안정성으로 조세개혁과 분배 개선을 비롯해 전면 개혁도 이룩했다. 그는 국영화보다 민중의 자치 경영을 선호했다.

특히 가톨릭의 치열한 반대를 무릅쓰고 재임 중 마리화나를 합법화하면서도 위험한 마약중독자를 강제 입원시킬 수 있도록 했고, 동성결혼법을 세계에서 12번째로 승인하고 낙태허용법도 제정하는 등 인권신장에도 앞장섰다. 다양성을 존중하는 사회통합 정책도 활발히 펼쳤다. 무엇보다 핵발전소 없이 대부분의 전력을 수력, 풍력, 태양력으로 생산해 청정에너지 국가, 핵 청정 국가로 만들었다.

최악의 협상도 최선의 전쟁보다는 낫고 평화를 깨뜨리지 않으려면 인내심을 키워야 한다며, 미국과 쿠바의 중재에 나서서 성공했다. 부패, 문맹, 극빈층을 줄여 레임덕은커녕 취임 때보다 퇴임 후의 지지율이 더 높았지만 대통령 선거 재출마 요구를 완강히 거절하고 농부로 돌아갔다. "나는 농부다. 인생과 자연을 바라보는 방식에서 그렇다. 땅에서 일하는 것을 멈춘 적이 없다"고 그는 자주 말했다. 그리고 "나는 인생을 간소하게 살기로 결심했다. 많은 것을 소유하는 데 시간을 낭비하고 싶지 않다. 이런 삶이 주는 여유가 좋다"고 했다.

2013년 9월 유엔 총회 연설에서는 우리가 검소와 절제, 모든 자연의 주기에 어긋난 문명을 살고 있지만 더 나쁜 것은 자유를 억압하는 문명, 즉 인간관계 회복을 위해 꼭 필요한 시간을 빼앗기는 문명 속에 살고 있다는 점이라면서, 이 세상에서 가장 중요한 가치는 바로 사랑, 우정, 모험, 연대, 가족이라고 역설했다. 그래서 오로지 최소한의 필요에 만족하는 가난한 삶을 선택해 살면서 경제성장이 사람들을 행복하게 해주기는커녕 도리어 세상을 망친다고 주장했다. 그는 자신에게 붙여진 '세상에서 가장 가난한 대통령'이라는 별명을 부정하며, 정말 가난한 사람이란 조금밖에 갖지 못한 사람이 아니라 자본주의 국가의 사람들처럼 아무리 많이 가져도 만족하지 못하는 사람이라고 했다.

언제나 우리 모두의 삶이 기적이고 삶의 모든 기회가 기적이라며 가장 단순하고 자유로운 삶을 살았던 그는, 부와 성장을 향한 욕망에 근거해 오로지 무한 소비를 위해 노동 착취를 강요하는 시장경제가 삶을 착취한다고 비판했다. 세계의 모든 사람이 미국인들처럼 소비하려면 지구가 몇 개나 더 필요하다며 유엔 등 특히 강대국의 지도자들 앞에서 소비주의가 세상을 망친다고 했다. 그들이 1분당 200만 달러를 소비하는 엄청난 세계 군사비라면 아프리카의 기아 문제를 충분히 해결할 수 있다고도 했다. 우루과이에서는 전차를 없애서 포병이 없을 정도로 군사비를 줄이고 모병제를 실시했다.

인생을 낭비하지 마세요

―――

무히카 이전에 내가 사랑한 우루과이인 에두아르도 갈레아노는 무히카가 대통령에 당선된 것은 우루과이의 국가적 정체성인 '간소함'이라는 뿌리 깊은 바탕을 그가 보여주었기 때문이라고 했다. 갈레아노는 여러 책에서 콜럼버스의 '발견'이 아니라 '침탈' 이후 서구가 남미를 500년 이상 착취한 역사를 계속 묘사하며, 특히 자연을 파괴한 자본주의의 오만을 비판했다. 그는 이것이 남미만의 문제가 아니라 세계 전체의 문제이고, 단순한 환경문제가 아니라 정치문제라고 하면서 정치적 통제에 의해 인간과 자연의 조화를 회복해야 한다고 주장했다.

무히카도 "이제 문명 프로젝트의 화두는 생명이다. 인간의 생명만이 아니라 모든 동식물의 생명을 함께 문제 삼아야 한다"고 했다. "나는 단지 조금 더 떳떳한, 조금 덜 부끄러운 나라를 갖고 싶다고 말하는 겁니다. 무엇보다 그것이 먼저입니다"라고 한 그는 자신이 좋아하는 것을 할 수 있는 자유로운 시간이 가장 소중한 것이고, 진정한 자유는 적게 소비하는 것이라고 했다. 이기는 것이 아니라 좌절하지 않고 계속 걷는 것, 새롭게 시작하는 용기야말로 가장 소중한 것이라고 했던 그의 말이야말로 지금 우리에게도 소중한 것이 아닐까?

그래서 "결코 인생을 낭비하지 마세요. 그 밖의 다른 것은 모두 쓸데없는 이야기입니다"라는 그의 말에 나는 공감한다. 내 친구는 마지막으로 최근 우루과이 경제가 나빠지면서 무히카에 대한 관심도 낮아지고 있다는 이야기를 망설이듯 전했지만, 내게는 쓸데없는 걱정으로 보였다.

에드워드 사이드

Edward Said, 1935~2003

'서구 정신'의 위선을
폭로하다

동양에 대한 서양의 차별과 편견

———

2019년 6월에 발생한 '오만해 유조선 피격 사건'으로 중동은 1990년 걸프전쟁 이래 최대 위기를 맞았다. 이란의 소행이라고 단정하는 미국 언론을 그대로 따르는 듯한 국내 보도도 많았지만 미국과 이스라엘의 자작극, 특히 미국이 베트남 전쟁에 개입하는 빌미로 삼았던 1964년의 통킹만 사건을 심판하는 것이라고 주장하는 이란 쪽 주장도 전해졌다. 통킹만 사건 때는 물론 걸프전쟁 때도 우리는 미국의 일방적인 주장만을 들어야 했다. 1991년 내가 에드워드 사이드의 『오리엔탈리즘』을 번역한 것은 그런 편견을 바꾸어보자는 한 시도였다.

책 제목을 '동양주의'나 '동양제일주의'로 오해한 사람들도 있고, '동양론'으로 번역해야 한다고 꾸중한 영문학자도 있지만, 군이 번역한다면 '동양에 대한 서양의 차별과 편견'이었을 것이다. 1980년대 말 하버드대학에 2년쯤 근무하면서 인종차별과 같은 오리엔탈리즘을 자주 경험했지만, 미국에는 그런 것이 없다고 하면서 나를 마조히스트로 보는 한국인도 많았다. 에드워드 사이드에 대해서도 그렇게 말했다. 그런 사람들이 한국에 돌아와 차별금지법에 반대하고 미국이나 유럽이나 일본을 무조건 찬양하는지도 모른다.

팔레스타인 사업가 집안에서 태어난 사이드는 미국으로 유학해 하버드대학에서 석·박사 학위를 받았다. 대부분의 부잣집 자녀처럼 그 역시 엘리트주의에 젖어 비싼 스포츠카를 타고 다녔다. 1963년 28세에 미국 컬럼비아대학의 영문학 교수가 될 때까지 그는 정치에 무관심한 채 오로지 문학 연구에 전념했다. 그러다 1967년 제3차 중동전쟁 이후 팔레스타인해방기구PLO가 생기면서 변하기 시작했다. 그가 13세이던 1948년 조국인 팔레스타인이 없어진 이후, 팔레스타인인이 나라 없는 '난민'이자 '테러리스트'로 불리고 권리를 정당하게 주장하기는커녕, 언제나 비난받고 차별당했음을 비로소 깨달은 것이다. 당시에는 물론 지금까지도 마찬가지다. 2,000년 넘게 살아온 고향에서 아무런 이유도 없이 강제로 쫓겨난 자민족이 〈300〉(2007년) 같은 영화에 나오는 것처럼 고대 이래 악당이나 변태로 왜곡되었음을 그는 알게 되었다.

1977년 팔레스타인해방기구의 국회 격인 팔레스타인민족평의회 PNC의 의원으로 활동하면서 1978~1979년의 레바논 내전을 평화적으로 해결하고자 진력하는 가운데, 사이드는 1978년 『오리엔탈리즘』을 발표했다. 이 책에서 '동양'이란 우리가 보통 생각하는 한·중·일이나 아시아가 아니라 주로 '중동'을 일컫는다. 즉, 중동을 침략하고 지배하면서 서양이 중동의 이미지를 열등하고 사악한 것으로 조작한 것이 '오리엔탈리즘'이다. 사이드는 자신의 처지는 물론이고 국민이 나라를 잃고 방랑하는 팔레스타인과, 미국을 비롯해 서양에서 항상 멸시와 압박을 당하는 이슬람의 처지를 생각하면서 이렇게 된 원인을 제공한 오리엔탈리즘을 분노로 분석했다. 그러니 이 책은 단순히 학문적인 연구서가 아니라 차별받는 민족의 분노에서 나온 셈이다.

'정신적 행동인'으로 살아가다

내가 번역서 출판에 그랬던 것처럼 미국에서도 저자는 출판사를 구하지 못해 애를 먹었고, 어렵게 책이 나온 뒤에도 상당 기간 학계에서 주목을 받지 못했다. 그 이유 역시 오리엔탈리즘 탓이었다. 1978년에는 물론 지금까지도 미국은 석유를 중심으로 중동을 경제적으로 지배하고 이스라엘을 보호하기 위해, 이스라엘과 싸우는 이슬람 사람들을 "유대인을 학살하는 호전적, 폭력적, 광신적, 야만적 무리"라고 비난해왔기 때문이다. 사이드 역시 항상 살해 위협 속에 살아야 했다. 그가 평생 살면서 사랑한 코즈모폴리턴의 도시인 뉴욕 사람들도 그를 보고 '테러범'이라고 욕했다. 그런 현상은 지금까지도 전혀 변하지 않았다. 도리어 9·11 사태 이후 더욱 심해졌다.

오리엔탈리즘은 여전히 세계를 지배하고 있다. 따라서 이를 비판한 사이드의 사상은 여전히 유효하고, 유용하며, 유의미하다. 이 책은 서양이 동양을 지배하고 억압하기 위해 조작한 오리엔탈리즘의 역사,

정치, 학문, 예술, 문학 등 서양 문화 전반을 비판한다. 동시에 동양에 대한 서양의 우월주의가 문학과 학문, 예술과 종교 등의 이름으로 어떻게 조작되고, 제국주의적 권력 지배와 결탁해 식민지 민중을 착취하고 열등감에 사로잡히게 하고 있는지를 해부하고 있어 역사적으로 중요한 의미를 갖는다. 이는 서구 정신의 허구와 위선에 대한 분노의 발로였으나, 기본적으로는 참된 '정신적 행동인'의 추구다.

이 책의 내용은 중동에서 이루어진 서구 제국주의의 침투를 분석한 것이었으나, 우리에게는 과거의 일제강점기나 오늘날의 근대화(일명 서양화·미국화·국제화·세계화)에도 그대로 적용될 수 있다. 일제는 서양을 모방해 우리를 착취하고 조작한 것에 불과했다. 이러한 오리엔탈리즘은 동양이 서양보다 우월하다는 식의 '옥시덴탈리즘'이 되기도 한다. 가령 개인주의나 물질주의를 중시하는 서양에 견주어 공동체주의와 정신주의를 중시하는 동양이 우월하므로 동양이 서양을 구원하고 대체해야 한다는 식의 '동양주의'나 '동양제일주의' 주장이다.

놈 촘스키가 평한 대로『오리엔탈리즘』은 '권력의 노예'가 아니라 '정신적 행동인'이 되기를 열망한다면 우리가 누구이고 무엇을 해야 하는지를 이해하는 데에 도움을 준다. 서양이나 일제 같은 침략과 편견의 권력 주체를 비난하기만 하는 것이 아니라, 그런 '권력의 노예'였던 서양과 일제의 지식인이니 문화인이니 하는 자들과 달리 '정신적 행동인', '정신적 자유인'인 지식인으로 살아가야 한다는 것이다.

평생을 반권력의 휴머니스트로 살다

사이드는 평생을 반권력의 휴머니스트로 살았다. 그래서 팔레스타인해방기구가 테러 노선을 걷게 되자 그것을 철저히 비판하고 돌아섰다. 민족주의가 자기 목적화해 인종적 특성을 강조하고 민족의 본질을 추구하는 것을 거부했기 때문이다. 그래서 9·11 사태가 터지자 죄 없는 사람들을 상대로 극악무도한 테러를 저지른 점에 누구보다도 분노하고 이를 규탄했다. 그러나 동시에 미국이 황당한 추론을 통해 가공의 이슬람을 배후로 낙인찍고 자신들의 목적을 위해 이슬람을 제물로 삼는 점에 대해서는 더욱 분노했다. 그는 미국이 자국의 이해관계에 따라 원유 생산지인 아랍에 이율배반적으로 개입했기 때문에 9·11 사태가 일어났다고 보았다. 이것이야말로 미국의 중동 관련 정책을 움직이는 핵심 원리다.

사이드가 말했듯이 팔레스타인 사람들은 홀로코스트를 경험한 이스라엘이라는 '희생자의 희생자'가 되었지만 세상은 모른 체하고 있다. 특히 우리에게 팔레스타인은 너무나 멀다. 지리적으로도 멀지만 마음으로나 머리로는 더욱더 멀다. 책방이나 도서관에 가면 이스라엘 관련 책이 넘쳐나는 반면 팔레스타인 관련 책은 그야말로 극소수이고, 대부분 이스라엘 편에서 팔레스타인을 비난하는 책뿐이다. 사이드가 쓴 『팔레스타인 문제』, 『이슬람 보도』, 『피해자 비난하기』 등 팔레스타인과 중동에 관한 책들은 우리말로 전혀 번역되어 있지 않고, 사이드의 사상에 대한 논의는 아직도 문화비평 수준에 그치고 있다.

에드워드 사이드의 모든 책은 본질적으로 정치권력과 결탁한 문화권력, 즉 학문권력, 언론권력, 문학권력, 예술권력 등을 비판한 책이다. 사이드는 지식인이란 모름지기 권력에 맞서서 약하고 가난한 사람들을 위해 살아야 한다고 주장했고, 실제로 평생 그렇게 살았다. 그는 죽기까지 40년 동안 오로지 교수로, 부동산을 전혀 소유하지 않고 평생 방랑자처럼 지냈다. 삶과 학문이 그처럼 일치하는 사람을 좀처럼 보기 어렵다.

제임스 C. 스콧

James C. Scott, 1936~

국가의 길들이기를
거부하라

인류에게 농경화는 완전한 재난

코로나19 바이러스의 발생 원인에 대해서는 여러 견해가 있지만, 내가
깊이 공감하는 견해는 제임스 C. 스콧이 말하는 '농경의 배신'이다. 농
경 자체는 완전히 인공 생태계로, 채집 경제에 견주어봤을 때 밀집해서
살았던 초기 농부들의 생활양식이 끌어들인 진드기와 곤충부터 쥐와
고양이, 참새와 비둘기에 이르기까지 많은 종이 전염병을 초래했다는
것이다.

특히 인간의 몸에서 살기 적합한 미생물 때문에 생긴 모든 전염
병은 실제로 지난 1만 년에만 발생했고, 그중 많은 수가 지난 5,000년
동안에만 발생했다. 따라서 수천 년 전에 전염병을 일으킨 조건과 21세
기에 발생하는 현상(코로나19 바이러스로 인한 현재의 유행성 질병 등) 사이
에는 명백한 유사성이 있다. 현저하게 다른 점은 코로나19 바이러스가

전 세계 인구에 영향을 미친 범위, 규모, 속도다. 이는 인간 중심의 산업 자본주의 문명, 특히 최근의 '세계화' 때문이다.

제임스 스콧은 『농경의 배신』에서 인류가 수렵·채집민의 유목 생활에서 농경에 의존하는 영구적 정착 생활로 이행한 것이 진보, 문명과 공공질서, 건강 증진과 여가라는 혜택을 주었다고 본 종래의 문명사를 완전히 뒤집어 도리어 농경화가 인류에게 완전한 재난이었다고 주장한다. 최근 유발 하라리가 농업을 인류 역사상 최대의 사기 사건이라고 본 것과 통하는 이야기다.

그러나 스콧은 역사를 '길들이기' 과정이라고 보는 점에서 하라리와 다르다. 처음에는 불, 이어 식물과 가축, 국가의 국민과 포로, 마지막으로 가부장제 가정 안에서 여성 등을 길들이는 과정이 역사라는 것이다. 특히 국가를 형성하고 유지하고 운영하는 데 반드시 필요한 조건들은 소수의 지배층을 제외한 다수의 국민에게 자유의 제한, 실질적 삶의 질 악화, 생존 자체의 위협이었다고 본다.

이 중에서도 쌀, 밀, 보리 등 소수의 곡물은 인류 대부분의 주식이 될 만큼 노동력을 집중적으로 투입해 광대한 경작지에서 주요 작물로 재배되었다. 이는 안정적인 조세 수입과 인력 동원이 전제되어야만 성립될 수 있는 국가가 이를 강제했기 때문이다. '농자천하지대본'이라는 말도 그런 통치술을 감추기 위한 꾸밈말이었을까? 토머스 홉스와 존 로크 같은 사회계약 이론가들이 너무나 소중하게 생각한 국가의 비전이라는 것도 마찬가지였을까? 그렇다면 동서양의 학문이라는 것은 모두 국가주의의 변주에 불과한 것이었을까? 스콧은 더 나아가 국가가 유발한 빈곤, 세금, 속박, 전쟁에서 벗어나기 위해 변방으로 도주한 정치적·

경제적 난민, 즉 비국가적 민족을 야만인 따위로 부정적으로 보기는커녕 '길들이기'에서 벗어나 수렵·채집민의 전통을 잇는 건강한 인류로 긍정한다.

예일대학 교수가 아닌 양봉인

『농경의 배신』은 예일대학 정치학부 교수인 제임스 스콧이 2017년 81세에 쓴 60여 년 연구의 총결산이라고 할 만한 대저大著다. 그는 정치학자이자 인류학자이고, 예일대학 농학부의 공식 창시자이자 저항 연구의 비공식 창시자다. 스콧은 6만 평 정도 되는 농장에서 소와 닭과 벌을 반세기 이상 키우며 살고 있다. 그는 이러한 농장 경험이 학문의 바탕이 되었음은 물론이고 평생 농사를 지었기에 학문도 조금은 나은 것이 되었다고 말한다. 무엇보다 자신의 양털 깎기 실력을 자랑하며 자신의 저서에도 '예일대학 교수'가 아니라 '양봉인'이라고 쓴다.

　그 100분의 1인 600평짜리 밭을 감당하기도 힘든 나에게는 놀라운 일이지만, 1년 내내 잡초와 씨름하며 푸성귀나 가꾸고 닭을 열댓 마리 가둬놓고 키우는 신석기인인 나와 달리 구석기인처럼 동물들을 그냥 방목하니, 그는 더 건강할 것 같기도 하다. 농장에 있는 그의 집이 19세기 초에 지어진 고택이라는 점도 20평짜리 내 집과 비교할 수 없다. 그러나 무엇보다 다른 점은 나도 '농부'라고 자처하고 싶지만, 흉내만 내는 것 같아 부끄러워 그렇게 쓰지 못한다는 점이다.

　그는 의사의 아들로 필라델피아 외곽에 있는 퀘이커 학교에서 교육을 받았고, 1970년대 초 위스콘신대학 박사과정에 다니면서 반전운동에 적극 참여했다. 1970년대 후반에는 학자에게 '경력을 죽이는' 짓에 불과한 2년간의 현장 조사를 위해 가족과 함께 말레이시아의 마을로 갔다. 그곳에서 베트남에 관심을 가지고 농민들이 권위에 저항하는 방식을 다룬 최초의 저서인 『농민의 도덕경제』를 1976년에 발표했다. 이 책은 농민들의 '도덕경제'라는 전통적 형태의 연대가 식민 치하 이후 자본주의 시장원리가 도입되면서 무너지고 국가 정치로 점점 통합되는 과정을 비판했다. 지난 2004년에 스콧의 저서로는 처음으로 우리말로 번역되었지만 그다지 주목받지 못했다.

이어 스콧은 자신의 이론을 세계 다른 지역의 농민들에게까지 확장시켰다. 이를 바탕으로 농민을 비롯해 무력한 사람들이 중앙집중식 국가통제를 위협하기 위해 후속 저서인 『지배와 저항의 기술』과 함께 직접적인 대결보다는 회피와 계략을 사용하는 방법을 모색하며 『약자의 무기』를 썼다. 하지만, '저항 연구의 성경'이라고 불리는 이 책 2권은 아직 우리말로 번역되지 못했다.

1998년에 출판된 『국가처럼 보기』는 소련의 집단농장이나 미국의 산업 영농을 비롯해 아프리카의 강제 촌락화나 남미나 인도의 신도시 건설처럼, 국가가 주도하는 하향식 사회계획을 근본적으로 비판한 책이다. 한국에서는 2010년에 이른바 뉴라이트 계열 사회학자에 의해 번역되어 스콧을 같은 계열로 오해하게 만든 점도 있다. 그러나 스콧은 그 이전에 낸 책들과 마찬가지로 화전민이나 이동 경작을 하는 농민이 넓게 퍼져 생활하는 비국가적 공간이 국가적 공간으로 대체되는 과정을 비판한다. 또 농업을 산업으로 대체해야 한다거나 농민을 노동자로 대체해야 한다는 경제발전론을 따르지 않는다.

그는 국가 개발이 내세우는 사회복지 담론을 근본적으로 거부하지는 않는다. 하지만 그 과정이 언제나 비국가적 자원이었던 과거의 공동체를 거의 항상 파괴하거나 분열시켰다는 점을 지적하면서, 지역 고유의 다양한 삶을 표준화하고 단순화하는 국가의 파괴에 맞섰다. 또 국가가 아닌 우리 자신의 눈으로 세상을 바라보고, 중앙집중화되고 상품화된 삶에서 벗어나 자치와 자급의 기반을 다져야 한다고 주장한다.

국가에 지배당하지 않으려면

————

스콧이 2009년에 출판한 『지배당하지 않는 기술: 동남아시아 고지대의 아나키스트 역사』는 우리말로 2015년에 『조미아, 지배받지 않는 사람들』로 번역되었다. 이 책에서는 베트남, 캄보디아, 라오스, 타이, 버마(미얀마), 중국에 걸친 조미아라는 고지대 주민들이 지난 2,000년 동안 국민국가의 지배를 피한 기술을 산악지대에 흩어져 사는 것과 화전경작, 구전 문화의 유지 등에서 찾는다.

스콧이 2012년에 발표한 『아나키즘을 위한 두 번의 응원: 자율성, 존엄성, 의미 있는 일과 놀이에 관한 여섯 편의 쉬운 에세이』는 『우리는 모두 아나키스트다』라는 제목으로 2014년에 우리말로 번역되었다. 그런데 스콧의 아나키즘은 그가 '공상적 과학주의'라고 부르는 전통적 아나키즘과 달리 국가를 전면적으로 부정하는 것이 아니라 자신이 오랫동안 주장한 '길들이기'에 대한 거부임을 주의해야 한다.

그런 '길들이기'는 신원 확인을 위해 아버지의 성을 따르게 한 것을 비롯해 조세, 법원, 토지, 징병, 경찰, 학교, 공장, 표준어, 가족, 심지어 신호등 등 모든 방면에서 이루어졌고, 최근에는 DNA 검사니 CCTV니 하는 감시와 통제 장치로 더욱더 '발전'하고 있다. 스콧은 그런 타율성에서 벗어나 자율성과 존엄성을 찾아야 한다고 주장한다. 그런 점에서 이 책의 제목을 제대로 바꾼다면 '아나키즘은 인간의 품위를 지키는 상식이다'라고 해야 할지도 모른다.

제임스 C. 스콧

존 모호크

John Mohawk, 1945~2006

평화를 끝까지
포기하지 않다

인디언 착취가 남긴 피해

———

최근 인디언 거주지역에서 코로나19로 인한 피해가 더욱 크다는 뉴스를 보면서도 존 모호크를 생각하지 못했다. 그는 인디언 착취가 남긴 피해를 말해주는 증언자다. 그가 16년 전에 죽었고, 이제는 잊힌 탓일까? 30여 년 전 하버드대학에서 만난 어떤 잘난 사람보다도 나에게는 반갑고 고마운 사람이었는데, 이제는 그 얼굴도 잊어버릴 정도로 내가 늙은 탓인가? 전 세계의 선주민들과 연대해 환경파괴, 인종차별, 기후변화, 식민지 침략, 폭력, 이라크 전쟁, 세계화 등에 반대하는 광범한 인권운동을 펼친 그가 우리에게는 전혀 알려지지 않은 탓인가?

　세상의 모든 정보가 다 있다는 인터넷을 찾아도 그에 관한 정보는 없다. 어디 그뿐인가? 인디언에 대해 우리가 아는 것은 지극히 제한적이다. 기껏해야 인디언의 옛 노래 정도다. 특히 인디언 지성에 대해 우리는 모른다. 내가 좋아하는 미국 아나키즘 교육학의 태두인 조엘 스프링과 함께 존 모호크는 항상 내 마음속에 있었는데 왜 그를 찾지 않았을까?

인터넷에 모호크가 나오지만 이것은 인디언 종족명이고 존 모호크와는 무관하다. 존 모호크의 부족인 세네카족과 함께 모호크족도 호데노소니 연맹의 하나로 존 포드가 감독하고 헨리 폰다가 주연한 〈모호크족의 북소리〉(1939년)에 백인들을 해치는 악한 인디언들로 나온다. 1945년 뉴욕주 세네카족 거류지에서 태어난 모호크는 호데노소니 연맹의 추장으로서 평생 미국 인디언 민족운동을 이끈 작가, 가수, 언론인, 역사가, 교육자, 무엇보다도 국제분쟁 조정자이자 인디언 전통문화 연구자였다. 그는 1968년 하트윅대학에서 역사학을 공부하고 1970년 뉴욕주립대학 버펄로 캠퍼스에서 인디언 역사를 연구했다.

1973년에는 라코타수족이 주도한 운디드니 점거 항의 운동에 동참한 6개 부족 대표단에 들어갔고, 사우스다코타주의 파인리지 인디언 거류지의 운디드니에서 조정 활동을 했다. 운디드니는 1889년 인디언 학살로 유명한 사우스다코타주의 작은 인디언 마을이며, 이에 관한 책인 『나를 운디드니에 묻어주오』는 '세계에서 가장 많이 읽힌 인디언 기록 문학'이다. 운디드니 학살범인 제7기병 연대는 약 60년 뒤 한국에서 노근리 양민학살사건을 일으킨다. 그리고 20여 년 뒤인 1973년에 인디언들은 운디드니에서 미군에 또다시 무참하게 진압된다. 물론 인디언 학살은 지난 1세기만의 일이 아니라 5세기 동안 일어난 일이다.

평화학의 모델

모호크는 1977년 호데노소니의 발전을 위해 인디언법률지원센터를 창립하고 대표로 취임했고, 1978년에는 스위스 제네바에서 열린 국제선주민회의에 호데노소니 대표로 참석해 국제기준을 확립하기 위해 노력했다. 그 회의에서 발표한 글을 모은 『의식화를 위한 근본적 요구』의 권두 논문에서 모호크는 인디언의 수난사와 함께 미국 연방헌법의 모델이자 평화적인 국제연합의 원조인 호데노소니의 역사에 대해 설명했다. 1980년에는 '미국과 이란의 위기 해소를 위한 위원회'에 참가해 테헤란에서 평화 교섭을 했다. 1981년 캐나다 퀘벡주가 라케트포인트에 있는 모호크족의 영토인 오카에 침범해 모호크족과의 무력 충돌로 빚어진 첫 '오카의 위기'에서도 교섭자로 나섰다.

특히 1983년에는 니카라과의 산디니스타 정부와 미스키토 사람들 사이에서 갈등 협상을 도왔으며, 북미 원주민 전통주의자들과 정부기관 사이의 무장 교착 상태에서 평화 가이드로 일했다. 또 '살라망카 토지임대위원회'의 일원으로 세네카족 영토 반환운동에 참여하고 1988년 교섭자로 '살라망카 조정법'의 제정을 위해 노력했으며, 콜롬비아와 이란의 분쟁을 종식시키기 위해 호데노소니 대표로 양국에서 교섭을 했다. 호데노소니의 회의장인 롱하우스에서 합의한 화평 조정 시스템에 따라 세계평화를 추구한 그의 노력은 평화학의 모델이 되었다.

1987년 모호크는 뉴욕주립대학 버펄로 캠퍼스 운영에 참여하고, 1989년 미국사 연구로 박사학위를 받았다. 1999년부터 2000년까지 버펄로대학센터의 '아메리카인디언 학생 프로그램'의 공동 책임자가 되었고, 버펄로대학센터가 그 뒤 아메리카연구대학으로 발전하자 그 책임자로 2년간 일하며 인디언을 비롯한 선주민의 권리에 대해 많은 강연을 하고 저술을 남겼다. 또 뉴욕주 교육위원회에서 학교 교과서의 인디언 부분 서술에 대해 조언했다.

그의 대표적인 저술은 2000년에 낸『유토피아의 유산: 서양 세계의 정복과 억압의 역사』다. 이 책에서 모호크는 1,000년 이상 계속되고 있는 민족 학살이 유럽 백인 사회의 이념에 근거한 것으로 '사랑'을 설교하는 종교가 그 학살을 정당화하고, 유럽의 유토피아 사상이 역설적으로 현대의 세계화와 전쟁, 학살, 경제적 착취, 식민지화를 낳았다고 강조했다.

모호크는 1967년부터 1983년까지 자신이 창간한 인디언 저널인『아퀘사스네 노트』의 편집인, 1987년부터 1995년까지 인디언 신문인『데이브레이크』의 편집인을 지냈다. 또 그는 오래전부터 인디언의 지병인 당뇨와 심장질환, 비만(모호크 자신도 비만이었다)을 예방하기 위해 거류지를 중심으로 인디언 전통식을 바탕으로 한 국제적 슬로푸드 운동에 참가했다. 1997년부터는 캐터로거스 인디언 거류지 농장에서 '호데노소니 흰 옥수수 계획IWCP'과 '소나무 카페Pinewoods Cafe'를 설립하고, 호데노소니 전통 식재료 판매를 촉진해 거류지의 농업을 지원하고 전통 작물을 소생시키는 효과를 거두었다. 2002년에는 뉴멕시코대학의 건강과학센터와 의과대학 졸업식의 강연자로 초청받기도 했다.

피의 불화를 멈출 희망

그는 죽기 한 해 전인 2005년에 쓴 『평화로 전환한 전사들』에서 호데노소니의 전사들이 평화 조정을 거쳐 살육을 중지한 이야기를 인용하면서 미국의 대對테러 전쟁을 비판했다.

"당신은 적이 인간이라는 사실을 인정해야만 적과 평화를 이룰 힘을 가진다. 그들이 함께 살고 싶어 하고 자녀들이 함께 살기를 원하는 이성적 존재임을 인정하는 것은, 그들에게 말할 수 있는 능력을 부여함으로써 당신의 힘을 강화시킨다. 그들이 인간이 아니라고 생각한다면 당신은 그 능력을 갖지 못하고, 평화를 가져오기 위해 소통해야 하는 사람들과 소통할 자신의 힘을 파괴할 것이다. 현대적 사고로 '우리는 테러리스트와 협상하지 않는다'고 말하면 자신의 힘을 빼앗는 것이다. 그들과 협상해야 한다. 그들은 당신을 죽이려고 하는 사람들이지만 그들과 협상하려면 그들이 인간이라는 것을 인정해야 한다."

"피의 불화를 멈출 희망을 가지려면 당신은 그들의 인간성을 다루어야 한다. 처음부터 끝까지 협상은 모든 면에서 사람들이 손실을 입었고 그들의 손실이 충격적이라는 사실을 인정하는 것에서 시작한다."

"정의는 영국과 유럽의 역사에서 매우 위험한 단어다. 그러나 호데노소니의 정의는 우리 모두가 어떤 것들이 옳고 바르고 긍정적이라는 데 동의한다는 것을 뜻한다. 우리 모두가 동의하는 목록은 길지 않을 수도 있지만, 그 위에 쌓아나가야 할 것이다.……호데노소니 평화의 법칙은 인간관계가 정적인 것이 아니라 항상 미완성인 것처럼, 평화가 정적인 조건으로는 달성될 수 없다고 가정한다."

압둘라 오잘란

Abdullah Öcalan, 1947~

무력을 버리고
민주연합을 꿈꾸다

외딴섬의 독방에 갇힌 '테러리스트 오칼란'
——

외딴섬의 독방에서 흘러나오는 쿠르드인 사상가 압둘라 오잘란의 철학
은 감동적이지만, 온갖 외국 사상이 유행처럼 소개되는 우리에게는 전
혀 알려져 있지 않다. 어쩌다 뉴스에서 영어식 발음과 서양의 관점에서
'테러리스트 오칼란'으로 소개될 뿐이다. 그는 1999년부터 터키의 임
랄르섬에 홀로 수감된 지난 20여 년 동안 식민주의와 민주주의에 대해
독특한 사상을 발전시킨 최고의 탈식민주의 사상가다. 그 오랜 세월 동
안 도서관은커녕 참고서 한 권 없이 어떻게 그리도 치열하게 사고하고
저술하는 것이 가능했는지 불가사의할 뿐이다. 그가 주장하는 민주연
합주의에서 필수적인 개념인 아나키즘, 페미니즘, 생태학, 직접민주주
의 등을 20여 년간 혼자서 생각하고 여러 책으로 썼다니 정말 놀랍다.

내가 쿠르드에 대해 알게 된 것은 30년 전에 본 영화 〈욜〉(1982년)

을 통해서였다. 쿠르드인 감독 이을마즈 귀네이가 군사독재하의 감옥에서 비밀리에 만든 이 영화는 1982년 칸영화제에서 황금종려상을 받은 것으로도 유명하다. 하지만 우리나라에서는 군사정권의 수입 금지로 1989년에야 개봉되었다. 가출옥을 한 죄수 5명 중 1명인 쿠르드인이 잠시 찾은 아름다운 추억의 고향 마을은 터키군의 탄압으로 비참하기 짝이 없다. 함께 말을 타고 달리던 형은 독립운동에 뛰어들었다가 살해되어 그 주검이 바깥에 버려져 썩어간다. 그 주검을 보고 반응한다는 이유로 잡혀가 죽어가는 사람들의 모습이 지금도 뇌리에 선하다. 그 뒤 쿠르드족을 만나려고 몇 차례 찾은 터키는 〈욜〉에서 보던 가해자였다.

터키 동남부와 이란, 이라크, 시리아 등이 접경을 이루는 약 30만 제곱킬로미터의 산악지대인 쿠르디스탄에 주로 거주하는 쿠르드족의 인구는 약 4,300만 명으로, 국가를 갖지 못한 민족 중에서는 세계에서 인구가 가장 많다. 중동에서도 아랍인, 터키인, 페르시아인 다음으로 많다. 이들은 주로 목축을 하는 유목민으로 대부분 이슬람교 수니파에 속하고, 언어는 인도유럽어족 이란어계인 쿠르드어를 사용한다.

쿠르디스탄은 중세부터 근대까지 오스만제국에 속했지만, 제1차 세계대전에서 오스만제국의 패전 후 영국과 프랑스가 멋대로 그은 국경선으로 분리되어 인구의 45퍼센트는 터키, 24퍼센트는 이란, 18퍼센트는 이라크, 6퍼센트는 시리아에 거주하고 있다. 쿠르드족은 제2차 세계대전 이후 분리 독립을 요구했지만, 터키·이라크·이란·시리아 4개국이 모두 이에 반대하고 도리어 더욱 철저히 탄압해왔다.

국가, 자본주의, 가부장제를 부정하다

출생 연도가 불명하지만 제2차 세계대전 이후 터키 동부 시골에서 태어난 오잘란은 초등학교와 실업계 고등학교를 마친 뒤 이스탄불대학에서 법학을, 앙카라대학에서 정치학을 공부하면서 정치활동에 참가했다. 1972년에 처음 구금되었고, 1978년 쿠르드노동자당PKK을 창당해 1984년 쿠르드족의 독립국가를 세우기 위해 터키 정부에 대항해 전쟁을 일으켰으나 실패하고 1999년 시리아로 도망쳤다. '피의 살인마'로 불릴 정도로 무자비했던 그는 쿠르드노동자당의 많은 반대자를 살해했다. 1991년까지 쿠르드어를 모르던 그는 1999년 시리아에서 강제 퇴거당한 뒤, 케냐의 나이로비에서 미국 중앙정보국CIA의 원조를 받은 터키 국가정보국MIT에 의해 납치되어 터키에서 사형을 선고받는다. 하지만 유럽연합에 가입하는 조건으로 터키가 사형을 폐지하면서 형량은 종신형으로 감형되었다.

그 후 오잘란은 무력 전투의 시기는 지났다고 선언하고 쿠르드족 문제에 대해 정치적 해결책을 찾아야 한다고 주장해 세상을 놀라게 했다. 특히 고대 메소포타미아 신화와 페미니스트 정치 이론만이 아니라 머리 북친, 이매뉴얼 월러스틴, 페르낭 브로델, 미셸 푸코, 해나 아렌트, 프리드리히 니체 등의 영향을 받아 마르크스-레닌주의와 스탈린주의를 포기하고 '민주연합주의'라는 독창적 사상을 전개해 사상가들뿐 아니라 사회운동가들에게도 충격을 주었다.

그가 주장하는 민주연합주의란 민족과 국가라는 두 개념을 분리하고 국가, 자본주의, 가부장제를 부정하는 정치를 전제로 한다. 국가

건설을 사회 건설로 대체하고 민족국가 패러다임을 벗어난 급진적 민주주의를 바탕으로 한 연합주의로 민족국가를 대체하자는 것이다. 그의 '민주적 연합'은 '민주적 자치'를 가능하게 하는 수단으로, 실제로 지역공동체의 자치정부 위에 건설되고 열린 의회, 마을의회, 지방의회, 더 큰 의회 등의 형태로 다양하게 조직된다.

민주연합은 민선으로 선출된 여러 행정위원회의 연대 조직으로 지역공동체가 그들의 자산에 자율적인 통제권을 행사하는 한편, 위원회의 네트워크를 통해 다른 지역공동체와 서로 연결된다. 의사결정은 각 동네·마을·도시의 공동체에 의해 이루어지고, 모든 사람이 지역위원회에 참여하는 것은 당연히 환영받지만, 정치적 참여가 의무로 강제되지는 않는다. 사유재산은 없기 때문에 건물, 토지, 인프라 등에 대한 사용권만이 개인에게 부여되며, 시중에서 이를 판매·매입하거나 사기업으로 전환할 권리는 부여하지 않는다. 경제는 지역위원회에 맡겨지며, 국가에 의해 집산화되거나 개인에 의해 사유화되지 않고 지역공동체 차원에서 공동화된다.

오잘란이 주장한 이 상향식 제도는 자본주의와 가부장제가 지배하는 국가가 아니다. 이 제도는 개인의 힘을 허용하는 민주주의의 대안 모델이 연합과 자기 조직을 통해 기존 민족국가의 범위 내에서 어떻게 급진적이고 참여적인 민주주의를 가능하게 할 수 있는지를 잘 보여준다. 오잘란은 민주연합주의를 머리 북친에게서 배웠다고 말했지만, 사실은 북친 이전에 간디가 이미 '마을공화국'이라는 이름으로 인도의 고대 전통에서 이 개념을 가져와 현대에 되살리고자 한 것이었다.

오잘란이 민주연합주의의 또 하나의 핵심으로 삼는 페미니즘은 간디의 그것보다 훨씬 강렬한 자유와 해방에 근거한다. 2003년에 쓴 「해방의 삶: 여성 혁명」이라는 짧은 글에 따르면 여성이 주부로 변하면서 노예화가 진행되어 '주류 문명화'가 시작되었듯이, 여성뿐 아니라 남성도 자유를 얻을 수 있다. 이 글에서 오잘란은 노예제도가 파괴되는 것은 '그러한 지배체제의 기초에 대항하는 투쟁'을 통해서만 가능하다고 주장하기도 했다.

여성은 세계를 해방시킬 수 있는 열쇠

오잘란에게는 모성사회 질서의 전성기인 신석기시대가 인류 역사에서 가장 중요하다. 이때 여성은 단지 성별이 아니라 '평등하고' '자연적이며' '사회적인' 모든 것의 응결이며, 그 진정한 의미는 비계층적이고 비정태적이며 축적을 전제하지 않는 사회적 거버넌스('국가경영' 또는 '공공경영')의 방식으로 나타난다. 이것은 그가 말하는 '지배자 남성'이라는 패권적 성의 부상과 일치하는 '문명화'에 대한 비판을 통해서만 알 수 있다.

강압적 형태의 권력은 남성적 문명의 제도로 구현되는 반면, 모계사회가 가진 사회구조의 힘은 권위로 이해되는 자연 또는 유기체로 나타난다고 오잘란은 주장한다. 이러한 신석기시대에서 더욱 특징적인 점은 사회가 연대와 나눔에 기반을 둔 방식, 즉 잉여 생산물이 없고 자연을 존중한다는 점이다.

오잘란의 '여성'은 국민국가가 아닌 인민사회인 쿠르드를 비유하는 것이다. 요컨대 '지배적 남성'의 패권적 '문명화'에서 여성을 자유롭게 한다면, 쿠르드족은 물론 세계도 해방시킬 수 있다고 한다. 우리는 조직할 자유, 재산, 사람 또는 자아 등 소유의 모든 개념에서 자유로울 자유, 연대를 보여줄 자유, '힘'이 아닌 '사랑'을 통해 생명, 자연, 타인과 균형을 되찾을 자유를 상상할 수 있다는 것이다. 팔레스타인과 함께 민족문제의 가장 첨예한 비극을 보여주는 쿠르드에 바치는 오잘란의 외딴섬 감옥이 품은 염원은 우리와 무관할까?

에드윈 캐머런

Edwin Cameron, 1953~

차별금지
헌법을 만들다

커밍아웃을 한 헌법재판소 판사

———

최근 우리에게 다큐와 드라마 등으로 널리 알려진 루스 긴즈버그 미국 연방대법관이 몇 년 전에 미국 헌법보다 남아프리카공화국 헌법이 더 훌륭하다고 하며, 새로운 헌법을 제정하고자 하는 나라에서는 미국 헌법을 보지 말고 남아프리카공화국 헌법을 보라고 해서 눈길을 끌었었다. 미국 헌법도 참조해 만들었다는 한국의 현행 헌법이 9차 개정된 1987년보다 9년 뒤에 제정된 남아프리카공화국 헌법은 세계 최초로 성적 지향에 의한 차별을 금지했다. 그리고 2년 뒤 남아프리카공화국에서는 남성 간의 성관계를 처벌하는 형법 규정, 이어 2005년에는 동성혼을 부인하는 것이 모두 위헌이 되었다.

이를 보면 한국과 남아프리카공화국의 민주화에는 큰 차이가 있는 것으로 보인다. 그래서 항상 의문이었다. 아파르트헤이트(남아프리카공화국의 극단적인 인종차별정책과 제도)가 극심했던 남아프리카공화국에서 어떻게 그런 급격한 변화가 가능했는가? 그 지독한 아파르트헤이트가 어떻게, 적어도 법의 차원에서 그렇게 별안간 없어질 수 있었던가?

2017년에 번역된 『헌법의 약속』은 동성애자이자 후천성면역결핍증HIV 감염인인 남아프리카공화국의 헌법재판소 판사였던 에드윈 캐머런이 현직에 있으면서 쓴 책이어서 더욱 충격을 준다. 그런 그를 최초로 판사에 임명한 넬슨 만델라 대통령은 "남아프리카의 새로운 영웅 중 한 사람"이라고 찬양했다. 그는 판사가 되기 전에 소위 커밍아웃을 했다.

당시 그는 "상상 밖의 격려와 지지를 얻었다. 오늘날까지도 나는 대중의 넘치는 지지와 사랑으로 힘을 얻는다"고 썼다. 한국에서도 그런 일이 있을 수 있는가? 그런 대통령, 그런 판사, 그런 대중이 있을 수 있는가? 헌법재판소 판사가 아니라 어떤 공직에도 동성애자나 HIV 감염인이 있을 수 있는가? 편견에 따라 판결을 내리거나 행정이 이루어질 것이 우려된다고 나라 전체가 야단법석이지 않을까?

그러나 캐머런은 자신이 동성애자이자 HIV 감염인이어서 인간을 좀더 폭넓은 관점에서 바라보았고, 양심적이고 유능한 판사가 될 수 있었다고 당당하게 말한다. 우리나라 판사 중에 그렇게 말할 수 있는 사람이 있을까? 그렇게 말해도 판사직을 유지할 수 있을까? 캐머런은 세계 어디에서든 인구의 5~10퍼센트가 동성애자이거나 기존의 성별 구분에서 벗어나 있다고 한다. 그 말이 맞다면 한국의 판사 중에도 동성애자가 있을 수 있다.

게이와 레즈비언의 평등을 위해 싸우다

———

1953년에 남아프리카공화국에서 캐머런이 백인으로 태어났을 때 아버지는 자동차 절도죄로 수감 중이었고, 어머니는 그를 키울 수 없어 어린 시절의 대부분을 고아원에서 보냈다. 그가 9세 때는 누나가 살해되었다. 그런 환경에서도 그는 백인이었기에 대학을 졸업하고, 영국의 옥스퍼드대학에서 유학할 수 있었다. 즉, 아파르트헤이트의 덕을 본 셈이다. 그는 자신이 그런 위치에 있음을 잘 알았다. 그래서 졸업 후 남아프리카공화국으로 돌아와 강의를 하며 당시 아파르트헤이트의 상징이었던 대법원장을 비판하고, 전前 대법원장을 포함해 고위직 판사 3명의 사임을 요구하는 글을 발표하는 등 민주화를 위해 노력했다.

동시에 인권변호사로 활동하면서 노동법, 고용법, 반역죄로 기소된 아프리카민족회의 전사들을 방어하고 양심적·종교적 거부, 토지 점유와 강제 퇴거 문제, 게이와 레즈비언의 평등을 위해 싸웠다. 그는 1980년대 초부터 동성애자임을 공개적으로 드러냈고 헌법을 제정할 때 성적 지향에 대한 차별을 명시적으로 금지하는 조항을 포함시키는 데 기여했다. 만델라 대통령에 의해 1994년 고등법원 판사로 임명된 그는 대법원 판사를 거쳐, 2009년에 헌법재판소 판사를 지내고 2019년 8월에 퇴임했다.

그는 어려서부터 자신이 동성애자임을 알았지만, "온 마음을 다해, 나는 동성애자이고 싶지 않았다. 낙인이 찍히고 고립되고 욕을 먹는, 성정체성이 다른 부끄러운 소수자, 그 행동이 너무 경멸스럽고 죄 많고 부도덕해서 범죄로 간주되었던 그런 사람들의 집단에 속하고 싶

에드윈 캐머런

지 않았다. 나는 진지하고 심각하게 맹세했다. 내가 정말 동성애자라면, 자살하리라. 이후 다행히도, 나는 신중하게 그 최종 결정을 미루곤 했다.……이후 15년 동안, 거의 서른 살이 될 때까지, 나는 의지의 마지막 한 가닥까지 사용해 깨어 있는 모든 순간을 이 자각과 싸우며 보냈다".

그는 자신이 고위직에 있어서 높은 월급을 받았기에 제대로 치료를 받아 목숨을 건졌다고 깨닫고 에이즈 퇴치 운동가로 나서서 모든 에이즈 환자를 치료해줄 것을 촉구했다. 그리고 만델라의 뒤를 이은 타보 음베키 대통령이 에이즈 치료약 사용을 막아 30만 명 이상이 사망한 점을 강하게 비판하고 에이즈에 관한 책을 썼다. 캐머런은 성 노동을 완전히 비범죄화하는 것을 확고하게 지지하는 사람이기도 했다. 그는 성 노동이 "가장 위험하고 경멸받는 직업 중 하나이지만 우리의 지지와 존경과 사랑을 받을 만한 직업"이라고 말했다.

다양성을 경청하는 헌법

남아프리카공화국에서 아파르트헤이트가 그렇게 오랫동안 유지된 것도 법 탓이지만, 아파르트헤이트를 중지시킨 것도 법이었다. 캐머런은 "남아프리카공화국 헌법은 다름을 존중하고 축하한다"고 말하며 헌법 전문을 소개한다. 우리 헌법과 달리 이 헌법은 "우리 남아프리카인은 과거의 불의를 인정하고"로 시작해 "다양성 속에서 하나됨을 믿는다"고 한다. '다양성 속의 통일성'이라는 신념에서 평등권이 규정되는데, 이를 규정한 한국과 남아프리카공화국의 헌법 조항에는 성적 지향의 차별

금지 여부 외에도 많은 차이가 있다.

차별금지 사유가 한국의 헌법에서는 '성별, 종교 또는 사회적 신분'에 그치는 반면 남아프리카공화국의 헌법에서는 성적 지향 외에도 '인종, 사회적 성gender, 생물학적 성sex, 임신, 혼인 여부, 인종적·사회적 출신, 피부색, 나이, 장애, 양심, 믿음, 문화, 언어, 태생'으로 규정된다. 그리고 그 앞에 평등권을 포함한 인권의 주체가 '국민'이 아니라 '사람'이라는 점, 또한 차별을 시정하는 조치가 적극적으로 인정된다는 점에서 더욱 큰 차이가 있다. 나아가 남아프리카공화국의 헌법에서는 그러한 사유로 직접적(형식적) 차별은 물론 간접적(실질적) 차별도 금지하고 사인事因 간의 효력도 인정함으로써, 노동을 비롯해 여러 차별이 법률에 의해 금지됨을 분명히 규정하는 점도 한국의 헌법과 크게 다르다. 요컨대 한국의 헌법은 그냥 종잇조각일 수 있지만 남아프리카공화국의 헌법은 명실공히 나라를 움직이는 기본이다.

평등권뿐 아니라 다른 많은 인권 조항에서도 차이가 있다. 가령 신체의 자유도 공적인 원인은 물론 사적인 원인으로 인한 폭력에서 자유를 인정해 가정폭력 등에 대한 정부의 개입을 허용한다. 반면 표현의 자유는 전쟁을 선동하는 경우, 즉각적으로 폭력을 자극하는 경우, 인종·성별·종교에 근거해 위해를 끼치려는 혐오와 같은 경우에는 인정되지 않는다. 또한 주거, 의료, 식량, 사회보장의 권리는 한국의 헌법에서 흔히 말하는 단순한 선언이 아니라 반드시 입법 조치를 해야 하는 구체적 권리로 규정된다.

나아가 인권이 침해당한 경우에 집단대표소송이나 민중소송까지도 폭넓게 인정한다. 과거에 수없이 되풀이된 내각제니 이원집정부제

(의원내각제와 대통령제의 요소를 결합한 제도)니 뭐니 하며 이기적인 집권 야욕을 충족하기 위해 정략적인 개헌 논의가 다시금 나오는 어지러운 시절이다. 진정으로 국민을 위한 개헌을 주장한다면 남아프리카공화국의 헌법을 보라. 그것은 다양성을 인정하기에 헌법이다. 그리고 "다양성이란 '경청'에 대한 것이다. 헌법은 우리가 반드시 듣도록 만든다. 그 일을 기쁜 마음으로 하는 것은 우리의 선택이다."

데이비드 그레이버

David Graeber, 1961~2020

인류학을 자본주의의
대안으로 바꾸다

엘리트주의와 학맥주의를 거부하다

———

2020년 9월 2일, 데이비드 그레이버가 59세로 사망했다. "우리가 99퍼센트"라며 2011년의 월가 시위를 이끌었다고 하는 외신을 그대로 옮긴 짧은 보도 외에 우리 언론에서는 나름의 논평 기사를 단 한 줄도 내지 않았다. 우리 시대 최고의 인류학자라는 평을 들었지만, 국내 인류학계에서는 다루어진 적도 거의 없다. 번역서 7권도 인류학자가 번역한 것이 아니다. 인류학만이 아니라 기존의 경제학, 정치학 등을 전복하는 엄청난 업적을 냈지만, 연구논문 한 편도 우리나라에서는 나온 적이 없다. 16세부터 아나키스트였고 20대부터 현대 최고의 아나키스트였지만, 7년 전에 나온 1,000쪽 가까운 우리 아나키즘 책을 비롯해 어떤 책에도 이름조차 남아 있지 않다.

나는 2019년부터 『교수신문』에 연재한 〈아나키스트 열전〉를 춘

추시대 무군론자인 허행에 대한 그레이버의 논의로 시작했으나, 우리의 고명한 한 철학자는 허행을 촌놈이라고 노골적으로 비웃을 뿐이고 동양철학에서는 아예 그를 다루지도 않는다. 민주주의가 서양이 아니라 인디언 사회와 같은 비서양에서 나왔다고 주장한 그레이버의 마지막 저서는 내가 오래전에 『인디언 아나키 민주주의』에서 했던 이야기여서 너무 반가웠는데 별안간 세상을 떠났다니 정말 안타깝다.

1961년 뉴욕의 유대인 노동자 가정에서 태어난 그레이버는 뉴욕 주립대학과 시카고대학에서 공부하고, 1989년부터 약 2년간 아프리카 마다가스카르에서 연구했다. 그것이 그의 학문을 이루는 기초가 되었다. 1998년부터 학생들을 가르친 예일대학은 2005년 그를 해고했다. 노조에 가입해 제명된 제자를 지지한 탓이라고 그는 말했으나, 더 큰 이유는 1999년 시애틀에서 열린 세계무역기구WTO 반대 시위 이후 각종 시위에 참여했던 이력 때문이었을 것이다. 저명한 인류학자들을 위시해 4,500명 이상이 예일대학을 비판하고 그레이버를 지지하는 탄원서에 서명했으나 소용없었다.

그 뒤 미국에서 20개 이상의 연구직에 지원했으나 모두 거부당했다. 이것이 미국 대학이다. 그나마 영국 대학은 조금 나아서 2008년부터 런던대학 골드스미스 칼리지, 2013년부터 런던정경대학원에서 가르쳤다. 그러나 그는 학계를 끔찍이도 싫어했다. 예일대학처럼 부끄러운 짓을 일삼기 때문만은 아니었다. 노동자 출신답게 학계의 엘리트주의와 학맥주의를 혐오한 그는 학자들의 천박한 종파주의 속물근성을 철저히 거부했다.

자유시장은 조작된 환상이다

미국 학계의 추방은 그를 제거하기는커녕 그의 가장 중요한 저서인 『부채, 첫 5,000년의 역사』를 낳았다. 월가를 점령한 2011년에 나온 이 책은 2008년 금융위기 이후 대기업은 부채를 탕감받고 공적 자금으로 구제된 반면 개인은 대출금 반환에 끝없이 시달리는 모순을 계기로 집필되었다. 경제사를 부채사로 보는 그에 의하면 역사적으로 실물 화폐보다 부채가 먼저고, 인류 초기의 부채는 공동체 유대를 강화하는 힘이었다. 그래서 중동(오리엔트)에서는 주기적인 부채 탕감이 이루어졌고 중세 종교들은 이자 대출을 금지해 채무자를 보호했다. 그러나 인간의 모든 행위가 일대일 교환으로 규정되면서 부채가 사회를 파괴할 수 있는 위협으로 등장했다.

특히 현대에 와서 채무자가 아닌 채권자를 보호하기 위한 조직인 국제통화기금IMF이 미국 주도로 세계경제를 파괴한다. 아프리카를 비롯해 전 세계에서 차입금이 커지자 국제통화기금은 지원 조건으로 구조조정을 요구했고, 각국은 농업보조금이나 의료 등의 사회 서비스 예산을 삭감해야 했다. 그래서 그레이버가 현장 연구를 한 마다가스카르에서는 사라졌던 말라리아가 다시 창궐해 1만 명 이상 죽었다. 코로나 19 사태에서도 구조조정으로 공공의료가 후퇴하고 있다는 점이 문제다. 그래서 세계적으로 공공의료의 확충이 요구되고 있는 데 반해, 한국에서만큼은 거꾸로 의사들이 나서서 반대하는 반사회적 코미디가 벌어지고 있다.

부채에 대한 논의는 『관료제 유토피아』에서도 반복된다. 흔히 시장을 국가권력과 무관한 순수 경제 현상으로 보지만, 그레이버는 시장이 도시 약탈, 공물 탈취, 전리품 처리 등에 따른 부산물이고 자유시장이란 19세기 이후 조작된 환상에 불과하다고 본다. 그 시장을 유지하기 위해 엄청난 규제와 규칙과 관료가 필요해졌다는 것이다. 그 결과 지금 우리는 물건 하나를 사기 위해서도 이해할 수 없는 깨알 같은 글씨들이 빼곡한 약관에 동의해야만 한다.

관료제의 이러한 구조적 폭력은 우리의 상상력마저 마비시키고 그것에 저항하면 테러리스트로 간주한다. 그레이버는 월가를 점령한 평화시위 군중을 폭력 집단으로 묘사하며, 그들을 물리치는 슈퍼 영웅을 그린 영화 〈배트맨〉을 좋은 예로 들었다. 공권력이라는 합법적 폭력을 행사하는 집행자가 배트맨이라는 것이다. 그리고 이 영화에 열광하듯이 우리는 '전면적 관료주의화'의 희생양인 동시에 관료주의에 매료되고 나아가 동조하는 조력자들이기도 하다.

부채나 관료 등에 대한 그레이버의 비판적 관점은 2009년 우리말로 처음 번역된 『가치 이론에 대한 인류학적 접근』에서 부족사회의 삶을 시장경제와 대비시키면서 현재 우리의 삶을 지배하는 물리적 시장과 그 배후의 논리가 자연스럽거나 불가피하다는 주장을 전복하는 것에서 비롯된다. 그에 의하면 유럽에서도 합리적 판단에 따라 만족의 극대화를 추구한다는 '개인'이나 그들의 이윤 추구를 매개하는 공간인 '시장' 등은 근대에 갑작스럽게 등장한 개념에 불과하다. 그뿐만 아니라 임금노동에 근거한 상품시장 논리도 근대 서양의 일반적인 윤리조차 전혀 반영하지 않은 것이었다.

전근대의 재화 교환은 개인적 요구의 충족이나 만족의 극대화가 아니라 사회적 관계의 형성과 재생산을 위한 수단이었던 반면, 근대적 시장은 물신의 형태로 드러나는 가치의 상징물들을 '상품'과 '화폐'라는 고착화된 형태로 받아들인 것에 불과했다. 그 극단이 금융과 정치체제 사이에서 '돈'이라는 연결고리를 유지하고 확대해가는 군사전략과 보수 언론인과 지식인, 경찰에 의해 유지되고 있는 1퍼센트를 위한 미국이다.

『우리만 모르는 민주주의』에서 그레이버는 2005년 미국 기업의 이윤 중 약 38퍼센트가 금융회사에서 나왔고, 비금융회사의 금융 이윤을 더하면 절반이 넘을 것이라고 말한다. 그런데도 정부는 그들에게 세금을 감면해주고, 도산을 해도 국민의 세금으로 구제해주어 결국 금융 먹이사슬의 하층에 놓인 계급만이 채무자가 되고 있는 것이 민주주의 국가 미국의 현실이다.

관료적 봉건주의

———

민주주의는 서양에서 시작되었고 서양 것이 진짜니 최고니 하지만, 코로나19 사태로 그것이 거짓임이 드러났다. 특히 미국 민주주의는 트럼프라는 괴물과 함께 반민주의 계급적인 것임이 밝혀졌다. 미국에서는 돈이 주인이나 민주주의가 아니라 '돈주주의'다. 특히 의료가 돈이다. 누가 그렇게 만들었는가? 의사들이다. 의사니 변호사니 목사니 하는 '사士'자들이 주인인 '사주주의' 세상에 우리는 살고 있다.

그레이버의 저서 중에 가장 흥미로운 책인『불쉿 잡Bullshit Jobs』

에서 저자는 그 직업을 가진 사람들조차 존재해서는 안 된다고 느끼거나 필요하지 않다고 느끼는 직업의 전형으로 전문직, 경영직, 사무직, 판매직, 서비스직을 들었다. 그리고 그들의 특성을 '관료적 봉건주의'라고 했다. 나도 오래전부터 전문가 바보나 사기성을 비판해왔다. 특히 병원이 병을 만든다고 했다.

　　제국주의 침략의 첨병으로 출발한 인류학을 자본주의를 비판하는 대안 학문으로 탈바꿈한 그레이버의 공로는 아무리 강조해도 지나치지 않다. 또한 그는 19세기 이래 개인의 절대적 해방을 추구하는 '초超개인주의'나 극좌적 경향의 '투쟁적 아나키즘'이 여전히 대립하고 있는 불모의 아나키즘을 거부하고, 권위주의에 대항하는 모든 운동에서 아나키즘을 찾고자 했다. 이러한 그의 노력이 이어지지 못해 못내 아쉽지만, 그것은 그가 우리에게 남긴 숙제다.

나오미 클라인

Naomi Klein, 1970~

명품족에서
환경운동가로

슈퍼 브랜드의 불편한 진실

———

최근에 읽은 책 중에 권할 만한 책이 무엇이냐는 질문에 나는 나오미 클라인의 『이것이 모든 것을 바꾼다』라고 답했다. 미국의 저널리스트이자 인권운동가인 스콧 크리스텐슨이 2018년에 낸 『세상을 바꾼 100가지 문서』의 마지막도 2014년에 나온 나오미 클라인의 이 책이었다. 부제인 '자본주의 대 기후'가 말하듯 이 책은 자본주의 아래서 기후변화는 필연이므로 이를 극복하기 위해서는 자본주의와 싸워야 한다고 주장한다. 그 까닭에 레이철 카슨의 『침묵의 봄』 이후 가장 중요한 환경서라는 찬사와 함께 『뉴욕타임스』를 포함한 세계적 매체에서 '올해의 책'으로 선정되면서 세계적인 베스트셀러가 되었다.

그러나 우리 모두 자본주의, 특히 대기업 재벌들을 너무나 사랑하기 때문인지 '세계'에서 유일한 예외가 한국이라고 할 정도로 우리나라에는 전혀 충격을 주지 못했다. 클라인은 『포린 어페어스』가 선정한 세계 최고의 사상가 중 여성으로서는 수위首位를 차지했지만, 유독 한국에서만 인기가 없다.

클라인 자신이 충격을 받고 쓴 책이 있다. 바로 '트럼프의 충격 정치에 저항하고 우리가 원하는 세상을 얻는 법'이라는 부제의 『노No로는 충분하지 않다』다. 클라인은 도널드 트럼프의 등장이 돌발적인 것이 아니라 우리가 초래한 결과라고 비판한다. "문제는 백악관의 트럼프가 아니라, 우리 내면의 트럼프"라는 것이다. 이 책의 특징은 클라인이 1999년에 쓴 최초의 책 『슈퍼 브랜드의 불편한 진실』에서처럼 트럼프를 슈퍼 브랜드로 분석한 점이다. '상류층의 라이프스타일'이라는 부동산 브랜드 전략으로 성공한 트럼프가 교활한 이미지 정치로 미국 대통령이라는 궁극의 슈퍼 브랜드까지 차지했다는 것이다.

이는 그 뒤 세계 각국에 유행병처럼 퍼졌다. 이 같은 현상은 한국에서도 예외가 아니다. 아니 한국이 가장 적극적으로 모방하고 있다. 한국이야말로 상품 마케팅만이 아니라 정치나 문화마저 브랜드로 가치가 결정되는 곳이 아닌가? 심지어 노이즈 마케팅까지 정치를 지배한다.

클라인은 트럼프 집권 전인 2007년에 쓴 『쇼크 독트린』에서 트럼프의 등장을 예언했다. 이 책의 이론에 비추어보면 트럼프는 대통령으로서 각종 충격을 조작한다. 즉, 규제와 복지의 해체에 의한 '경제 충격', 화석연료 강화에 의한 '기후 충격', 이민과 이슬람 억압에 의한 '안보 충격'을 만들고, 이러한 충격을 이용한 친기업주의의 강요로 결국은 민주주의를 파괴하고 있다고 볼 수 있다. 게다가 이러한 추세는 미국에서뿐 아니라 범세계적인 것이다. 특히 이런 참사 편승형 자본주의는 한국에서 더욱 뚜렷하게 나타나고 있다.

세계 환경운동의 선봉에 서다

———

클라인은 1970년에 태어난 유대계 캐나다인으로, 부모는 베트남 전쟁에 반대해 1967년 캐나다로 이주한 미국의 히피족이었다. 클라인은 페미니스트 활동가인 어머니에게 반항해 정치를 거부하고 각종 명품 브랜드에 사로잡히는 소비주의에 젖어 10대를 보냈다. 그런 경험이 뒤에 브랜드 자본주의를 비판하는 밑바탕이 되었다. 또 토론토대학 재학 중에 발생한 페미니스트 여학생 살해 사건을 계기로 진보적인 사회관을 갖게 되어 학생신문 편집장을 지냈으나, 학교를 중퇴하고 잡지사에 취직했다.

그는 29세인 1999년에 쓴 『슈퍼 브랜드의 불편한 진실』로 브랜드 지향의 소비자 문화와 대기업의 운영을 공격하면서 세계화 반대의 선봉에 섰다. 이어 2002년 『장벽과 창문』에서는 빈곤과 부정을 낳는 자본주의를 버리자고 주장했다. 이 책은 2018년에 쓴 『낙원을 둘러싼 투쟁』과 함께 우리말로는 아직 번역되지 않았다.

클라인은 다양한 주제에 대해 글을 썼다. 가령 2004년 미국의 이라크 침공은 미 정부의 주장과 달리, 이라크에 시장경제를 세워 이라크의 부를 외국인이 모두 착취하고자 한 것이라고 주장했다. 이어 베네수엘라의 대통령인 우고 차베스를 자본주의 세계화의 충격에서 민주주의를 지켜 시민의 삶을 개선한다는 이유로 지지했다. 2008년 가자 전쟁이 터지자 이스라엘의 보이콧 운동을 지지하면서, 남아프리카공화국에서 아파르트헤이트를 끝냈듯이 이스라엘의 팔레스타인 봉쇄를 저지하자고 주장했다. 이듬해에는 가자지구를 방문해 팔레스타인 사람들에게 사과하면서 이스라엘 언론을 비판했다.

2009년 이래 클라인은 기후변화에 초점을 맞춘 환경 문제에 집중했다. 특히 신자유주의 시대의 3가지 원칙인 공공영역의 민영화, 기업의 규제 완화, 소득세와 기업세의 감축은 환경보호와 양립할 수 없다고 주장했다. 동시에 금융위기와 기후위기의 뿌리가 기업의 무한한 탐욕인 점에서 같다며, '월가 점령 운동'이 환경운동에 동참하기를 촉구했다. 2009년 코펜하겐 기후정상회의에 참석해 버락 오바마 미국 대통령을 비판했고 조국인 캐나다를 '기후 범죄자'라고 비난했다.

2011년 백악관 앞에서 시위 도중 체포되기도 한 클라인은 2016년 트럼프가 파리기후변화협약 준수를 거부하면 미국에 경제적 제재를 가하자는 국제 캠페인을 요청하는 등 세계 환경운동 실천의 선봉에서 활동했다. 한국에서는 그 요청이 알려지지도 않았고, 설령 알려졌다고 해도 미국을 신주처럼 모시는 사람들에게 미국 제재 주장은 있을 수도 없는 이야기였을 것이다.

저널리즘과 아카데미즘의 이상적인 결합

숱한 투쟁 경험에서 나오는 클라인의 글은 생동감을 주지만, 단순한 르포에 그치지 않고 방대한 학제적 조사와 연구의 결과이면서도 누구나 읽기 쉬운 글이다. 그래서 그야말로 살아 있다는 느낌을 준다. 저널리즘과 아카데미즘의 이상적인 결합인 클라인의 책들은 인용 자료가 100쪽이 넘고 700~800쪽에 가깝게 방대하지만 정말 소설처럼 읽힌다. 이는 저자가 기울인 지독한 노력의 결과다.

가령 10대의 경험이 녹아 있는 『슈퍼 브랜드의 불편한 진실』을 쓰기 위해 그는 4년간 광고 문화에 대해 집중교육을 받고 스스로 "인간의 영혼을 파괴한다"고 표현한 경제·경영서를 끝없이 읽었으며, 관련 상점을 찾아다녔다. 게다가 브랜드에 관련된 회의나 마을을 모두 둘러보고 영화 등 수많은 자료를 섭렵했다. 요즘 한국에서는 두꺼운 책을 사보지 않아서 클라인의 책이 인기가 없는 것일까? 외국의 대학, 공항, 거리에서 클라인의 책을 읽는 사람들을 자주 볼 수 있는 것은 참으로 즐거운 일이다.

그러나 클라인의 책은 어둡다. 온몸을 휘감는 각종 명품이 각종 광고로 유혹하고 지천에 스타벅스 등이 즐비한 브랜드 사회를 우리는 거부하기 힘들다. 브랜드 상품의 생산 이면에는 엄청난 노동 착취가 존재하지만, 브랜드를 거부할 수 없는 우리는 그 착취의 공범이라는 운명에서 벗어날 수 없다.

기후변화도 마찬가지다. 『이것이 모든 것을 바꾼다』는 기후변화가 세상을 바꾼다는 부정적인 현실을 보여준다. 동시에 그런 현실을 피하기 위해서는 모든 것을 바꿀 정도로 근원적인 개혁이 필요하다고 주장한다. 가령 화석연료에 근거한 중앙집권적 경제에서 지방분권적 재생가능 에너지로 바꾸는 것을 포함해 자본주의의 성장 신화에서 완전히 벗어나야 한다는 것이다.

『슈퍼 브랜드의 불편한 진실』의 출판 10주년을 맞아 클라인이 쓴 서문 마지막에 인용한 구술역사가 스터즈 터클의 다음 말을 가슴에 새기자. "희망은 절대 위에서 아래로 흐르지 않는다. 항상 아래에서 위로 솟아오른다."

제 2 부

문학과 예술의 이단아들

프란시스코 고야

Francisco Goya, 1746~1828

세상을 모방하지 않고
시대의 진실을 그리다

전쟁의 참상을 그리다

———

2021년 5월부터 8월까지 서울 예술의전당 한가람미술관에 전시된 파블로 피카소의 〈한국에서의 학살〉이 참조한 작품은 프란시스코 고야의 〈1808년 5월 3일〉이다. 이 작품은 1808년 5월 3일 저항하는 스페인 민중을 나폴레옹 군대가 무참하게 학살한 사건을 그린 그림이다. 고야는 외세의 침략에 치열하게 대항한 민중의 저항을 기리고 권력이 민중에게 행하는 탄압을 경고하며, 그런 참혹한 일이 두 번 다시 일어나지 않도록 하기 위해 이 그림을 그렸다. 고야는 스페인 민중과 나폴레옹 군대의 치열한 전투를 묘사한 〈1808년 5월 2일〉도 그렸다. 이 작품에 등장하는 전투가 벌어진 바로 다음 날에 〈1808년 5월 3일〉에서 묘사한 학살이 이루어졌다.

그런데 〈1808년 5월 3일〉은 한국에서 곧잘 오해된다. 군인들이 벌인 학살은 6·25전쟁이나 5·18 광주에서 일어난 참극을 뜻할 수 있어서다. 그래서 이 그림을 싫어하는 사람도 많다. 그러나 바로 그 점이 이 그림을 단순한 역사 기록화가 아니게 하는 이유다. 이 작품은 영원한 평화의 그림이다. 기계처럼 묘사된 학살자와 달리 희생자는 죽음에 처한 인간의 극단적인 모습을 보여준다. 죽음 앞에 의연하다는 것은 거짓말이다. 죽음 앞에 영웅주의는 없다. 애국심이나 적개심의 열광이나 민족의 패배를 슬퍼하는 감개가 없다. 비애나 연민도 없다.

　화가는 밝은 눈으로 현실을 직시하며 냉혹할 정도로 정확하게 가해자와 희생자를 묘사하고 있다. 곧 여기에서 묘사되는 것은 기계적인 살육자와 전쟁에 희생되는 나약한 인간의 모습뿐이다. 고야는 시민의 저항을 영웅시하지 않고 전쟁 속의 인간을, 그 나약함을, 그 비인간화를 여실히 고발한다. 이 그림들은 전쟁에서 승리를 거둔 왕이나 장군을 예찬하거나 전쟁 속 인간을 과장되게 표현하는 전통적인 전쟁화와 달리 전쟁을 참화 그 자체로 그린 것이었다.

　두 그림은 고야의 대표작이자 미술사에서 학살과 저항을 상징하는 대표작으로 꼽히지만, 내가 가장 좋아하는 고야의 그림은 〈나는 아직도 배운다〉라는 제목의 작은 판화다. 고야가 죽기 직전에 그린 이 그림은 홀로코스트 생존자인 빅터 프랭클이 말한 '비극적 낙관주의tragic optimism'를 잘 보여준다. 프랭클은 1985년에 쓴 『죽음의 수용소에서』의 마지막 장章에서 '인간은 고난과 죽음이라는 비극적인 상황에서도 성장할 수 있다'는 개념을 제시했다.

세상의 진실을 탐구하다

——

1746년 스페인의 가난한 시골 농부의 아들로 태어난 고야는 마드리드
의 왕립 미술 아카데미에 입학하는 데 두 번이나 실패한다. 그 뒤 어렵
게 그림을 그리다가 40세가 넘었을 때 겨우 화가로 인정받지만, 만년에
는 두 번이나 중병에 걸려 청력을 상실하기도 한다. 그러나 나이 60세
가 넘어 전쟁의 참화를 목격해야 했던 일이야말로 그에게는 최대의 고
난이었다.

    19세기 초 스페인은 나폴레옹이 보낸 프랑스군이 침입하면서 혼
돈에 휩싸였다. 계몽사상에 따라 스페인을 다스리고자 한 프랑스와 계
몽사상을 적성敵性 사상으로 배척하며 구舊제도를 보수하려는 스페인
사이에 격렬한 전투가 벌어졌다. 스페인 사람들 사이에서도 같은 분쟁
이 일어났다. 이런 상황을 보면서 고야는 어느 쪽이든 폭력을 시작하면
악순환에 젖고, 특히 계몽사상이 침략과 억압과 학살을 정당화하기 위
해 악용될 수 있음을 인식했다. 이 점에서 그는 비판적 휴머니즘의 걸
출한 사상가였다.

    고야는 저항과 학살의 5월을 그린 역사 기록화 외에도 여러 소묘
와 판화를 남겼다. 소묘와 판화는 공공성이 짙은 그림들과는 다른 화풍
으로 그려졌고, 동시대의 규범을 넘어 화가의 자유로운 탐구를 보여주
면서도 모든 인류에게 호소력을 가지는 그림들이다. 이 작품들은 그의
계몽사상을 대표하면서도 계몽사상을 뛰어넘는 비판적 휴머니즘을 드
러내면서, '세상의 모방'이었던 그림을 '개인이 세계를 보는 방식'을 반
영한 것으로 바꾸었다. 즉, 관중에게 도덕적이고 종교적인 가르침을 주

면서 아름다움과 조화로움으로 마음을 따뜻하게 한다는 전통적인 회화의 목적을 '세상의 진실을 탐구'한다는 새로운 목적으로 바꾼 것이다.

그리고 그는 눈에 보이는 세계가 아니라 자신의 내부로 침잠해 내면에 나타난 괴물의 모습을 인정함으로써, 가시적인 것을 넘어 불가시적인 것을 그렸다. 이는 계몽사상이 이성을 찬양하고 비이성이나 광기를 이성의 결여로 본 것과 달리, 고야는 인간이 보는 악몽이나 환상도 이성이 낳은 것이고 이성과 비이성은 모두 인간의 특징으로 보았음을 뜻한다.

당대를 살고 미래를 제시하다

고야는 계몽주의에 의한 새로운 인간상을 갈구했으나, 민중은 언제나 고통을 당한다. 이를 단적으로 보여주는 그림이 〈이성의 잠은 괴물을 낳는다〉다. 그리고 이 그림에서 권력을 대표하는 종교재판을 판화 80점으로 이루어진 '변덕(로스 카프리초스Los Caprichos)'이라는 연작에서 비판해 교회의 비난을 받는다. 그러나 고야의 비판 정신을 보여주는 걸작은 판화 연작인 '전쟁의 참화'다.

고야가 참으로 우리 시대의 민중 화가이지 고전적인 화가가 아닌 이유는 같은 시대의 고전주의, 예컨대 프랑스의 자크 루이 다비드가 보여주는 애국적 영웅주의의 잔재가 그의 작품에 없다는 점이다. 나는 그 누구보다도 고야의 민주적 가치를 높이 평가한다. 고야는 지배계급에 치열하게 비판을 가한 화가인 점에서 우리 시대를 개막한 가장 위대한 화가다. 낭만주의는 고야 이후에 나타났으나, 시대정신의 구현에서는 고야에게 훨씬 뒤졌다. 그것은 낭만주의가 시대를 추종하는 보수의 얼굴을 벌써 보여주기 때문이다.

고야는 우리 시대의 선구였다. 그는 당대의 정신을 누구보다 정확하게 읽었고, 그것을 처절하게 표현했다. 그는 혁명 당시의 흥분된 낭만주의를 훨씬 넘어서서 자연주의를 거쳐 사실주의, 인상주의, 표현주의로 나아가는 19~20세기 미술의 진로를 모두 밝혀준 위대한 화가였다. 고야만큼 자신이 처한 시대를 철저히 살고 미래를 제시해준 화가는 다시 없다.

고야는 민주 조국을 보지 못하고 절망 속에서 세상을 떠났다. 죽기 직전 고야가 열광한 1820년의 혁명도 침략자 프랑스의 간섭으로 3년 만에 끝나고, 전제정치가 부활했다. 그 후 스페인은 1930년대에 인민전선과 시민전쟁을 거쳐 프랑코의 독재를 오랫동안 감수해야 했다. 1970년대에 민주화를 맞은 스페인이 유럽의 어느 나라보다도 가깝게 느껴지는 것은 그러한 시대적 고뇌를 공유하는 동질감 때문이리라.

에드워드 카펜터

Edward Carpenter, 1844~1929

삶이 예술처럼 바뀌는
세상을 꿈꾸다

인간 본연의 '초월적 사랑'을 믿다

———

E. M. 포스터가 쓴 『모리스』는 우리에게 동명의 영화로도 소개되었지만, 실제 주인공인 에드워드 카펜터는 소개된 적이 거의 없다. 2017년에 나온 퀴어 시선집 『우리가 키스하게 놔둬요』에서 「여름의 열기」라는 제목의 카펜터가 쓴 시를 보았을 정도다. 그러나 톨스토이와 표트르 크로폿킨, 월트 휘트먼과 라빈드라나트 타고르, 윌리엄 모리스와 엠마 골드만, 헨리 솔트와 마하트마 간디의 친구였던 카펜터의 삶과 생각은 포스터만이 아니라 올더스 헉슬리와 D. H. 로런스, 특히 『채털리 부인의 연인』의 집필에 영향을 끼쳤다. 또 20세기의 성소수자 운동이나 동물권 운동은 물론 자연주의, 페미니즘, 평화주의, 생태주의, 반제국주의 등에도 큰 영향을 끼쳤다.

미남미녀를 좋아하는 사회 풍조에 비추어보아도 영화 〈모리스〉

(1987년)에 나오는 배우들보다 카펜터나 그의 파트너 메릴이 훨씬 미남자들이다. 그러나 명문대 대학생들 사이의 동성애를 다루는 〈모리스〉의 사랑보다 감동적인 것은 스물두 살의 나이 차와 지식인과 노동자라는 신분 차를 초월한 공개적인 사랑이라는 점이다. 10대 사춘기 때 톨스토이의 『부활』을 읽으며 나도 그런 초월의 사랑을 꿈꾸었고, 학생들에게 권하기도 했으나 반발을 샀다. 카펜터는 그 초월의 사랑 때문에 평생 이단으로 살아야 했다. 그러나 그는 의식주뿐 아니라 사랑까지 포함한 인간 생활의 모든 측면이 바뀌어야 한다고 생각하고 실천하면서 새로운 세상이 오도록 평생 노력했다.

1844년 영국의 부유한 가정에서 태어난 그가 케임브리지대학 트리니티칼리지의 성직 펠로fellow라는 영국 최고의 출세 코스를 버리고 평생 시골에 은둔하면서 시를 쓰고, 농사를 지으며, 스스로 돌집을 짓고, 소박한 채식을 하며 쉼 없이 사회주의 운동을 한 것은 그런 신념에서 비롯되었다. 동성애는 물론 사회주의까지도 여전히 금기이고, 스스로 의식주를 해결하는 소박한 삶 대신 모든 생활을 타인의 값싼 노동력에 의존하는 21세기 한국의 문명사회에서 그의 삶과 생각은 너무나도 이단적이다.

문명의 극단인 빅토리아 사회를 버리고 반문명으로 돌아간 그는 당시 사회에 퍼져 있던 과학과 진보에 대한 낙관적인 신념에 반대하고, 외부에서 강요되는 법은 언제 어디에서나 거짓이라고 비판하면서 자기표현의 내적 법만을 인정했다. 남녀가 연인이자 친구가 될 수 있는 사회를 원한 그는 『미래의 사랑』에서 남성과 여성이 결합한 새로운 형태인 '중간성中間性'의 창조를 촉구했다.

인간의 완전성을 깨뜨린 사유재산제

카펜터의 여러 책을 애독한 간디를 비롯해 많은 사람에게 특히 깊은 영향을 준 『문명: 원인과 치유』에서 카펜터는 장 자크 루소와 퍼시 셸리를 따라 문명이 자연인을 타락시키고 와해시켰다고 주장했다. 무엇보다도 사유재산제가 인간의 완전성을 깨뜨리고 인간을 진정한 자아에서 끌어내려, 모든 질병의 먹잇감으로 만들었다고 보았다. 이처럼 그에게 문명의 근본적인 문제는 '사유재산'이었다.

사유재산에 기반을 둔 문명은 노예와 농노 문제, 임금노동 등 지배계급과 피지배계급 사이에 여러 갈등과 착취를 초래했고, 이를 정당화하는 권위를 유지하기 위해 국가와 경찰이 만들어졌다. 초기 사회의 유기적 구조를 파괴한 사유재산제는 강력한 중앙정부를 만들어냈다. 이는 인간이 자신을 절제하지 못하게 만든 외부의 압력에 의해 사회적 질병, 빈곤, 불평등, 예외적 증상인 범죄를 낳았다. 그러나 모든 것을 잃은 것은 아니고, 문명에 대한 치료법이 있다고 본 카펜터는 자유로운 공동의 사회를 만들 수 있다고 생각했다.

간디와 허버트 리드를 깊이 감동시킨 작품인 『비국가 사회』에서, 그는 인간 사회가 법과 제도 없이 스스로 좋은 질서와 활력을 유지할 수 있다고 확신했다. 그는 개인에게 더 온화한 형태로 압력을 가하고 사회의 일반적인 움직임에 적응할 수 있는 관습이 법보다 훨씬 우월하다고 보았다. 나아가 원시인에 대한 연구를 통해 사람들을 그들 자신에게만 맡긴다면 현대사회의 경쟁과 불안은 존재할 필요가 없음을 보여주었다.

카펜터는 '자유로운 비국가 사회'가 필수적이고 유기적이기 때문에 실제로 가능하다고 보았다. 그는 상품의 자발적이고 자유로운 생산이 시작되고 자유교환이 뒤따르면 개인의 두려움과 불안이 아니라, 삶과 에너지를 함께 향유하는 완전한 사회에 바탕을 둔 자급자족 사회가 된다고 전망했다. 이 사회에서 일은 취향과 기술에 따른 자발적인 선택에 기초하고 공동재산에 의존하므로, 비국가 사회는 자유롭고 공동체적인 사회일 것이라고 보았다.

"서두르지 마, 믿음을 가져"

카펜터는 무엇보다도 시인이었다. 젊은 시절, 셸리와 휘트먼의 리버테리언 세계는 그의 이상理想이었다. 여기에 『바가바드기타』를 비롯해 비서양 세계의 고전을 깊게 읽음으로써 그의 시는 더욱 심오해졌다. 또 사회주의 운동을 함께한 윌리엄 모리스처럼 카펜터도 모든 사람이 예술에 접근하고 삶이 예술처럼 바뀌는 세상을 꿈꾸었다.

카펜터는 성性 혁명, 직접민주주의, 채식주의, 평화주의를 수용한 그의 특별한 랩소디인 『민주주의를 향하여』에서 자유로운 세계에 대한 자신의 비전을 표현했다. 현존하는 문명 대신에 모든 사람이 작은 집과 땅을 가질 수 있는 분권화된 들판과 작업장의 사회에서 소박한 삶을 추구하면 자유는 저절로 나타나고, 모든 개인은 자기 자신, 동료들, 자연환경과 조화를 이루며 살 것이라고 했다.

카펜터는 게으른 시인이나 신비주의자가 아니었다. 교사로 일한 뒤 약간의 수입을 물려받았지만, 스스로 집을 짓고 땅을 갈고 샌들을 만드는 것으로 자신의 이상을 실현하려고 노력했다. 카펜터가 '영국의 톨스토이'라고 불린 것은 그가 말한 것을 실천했기 때문이다. 톨스토이처럼 그는 당시의 폭력적인 아나키스트와 다르다고 했고, 인간성이 몰락하는 데는 국가나 정부보다 사유재산이 더 중대한 요인이라고 보았지만, 법이 없는 분권화된 자유사회에 대한 그의 비전은 전적으로 아나키즘적이었다. 그러나 내가 가장 좋아하는 그의 말은 어떤 이단의 낙인에도 "서두르지 마, 믿음을 가져"라고 했던 한마디다.

로맹 롤랑

Romain Rolland, 1866~1944

진실 앞에서
만인은 평등하다

부르주아지가 예술을 전유해 예술이 타락했다

———

"소수의 사람이 예술의 특권을 장악하고, 민중은 예술에서 멀리 떨어진 지위에 세워져 있다.……예술을 구하기 위해서는 예술이 숨 쉬는 뿌리를 누르고 있는 특권을 빼앗아야 한다. 모든 사람을 예술의 세계로 받아들여야 한다. 즉, 민중의 소리를 내지 않으면 안 된다."

"민중이 점차 부르주아 계급에 의해 정복되고 그들의 생각에 스며들어 이제는 그들과 닮아가고 싶어 할 뿐이다. 민중예술을 갈망한다면, 민중을 만드는 것부터 시작하라!"

이 외침은 20세기가 시작되자마자 세계적으로 벌어진 민중예술운동의 횃불이 된, 프랑스 소설가 로맹 롤랑이 1903년에 쓴 『민중극론』에 나오는 말이다. 부르주아지가 예술을 전유專有해 예술이 타락하고 이데올로기적 지배라는 해로운 영향을 끼쳤다고 비판한 그 책을

1917년 일본의 아나키스트인 오스기 사카에가 『민중예술론』으로 번역하고, 이를 다시 1922년 김억이 우리말로 번역한 지 100년이 되었다. 이듬해 김기진은 롤랑의 『장 크리스토프』를 위시한 여러 작품이 일본어판으로 번역되어 조선에서도 널리 읽혔다고 했다. 1923년에 나온 롤랑의 간디 전기는 조선 청년들에게 특히 감동을 주었다. 이미 1915년에 "작품의 고결한 이상주의와 다양한 유형의 인간상을 묘사해 진실에 대한 공감과 사랑에 기여했다"는 이유로 노벨문학상을 받은 롤랑은, 일본은 물론 식민지 조선에서도 가장 널리 읽힌 작가였다.

1866년 프랑스 중부의 클람시에서 농부의 아들로 태어난 롤랑은 1886년부터 명문인 파리고등사범학교에서 철학을 공부했다. 그러다가 정신적 독립성을 지키고 지배적 이데올로기에 굴복하지 않기 위해, 철학을 포기하고 1887년부터 역사학을 전공했다. 이는 직전에 『전쟁과 평화』를 읽고 감동해 톨스토이와 편지를 교환한 것과도 관련이 있었다.

1889년에 졸업할 때까지 문학과 음악과 미술에도 몰두한 롤랑은 2년간 로마에 유학해 르네상스 거장들을 연구했다. 1892년에 결혼하고 고등학교 교사로 재직하면서 『근대 서정극의 기원』과 『16세기 이탈리아 회화의 몰락』으로 문학박사 학위를 받은 뒤, 1895년부터 모교의 미술사 교수로 취임하면서 그는 사회주의로 기울었다.

1897년부터 희곡과 음악평론을 여러 편 썼고, 1902년에 장 프랑수아 밀레, 1903년에는 베토벤의 전기와 『민중극론』을 썼다. 이어 보어전쟁에서 드러난 제국주의와 자본주의의 결탁, 민간인 포로의 학살과 강제수용소를 다룬 『때는 온다』를 비롯해 그가 집필한 수많은 현실 비판 희곡은 막스 라인하르트와 에르빈 피스카토르를 위시한 세계적 연극인들에 의해 상연되었다.

반전 운동을 하다

독일 출신으로 프랑스를 제2의 조국으로 삼은 음악가 장 크리스토프 (베토벤을 모델로 했다)를 통해 예술과 사회문제의 국제주의를 추구한 『장 크리스토프』를 발표하기 시작하면서, 롤랑은 소르본대학에서 음악사를 강의했다. 1906년과 1911년에 각각 미켈란젤로와 톨스토이의 전기를 쓰고, 1912년에 소설 『장 크리스토프』를 완성한 뒤 소르본대학을 떠나 작품 집필에 전념하기 시작했을 때 그는 46세였다. 1914년에는 제1차 세계대전이 터지자 프랑스를 뒤흔든 항전의 주장에 홀로 반대하고, 독일과 프랑스 양국에 전쟁을 중지하기를 호소했다. 이 때문에 그에게 매국노라는 비난이 쏟아졌고, 롤랑은 프랑스를 떠나 중립국 스위스에 정착해 헤르만 헤세 등과 함께 반전 활동을 벌였다.

그는 당시의 전쟁(제1차 세계대전)에서 최대의 약점을 보인 두 정신이 '기독교'와 '서유럽의 사회민주주의'라고 통렬하게 비판한 『싸움을 초월하여』를 1915년에 썼고, 그해 받은 노벨문학상 상금을 적십자사에 기부했다. 1917년에 일어난 러시아혁명을 지지한 롤랑은, 개인의 자아 형성을 추구한 『장 크리스토프』와 달리 개인성을 부정하고 사회적 자기 변혁을 주제로 한 『매혹된 영혼』을 발표했다. 동시에 대영제국에 저항한 간디의 전기를 집필해 간디를 세계에 비폭력 지도자로 알리면서 식민지 지배에 항의하기도 했다.

1935년 막심 고리키의 초청으로 소련을 방문해 스탈린을 만나는 등 소련 체제에 호의적인 태도를 보였으나, 독소불가침조약 체결 이후 그는 사회주의를 포기하고 제2차 세계대전이 발발하자 나치 지배 하에서 완전히 고립되고 병까지 들었다. 그런데도 집필에 열중하다가 1944년 78세로 죽어 고향의 작은 묘지에 묻혔다. 만년의 롤랑은 신앙인으로 돌아섰는데, 그 신앙은 톨스토이나 바뤼흐 스피노자, 요한 볼프강 폰 괴테나 베토벤의 그것과 마찬가지로 피안의 신에게 도피하는 것이 아니라, 르네상스의 인문주의자들과 같이 인간의 노력을 통해 신을 현세적으로 긍정한 것이었다.

홀로 세상에 저항한 사람

———

소설가이자 극작가이자 에세이 작가, 전투적 휴머니스트이자 염세적 리얼리스트, 역사가이자 혁명가이자 반전운동가, 사회주의자이자 아나키스트, 신비주의자이자 신앙인, 음악인이자 음악학자, 미술사학자라는 다양한 얼굴을 갖는 점에서도 롤랑은 특이한 작가다. 하지만, 무엇보다도 평생 채식주의자이자 평화주의자이자 국제주의자로 산 극소수의 프랑스 작가 중 한 명이라는 점에서 그는 이단이었다. 그 자신은 언제나 "무수한 사람 가운데 나와 뜻을 같이할 사람이 한둘은 있을 것이다. 그것으로 충분하다. 공기를 호흡하는 데는 들창문 하나로도 족하다"고 말했다. 그와 뜻을 같이한 작가로는 당대에 국제진보예술가회의에 같이 참여한 아나키스트 작가 한 라이너(자크 엘리 앙리 앙브루아즈 네르)나 반전 활동을 함께한 헤르만 헤세밖에 없고 선배로는 톨스토이, 후배로는 장 지오노가 있을 뿐이다.

롤랑은 무엇보다도 '홀로 세상에 저항한 사람'이라는 점에서 이단아였다. 사람들이 언제나 말하기 망설이는 것을 용감하게 말한 점에서 이단아이자 선구자였다. 자신의 입장이나 지위나 체면이나 이해관계 따위로 말하기 어려운 것을 그는 언제나 직설적으로 말했다. "논쟁을 하는 경우에는 상하도 신분도 연령도 이름도 없다. 진실 외에 아무것도 없고 진실 앞에서는 만인이 평등하다"고 한 그의 논쟁 정신이야말로 지금 우리에게 절실하게 필요하다.

롤랑의 작품은 1950년에 베토벤 전기, 1954년에 톨스토이 전기를 비롯해 간디, 미켈란젤로, 밀레의 전기가 1962년에 우리말로 번역되었다. 1963년에 『장 크리스토프』와 1969년에 『매혹된 영혼』을 위시해 여러 소설이 한국어판으로 나왔으며, 전기들도 최근까지 여러 차례 번역되었다. 그러나 이상하게도 그에 대한 연구는 거의 없다. 단행본은 물론 논문도 거의 없다. 10대부터 지금까지 롤랑의 전기와 소설을 끊임없이 읽어온 나로서는 그에 대해 본격적인 저술이 없다는 점을 항상 유감으로 생각해왔다. 20세기 초부터 지금까지 1세기 동안이나 널리 열렬히 읽혔으면서도 롤랑만큼 그에 대해 간략한 평전이나 해설서 하나 없는 작가가 또 있을까?

게다가 21세기에도 더 널리, 더 열렬히 롤랑을 읽어야 한다고 생각하기에 그에 대한 저술은 반드시 나와야 한다. 이는 지난 100년 동안 이어진 우리의 위대한 민중예술운동과 평화운동의 계승으로 이어져야 한다. 민중의 관심을 끌기에는 너무 어렵거나 정적靜的이라는 이유로 고전예술을 거부하고, 장 자크 루소를 따라 "민중에게 혁명적 유산을 상기시키고 새로운 사회를 위해 일하는 세력을 활성화할 '즐거움과 힘과 지성'의 서사적 예술"을 제안한 롤랑의 100년 전 이야기가 나에게는 여전히 새롭다. 그래서 "나는 사상이나 힘으로 승리한 사람을 영웅이라고 부르지 않는다. 마음으로 위대했던 사람을 영웅이라고 부른다"고 하면서 롤랑이 쓴 여러 사람의 전기를 다시 읽는다.

케테 콜비츠

Käthe Kollwitz, 1867~1945

인류의 고통과 아픔을
끌어안다

평생 빈민의 삶을 함께하다
———

케테 콜비츠 미술관을 찾았을 때의 감동만큼 미술관 방문길에서 맛보는 뜻깊은 추억은 다시없다. 케테 콜비츠는 세계의 유수한 미술관에 걸린, 비싼 값이 매겨진 그림을 그린 화가도 아니다. 그의 그림을 보기 위해서는 도시의 골목 어귀에 자리 잡은 작은 미술관을 물어물어 찾아가야 한다. 베를린이나 쾰른의 케테 콜비츠 미술관도 그렇다. 그가 남긴 기념비적인 조각들은 허물어진 교회의 폐허나 허름한 마을 교회 또는 무덤 옆에 있다. 그 대도시 교회들은 허물어진 채로 그대로 보존되고 있다.

그 속의 조각상은 미술관에 박제되어 굳어버린 유물이 아니다. 폐허 속에 폐허의 일부가 된 그 조각은 이미 돌조각이 아니라 기도하는 사람, 폭격을 맞고 죽어가는 사람, 바로 그들이다. 대부분 동독 지역에 있었던 그의 그림과 조각을 통일 이후 온전히 볼 수 있게 되었으나, 우리에게는 아직도 멀다.

콜비츠는 1867년 쾨니히스베르크(현재 러시아 영토인 '칼리닌그라드')의 사회주의자 미장이 가정에서 태어났다. 당시 여성은 가사와 육아를 담당하는 존재로만 받아들여졌다. 유럽에서도 후진적이고 비민주적이었던 독일에서는 전통적으로 여성은 3K, 즉 교회Kirche · 요리Küche · 아이Kind를 담당하는 인간으로 취급되었다. 콜비츠가 태어난 19세기 후반의 가정에서는 여성의 지위가 더욱 낮아서 여성은 남편에게 철저히 종속되었다.

그런 상황에서 콜비츠가 화가의 길을 걸을 수 있었던 것은 당시로서는 엄청나게 진보적인 아버지 덕이었다. 아버지는 판사를 지내다가 자신의 사회주의적 신념을 지키기 위해 새 직업으로 미장이를 선택한 특이한 사람이었다. 콜비츠의 오빠는 뒤에 영국 런던에서 엥겔스와 교류한 사회주의자였다.

콜비츠는 당시 우수성을 인정받은 관립 미술학교에는 입학할 수 없어서 여자 미술학교에 다녀야 했다. 다행히도 훌륭한 스승을 만나 사회의식에 눈떠 판화를 배웠다. 판화에 열중한 이유는 명백하다. 유화는 값이 비싸 부자들만 소유할 수 있고, 많은 사람에게 다가갈 수 없기 때문이다. 1891년 이후 콜비츠는 평생을 사회주의자로 살았다. 남편은 당시 독일에서 세계 최초로 시행된 의료보험제도의 선구인 의료보험공단에 속한 의사로, 그 또한 사회주의자였다. 부부는 베를린의 빈민촌에서 평생 동안 빈민을 위해 일했다. 남편은 가난한 이들을 치료하고 부인은 그들을 그렸다.

"구제받을 길 없는 사람들, 상담도 변호도 받을 수 없는 사람들, 정말 도움을 필요로 하는 이 시대 사람들을 위해 한 가닥의 책임과 역할을 담당하려 한다."

　　콜비츠가 게르하르트 하웁트만의 자연주의 희곡인 『직조공』(1844년 삼베 짜는 슐레지엔 노동자들의 봉기를 다루었다)을 1894년부터 4년간 판화로 제작한 〈방직공의 봉기〉와 1905년부터 그린 16세기 독일농민전쟁, 프랑스의 탄광 소요 장면을 그린 판화 등은 제작 당시에는 물론이고 그 뒤에도 사회주의 리얼리즘의 대표작으로 평가되었다. 특히 중국에서는 루쉰이 그를 절찬했다. 그러나 콜비츠 자신은 사회주의적 리얼리즘을 의식했다거나 사회주의 사상을 전파하는 선전미술로 그 그림들을 그린 것이 아니었다. 콜비츠 판화의 미적인 우수함은 빼어난 소묘력에 있다. 그 소묘의 뛰어남은 단순한 숙련이 아니라 대상의 참된 이미지를 최소한의 선으로 표현하는 힘과 진실을 추구하는 예리한 눈에서 기인한 것이다. 그 뒤 사회적 주제를 인도주의적 입장에서 표현했고, 특히 빈민 모자母子나 과부를 즐겨 그리고 조각했다.

반전화의 화가로 우뚝 서다

콜비츠는 제1차 세계대전 후 1919년에 프로이센(프러시아) 예술아카데미 최초의 여성 회원이 될 정도로 인정을 받았고, 특히 당시의 진보적 입장을 대변해 반전화를 주로 그렸다. 이들 반전화는 제1차 세계대전에서 전사한 아들 페터를 그린 작품도 포함된다. 1924년 라이프치히에서 열린 중부독일 사회주의 노동운동 청소년대회를 위해 대형 석판화로 제작한 것이 〈전쟁은 이제 그만〉이다.

콜비츠의 첫 포스터인 이 작품은 전쟁으로 얼굴은 앙상해지고, 숱이 빠진 채로 바람에 흩날리는 머리칼을 한 사람이 팔을 들고 제목처럼 절규하는 작품이다. 이어 같은 해 〈독일 어린이들이 굶고 있다〉와 〈빵을!〉을 포스터용으로 그렸다. 그러나 어느 작품이나 단순한 선전이라기보다 완벽한 예술작품으로서 감동을 준다.

1926년에는 '실업', '기아', '자식의 죽음'으로 구성된 목판화 연작 〈프롤레타리아〉를 그렸다. 이어 1932년 벨기에 로게펠데의 군인 평화 묘지와 블라드슬로 브라드보스의 군인 묘지에 위령비로 세워진 〈아버지〉와 〈어머니〉를 조각했다. 주문에 의해 공식적으로 제작되지 않은 이 작품들은 지금 쾰른에 있는 성당의 폐허에도 세워져 있다. 1933년에는 콜비츠가 나치에 저항함으로써 일체의 전시가 금지되었다. 당시의 탄압 대상자 중에서도 콜비츠는 소설가 하인리히 만과 함께 대표적인 반나치 예술가로 지목되었다. 이 두 사람은 아카데미를 함께 탈퇴했다.

그 후 콜비츠는 죽음을 주제로 한 작품들을 만들었다. 이 죽음의 그림들은 종교적으로 해석할 수도 있으나, 역시 전쟁의 상처로 인한 것으로 볼 수 있다. 제2차 세계대전 중이었던 1942년에는 끔찍이도 사랑한 손자가 전사하자 〈씨앗들이 짓이겨져서는 안 된다〉를 그렸다. 괴테의 시를 제명題名으로 삼은 이 작품은 공포에 질린 세 아이를 굳게 품에 보듬어 안은 여인을 형상화해, 다시는 아이들을 전쟁에서 죽게 하지 않겠다는 굳은 의지를 표현하고 있다.

새로운 여성상을 제시하다

————

콜비츠는 제1차 세계대전에서 아들을, 제2차 세계대전에서 손자를 잃었다. 그가 그린 모든 반전화는 자신이 직접 경험한 바를 바탕으로 한 것이기에 다른 어떤 그림보다 우리에게 감동을 주는 것이 아닐까? 그의 그림은 전쟁의 잔인성에 대한, 어머니이자 할머니이고 아내인 여성의 강력한 항의이기에 우리에게 진실한 감동을 주는 것이 아닐까? 그가 어머니로서, 어머니이기 때문에 전쟁에 반대했고 그런 입장을 작품에 표현했다고 보는 것은 잘못이리라. 또한 '어머니=평화'라고 하는 암묵적 전제 역시 의심해보아야 하지 않을까? 왜냐하면 아들을 깊이 사랑하면서도 전쟁을 긍정한 어머니들도 콜비츠와 같은 시대를 살았기 때문이다.

콜비츠는 아들 페터가 전쟁에 자원하는 것을 반대했으나 아들은 굳이 전쟁터에 나가 전사했다. 콜비츠의 당시 일기를 보면 그 역시 조국애로 인해 반전의 신념이 흔들리는 모순된 태도를 여실히 보여준다. 따라서 우리는 그가 확고한 신념으로 반전화를 그렸다고 과장할 필요는 없다.

그가 19세기 말에서 20세기 초에 급격히 대두된 페미니즘 운동에 대해서도 거의 관심을 갖지 않았음을 우리는 일기나 전기를 통해 알 수 있다. 당대 페미니스트들 가운데서는 여성의 사회참여, 참정권 확보 등을 주장하면서도 모성을 여성의 천성으로 본 이들이 있었다. 특히 제1차 세계대전에서는 전시戰時에 필요하게 된 사회복지사업이 모성이라는 특성을 발휘할 수 있는 절호의 기회라고 여겼으며, 이에 많은 여성이 전쟁을 벌이는 조국에 적극 봉사했다. 이 때문에 당시 페미니즘이 나치의 인종주의적 모성 이데올로기와 협력했다는 평가도 나온다. 우수한 독일 민족의 혈통을 받아 자손을 늘리자는 나치의 정책은 백인종 중심의 모성 이데올로기를 이용했기 때문이다.

콜비츠 역시 그런 '모성'에 빠졌음을 우리는 일기를 통해 읽을 수 있다. 그러나 그는 자신의 존재를 자식이나 손자의 미화된 죽음에 투영하지는 않았기에 모성에 매몰되지 않았고, 자신이 지닌 고유의 가치를 스스로 긍정할 수 있었다. 콜비츠의 어머니 그림은 단순히 모성을 예찬하거나 죽은 아이에 대한 슬픔과 그리움을 묘사한 것에 그치지 않고 새롭게 눈을 뜬 자아를 보여준다. 우리가 콜비츠의 그림에서 다시 읽어야 하는 점은 바로 그런 새로운 여성상이 아닐까?

헤르만 헤세

Herman Hesse, 1877~1962

그 누구도
모범으로 삼지 마라

누구보다 사회적이면서도 반사회적인 반항아

———

독일을 그렇게도 동경한 '천재' 전혜린에 대해서는 고등학교 들어갈 무렵에 이미 식상했지만, 그가 소개한 『데미안』은 내 중고교 시절의 벗이었다. 전혜린이나 그 후배들이 『데미안』에 대해 흔히 말한 천재의 '껍질을 깨는 아픔' 따위와는 사실 지금의 나와 아무런 관련이 없다. 그러나 자신의 삶을 위협하는 모든 정치적·사회적·가정적 억압에서 벗어나 오로지 너 자신이 되고, 너 자신에게만 진실하라는 자유와 독립의 메시지는 나이 40세가 훨씬 넘어서야 나에게 제대로 울렸고, 60세가 넘어 더욱 뜨겁게 느껴진다.

    헤르만 헤세는 1877년 독일에서 태어나 1962년에 사망했다. 그를 보통 '독일' 작가라고 하지만, 46세였던 1923년부터 스위스 국적을 가지고 스위스에서 40년간 살다가 죽었으니, 헤세는 '스위스' 작가다. 아니, 아무 이유 없이 '향수'라고 번역된 첫 소설인『페터 카멘친트』를 출판한 1904년부터 그는 스위스에서 살았다. 게다가 4세부터 9세까지도 스위스에서 어린 시절을 보냈다. 따라서 독일에서 산 기간은 10~20대의 10여 년에 불과하다.

헤세가 12세 때 시인이 되려 하자, 부모와 교사는 그를 신부나 학자로 키우고자 수도원 학교에 강제로 넣었다. 그곳에서 도망친 그는 보호시설과 정신병원을 거쳐 다시 새로운 학교에 들어가지만 도망친다. 이어 서점이나 공장에서 훈련을 받는 것 역시 중단한다. 그래서 '구제불능', '실패자', '부모의 치욕'이라는 소리를 듣는다. 그런 그를 학교나 교사, 심지어 부모까지도 좋아할 리 없다. 그는 학교를 다닌 8년간 고마운 교사가 단 한 사람뿐이고, 학교란 언제나 맞서 싸워야 하는 절대 권력이라고 스스로 말했다. 독재를 휘두르는 절대 권력이 요구하는 굴종에 대한 반항은 학창 시절부터 싹터서 그의 평생을 지배했다.

그는 우리 식으로 중학교 2학년 중퇴 수준까지만 학교에서 교육을 받고, 그 후에는 철저히 독학을 한다. 아니, 그 8년간에도 배운 게 별로 없고 독학을 했으니 평생 혼자 공부한 셈이다. 그는 대학 교육도 경멸했다. 그의 삶이나 문학의 원리는 '스스로 노력하는 것'이다. 진실한 것과 고귀한 것을 찾아 스스로 읽고 생각하며 쓰는 것이다. 그게 그의 고독이다.

그것은 '천재'의 까닭 모를 외로움이나 알프스를 향한 향수가 아니라, 모든 권력이나 권위나 전통으로부터의 고독이다. 특히 역사나 국가, 민족이나 대중으로부터의 고독이다. 그런 의미에서 그는 반사회적이다. 즉, 현 사회를 부정하고 비판한다는 의미에서다. 그러나 헤세만큼

유토피아적 공동체나 아름다운 자연 속의 삶을 강렬하게 표현한 작가
도 다시없다는 점에서 그는 누구보다도 사회적이다.

도시를 거부하다

헤세의 삶은 1916년, 즉 39세를 경계로 나누어진다. 그전까지 세상의
요구에 맞추어 어떻게 하든 모범 학생과 모범 시민이 되려고 노력했으
나 그렇게 되지 못한 탓으로, 결국 정신병원에 입원해 자신을 되돌아
본다. 정신병원에서 스스로 내린 결론은 자신이 옳았다는 것이어서, 그
뒤로는 이 결론이 모든 도덕적 굴레에서 자유를 추구하는 것으로 바뀐
다. 그 최초의 결단이 '반전론'이다. 그의 반전론은 그전부터 시작되었
으나 이제 이 결단은 더욱 확고해졌다.

　　독일이 야기한 제1·2차 세계대전이 터지기 전에는 물론, 그 후
에도 독일 사람은 모두 전쟁에 미쳤다. 일반인뿐 아니라 예술가도 모두
전쟁에 미쳤다. 그때 미치지 않고 전쟁에 반대한 사람이 헤세였다. 당연
히 '배신자'니 '변절자'라는 비난을 들었다. '징집 기피자'니, '조국 없는
놈'이라니, '품속에 기르고 있는 뱀 같은 놈'이라니, '유대인 용병'이라는
욕설까지 들었다.

　　그러나 그는 사실 제1차 세계대전 때에는 전쟁에 반대하면서도
한 국민으로서 의무는 다한다는 이유에서 군대에 자원했으나, 고도 근
시라는 이유로 징집이 거부되었다. 그런데도 그는 포로들의 복지사업
에 헌신했다. 37세에서 42세까지 5년간이었다. 이를 평화주의와 모순

된다고 보는 견해도 있었지만, 지금 한국에 사는 나로서도 그렇게 할 수밖에 없다고 생각한다.

또 나치가 권력을 잡은 동안 그는 아무도 논평하지 않은 유대인이나 가톨릭교인들의 작품, 정부에 맞서 활동하는 사람들의 작품을 논평해 당연히 비난을 받았고, 1930년대 중반부터 그의 서평은 발표조차 하지 못하게 되었다. 이처럼 헤세는 미친 시대에 유일하게 미치지 않은 사람이었다. 마르셀 라이히라니츠키가 그를 "독일 문학의 가장 우직한 반항아"라고 평한 것은 정곡을 찌른 말이다.

헤세의 반항에는 전쟁이라는 집단적 광기에 대한 반항만이 아니라 허영과 가식, 명리 추구와 사리사욕, 상업주의와 자본주의에 대한 반감도 포함된다. 그는 노벨문학상 수상식은 물론 모든 집단, 모임, 심지어 자신의 생일잔치에도 전혀 참석하지 않은 것으로 유명하다. 그의 집 앞에는 언제나 방문 사절 표지판이 붙었다. 그는 세계 방방곡곡에서 사인회를 하는 우리 식 명사名士가 아니었다. 그는 철저한 아웃사이더, 국외자, 고독인, 반항인, 유랑인, 방랑자, 자연아였다. 그에게 집단이란 천성적으로 맞지 않았다. 무엇보다도 그는 자연인이었다. 그는 평생 시골에서 시골 사람으로 살았다. 시골에 주말 별장을 가진 서울 예술가의 사치가 아니라, 헤세는 도시를 거부하고 시골에서 농사를 지으며 살았다.

자발적 왕따의 자화상

헤세의 모든 작품은, 그리고 도시를 벗어나 평생 시골에서 살았던 헤세의 생애 자체는 자연 속의 자연아 그것이었다. 그 점에서 그는 톨스토이와 윌리엄 모리스를 따랐다. 그리고 자연 속에서 많은 음악가와 미술가를 사귀면서 그 자신은 그림을 그렸다. 그러나 그는 어떤 의미에서도 그들과 무리 지어 집단을 만드는 것은 거부했다. 그런 의미에서 그는 자신에게 친구가 없다고 말했다. 그 점에서도 그는 스스로 외로운 왕따였다.

『데미안』은 절대적인 정직을 통한 자아의 규명과 자기 길의 발견, 자율적인 존재로서 자기 행동에 대한 책임을 주장한 새로운 왕따였다. 헤세를 흔히 서양 작가 중에서 가장 동양적이고 우리 조상을 대하는 것 같다고 하지만, 그의 대표작인 『싯다르타』는 부모를 떠나고 어떤 스승도 따르지 않는 왕따일 뿐이다. 『황야의 이리』도 배부르고 자만하는 소시민 사회이자 기계 만능의 합리주의 사회인 황야에서 우짖는 이리의 모습으로 더욱더 새로운 왕따를 보여준다. 이제 그 왕따는 전쟁과 과학, 금전 도취, 국수주의 등에 대한 절망을 거쳐 자아와 만나기 위해 지옥을 여행한다. 그래서 열정, 부도덕, 방황, 허무주의, 자살에 이르는 구토감을 경험한다.

그리고 『유리알 유희』는 집단이 아닌 왕따 개인을 중시하는 새로운 유토피아를 보여준다. 1954년 77세의 헤세는 말했다. 자신의 작품들은 모두 개성과 개인의 옹호, 또는 절규라고. 나는 이를 자발적 왕따의 정신적 모험이라고 바꾸어 이해한다. 여하튼 개인의 옹호는 그의 문학만이 아니라 삶의 기본이었다. 자기 존재를 통해 그는 개인적이고 정신적인 삶의 불멸성을 보여주었다.

부모든, 교사든, 언론인이든, 예술가든, 지식인이든, 그 누구든 아이들에게 할 수 있는 일은 그들의 개성을 키워주는 일이라고 헤세는 말한다. 어떤 정치 슬로건이 아니라, 홀로 바르게 당당하게 살 수 있는 방법을 가르치는 것이다. 말하자면 '자발적 왕따를 키우는 일'이다. 물론 그 개성은 결국 개인이 찾는 것이지 누구도 그 개성을 대신할 수 없다. 따라서 그 누구도 누구의 모델이 될 수 없다. 그래서 헤세는 자신을, 다른 그 누구도 모범으로 살지 말라고 끝없이 경고한다. 사실 내가 제일 좋아하는 헤세의 모습이 바로 그 점이다.

조 힐

Joe Hill, 1879~1915

나를 애도하지 말고
조직하라

노동계급의 해방을 위해 싸우다

2022년 대선에서 대통령 후보로 나선 자가 노동법을 부정하는 발언들을 했다. 주 120시간 노동을 허용해야 한다거나 중소기업의 주 52시간제 적용을 연기해야 한다고 주장하는 것은 약과다. 파업 시 대체노동 허용, 사업장 점거 금지를 주장하고 최저임금제와 법정 근로시간제까지 부정할 태세다. 상당수 판검사나 학자들이 노동법을 부정하고 19세기식 민법의 계약 자유 만능에 젖은 것은 어제오늘의 일이 아니라 오랜 세월 법조계와 학계의 통폐通弊로 지적되어왔던 것이 사실이다.

그나마 지금까지는 판결이나 논문에 숨어 있었는데, 21세기에 와서 이런 주장들이 노골적으로 선거판에 등장한 꼴을 보면 정말 어처구니가 없다. 공정한 경쟁이라는 미명으로 부활하는 19세기 수준의 계약 만능주의를 고수하는 보수의 밑바닥에는 노동자와 노동운동을 혐오하는 신자유주의보다 더 저질인, 노동을 부정하는 구자유주의가 깔려 있다.

1915년, 노동자의 인권을 주장한 36세의 가수 조 힐이 아무런 증거도 없이 살인자로 몰려 사형에 처해졌다. 이 사건은 1920년의 사코 반제티 사건과 함께 소위 사법살인의 대표적인 사례로 꼽힌다. 그때나 지금이나, 여기에서나 저기에서나 생존을 위협당하는 노동자들은 저임금, 장시간 노동, 위험한 작업환경에 항의하고 그것이 무참하게 거부되면 어쩔 수 없이 파업을 벌여야 했으나, 결과는 비참했다. 그 처참한 동료들의 삶을 노래한 조 힐은 당시의 주류 노동조합인 백인·숙련공·남성 노동자 중심의 미국노동총동맹AFL과 달리 '주변 노동자'들의 조직으로, '비틀거린다'는 뜻인 '워블리스Wobblies'로 불린 세계산업노동자동맹IWW의 조직책이었다.

1879년 스웨덴에서 태어난 조 힐은 철도 노동자인 아버지가 산업재해로 죽자 9세 때부터 노동을 해야 했다. 1900년에 결핵에 걸려 죽을 고비를 넘긴 뒤 1902년 23세 때 미국에 갔다. 그는 뉴욕 등에서 떠돌이 노동자로 철도와 상점, 농장과 공장, 심지어 노숙자로 8년을 보내면서 노동조합을 조직했다가 해고를 당하고 블랙리스트에 오르기도 했다. 1910년에는 워블리스에 가입해 자신의 노동 경험과 노동운동을 지지하는 노래를 불렀다. 그리고 1911년에는 멕시코 포르피리오 디아스의 독재정권에 반대하는 민중군에 참가해 노동계급의 해방을 위해 싸웠다.

한 사람 참된 소녀

산페드로 부두 노동자들의 파업에 참가한 힐은 1913년 6월에 부랑자 혐의로 체포되어 30일 동안 구금당하기도 했다. 1914년 1월 초, 그가 일하던 솔트레이크에서 살인사건이 터졌다. 마침 힐이 어느 여성과의 말다툼 끝에 그의 남편에게 총상을 입혀 병원을 다녀갔기에 경찰에서 조사를 받았다. 두 목격자의 불확실한 증언과 힐의 알리바이에 대한 확증이 부족했던 바람에 지역 배심원단은 힐이 유죄라고 판단하게 되었다. 하지만 두 증인 모두 힐을 결정적으로 식별할 수 없었고 살인에 사용된 총은 회수되지 않았으며, 같은 날 총상을 입은 사람은 4명이나 더 있었다.

힐의 무죄를 주장하는 캠페인은 재판 2개월 전에 시작되어 1915년 11월 19일 그가 총살형으로 처형될 때까지 계속되었다. 워블리스의 동료인 헬렌 켈러나 엠마 골드만을 비롯해 미국노동총동맹의 위원장인 새뮤얼 곰퍼스, 우드로 윌슨 등 그의 수많은 지지자는 1만 통 이상 항의 편지를 보냈으나 유타 법원은 재심을 거부했다. 힐은 기관총으로 무장한 자들이 출입문을 지키는 가운데 총살형 집행대에서 사형당했다. 그의 시신은 시카고로 보내져 애도자 수천 명이 그의 노래 〈저항 소녀The Rebel Girl〉를 부르는 가운데 화장되었다.

> 수많은 모습의 여성이 있지
> 이 어지러운 세상에, 모두가 알 듯
> 누군가는 아름다운 저택에서 살고

최고급 옷을 입지

금수저 여왕과 공주도 있지

다이아와 진주로 화려하지

그러나 한 사람 참된 소녀는

저항 소녀지.

그래, 그녀의 손은 노동으로 굳어졌지

그녀의 옷은 멋지지 않지

그러나 가슴속 심장은 요동치지

자신의 계급과 동료에게 진실하지

그녀가 분노와 저항을 표출할 때

공포에 질린 사기꾼들은 떨고 있지

왜냐하면 한 사람 참된 소녀는

저항 소녀이기 때문이지.

(후렴)

그게 저항 소녀, 저항 소녀야!

그녀는 노동계급의 소중한 진주이지

용기, 자부심, 즐거움을 가져다주지

싸우는 저항 소년에게

그녀는 용기와 자부심, 즐거움을 가져다주지

과거에도 있었지만 지금은 더 많아야 해

세계산업노동자동맹에서

자유를 위한 싸움은 위대하기에

저항 소녀와 함께.

그의 노래는 죽지 않았다

———

힐이 부랑 혐의로 구금되기 1년 전인 1912년에는 조합원 수가 10만 명을 넘었으나 힐의 재판 이후 세계산업노동자동맹은 엄청난 탄압을 받았다. 제1차 세계대전이 터지자, 사회단체로서는 거의 유일하게 반전운동을 벌여 수많은 지도자가 처형당했고, 조합원 수도 1만 명 정도로 크게 줄어들었다. 그러나 놈 촘스키가 "미국 문화와 자유와 정의를 위한 변치 않는 투쟁에 독특하고 주목할 만한 이바지를 했고 미래에도 그럴 것"이라고 말한 워블리스는 지금도 조 힐의 노래로 살아 있다.

1919년에 존 더스패서스가 소설 『1919』의 한 장에 조 힐의 전기를 쓴 뒤로 그와 관련해 많은 문학작품, 평전, 영화, 연극, 노래가 만들어졌다. 그중에서 가장 유명한 것은 1930년 앨프리드 헤이스가 시를 쓰고 1936년 얼 로빈슨이 곡을 붙인 〈조 힐〉이다. 1940년에 민중가수 피트 시거가 그것을 노래한 뒤 1960년대 말에 다시 존 바에즈, 이어 브루스 스프링스틴 등이 다시 노래했다.

간밤에 조 힐을 보았어

그대와 나처럼 살아 있었어

"당신은 10년 전에 죽었잖아"라고 했더니

"난 죽지 않았어"라고 했어
"난 죽지 않았어"라고 했어.

"솔트레이크에서 (누명으로)"라고 나는 말했지
내 침대 곁에 선 그에게
"그들이 당신에게 살인 누명을 씌웠지" 했더니
"그러나 난 죽지 않았어"라고 했어
"그러나 난 죽지 않았어"라고 했어.

"경찰 우두머리들이 당신을 쏘았지
그들이 당신을 죽였지"라고 하며
"사람을 죽이려면 총 이상이 있어야 해"
"난 죽지 않았어"라고 했어
"난 죽지 않았어"라고 했어.

삶만큼 거대한 그곳에서 서서
눈으로 웃으며 조가 말했어,
"그들이 까먹고 죽이지 못한 건
계속 조직하는 거야
계속 조직하는 거야"
......

이 노래를 다시 들은 간밤에 나는 전태일을 보았다. 그도 말했다.

"난 죽지 않았어." 조 힐은 유언으로 애도에 시간을 낭비하지 말고 싸우라고 했다. 전태일은 자신이 분신焚身한 1970년 이전으로 돌아가서는 안 된다고 했다. 지난 반세기를 허송세월로 만들어서는 안 된다고 외쳤다.

존 로빈슨 제퍼스

John Robinson Jeffers, 1887~1962

인류에게
'거리두기'를 권하다

나는 매보다 인간을 죽이고 싶다

———

클린트 이스트우드는 1986년부터 4년간 미국 카멀시의 시장으로 일했다. 배우들이나 시인들이 시장을 지낸 이 마을은 미국만이 아니라 전 세계에서 가장 길고 가장 멋진 경치를 보여주는 미개발 해안선 '빅 서 Big Sur'가 시작되는 카멀 언덕에 있다. 카멀시에 이르는 해안선 마을 몬터레이에도 존 스타인벡을 비롯해 많은 문인이 함께 살아『몬터레이 철학자들』이라는 책이 나왔다.

1910년에는 마을 사람의 60퍼센트가 예술가였던 카멀은 현재 부자들의 휴양지가 되어, 배우 출신의 보수적인 공화당 소속 시장이 뽑힌 곳이기도 하다. 하지만 20세기 전반기에는 D. H. 로런스를 비롯해 많은 예술가가 찾아든 온화하고 아름다운, 그야말로 동화 속 마을 같은 곳이었다. 시인은 카멀에서 약 40년 동안 평생 전화나 전기도 없이 오

222

전에는 시를 쓰고 오후에는 화강암으로 집을 짓고 탑을 쌓으며, 저녁에는 가족과 산책을 하고 밤에는 가족에게 책을 읽어주는 생활을 아내가 죽을 때까지 되풀이했다. 그 뒤 홀로 12년을 더 살았는데, 이런 삶에서 쓰인 시인의 시는 얼마나 아름다울까? 게다가 미국 최초의 생태시인이자 철학시인의 시라면 얼마나 심오할까?

그런데 내가 처음으로 읽은 그의 시에서는 "인간의 후손이 아니라 야생 사과 속 벌레가 되겠다"와 "처벌만 받지 않는다면 나는 매보다 인간을 죽이고 싶다"라고 이야기했다. 어떻게 시인이 그런 말을 할 수 있을까? 그것도 생태시의 선구자라고 하는 시인이 말이다. 매를 너무나 사랑했다고 해도 '비인간주의자inhumanist'를 자처하면서 '인간'이 아니라 '비인간'을 중시하는 시인이 자연을 사랑하는 생태시인이라고 할 수 있을까? 인간보다 자연을 사랑하는 것이 에콜로지라고 할 수 있을까? 내가 섬진강이니 낙동강이니 하는 자연을 그린 생태시만 읽어서일까?

비인간, 반인간을 예찬하는 시를 생태시라고 할 수 없어서 나는 오랫동안 그를 무시하고 '양키'라며 욕했다. 다른 이들도 그렇게 생각한 탓인지 존 로빈슨 제퍼스라는 시인은 우리에게 거의 알려져 있지 않다. 현대 미국 시를 전공하는 교수들이 소위 학술논문집에 2~3편 논문을 썼지만, 일반인이 찾기도 어렵고 찾아 읽어보아도 이해하기 어렵다.

그러다가 「피의 잔」이라는 끔찍한 제목의 시에서, "권력은 중심을 필요로 하는 / 텅 빈 거대한 정신. / 그것은 거의 무작위로 한 사람을 선택해 / 그를 흐리게 하고 그 주위를 응고시키고 그를 소유한다"는 구절을 우연히 읽고 무릎을 치면서 그를 새롭게 만나게 되었다.

우리가 사는 세상을 '피로 가득찬 잔'에 비유하며 그 야만과 폭력의 배후에는 권력을 낳는 이데올로기가 작용해 인간을 현혹하고 지배한다고 비판하는 그의 시야말로 참된 에콜로지 시라고 느꼈다. 학자들은 시인이 바다나 돌을 노래한 시만을 '에콜로지 시'라고 하지만, 나에게는 반권력의 시야말로 '생태주의 시'였다.

인류는 너무 자기중심적이다

1887년 펜실베이니아주에서 장로교 목사이자 고대 언어 및 성서 역사학자의 아들로 태어난 제퍼스는 어린 시절 유럽을 여행하고 독일·프랑스·스위스에서 학교에 다니며, 고전과 고대 그리스어와 라틴어를 배웠다. 18세에 대학을 졸업하고 미국과 유럽의 대학원에서 문학과 의학, 임학을 공부하다가 기혼녀이자 자신보다 연상인 우나 커스터를 만나 7년 뒤 결혼해 1916년부터 캘리포니아 해안의 '카멀'이라는 작은 마을에 정착했다. 거기에서 돌로 집을 지으며 자연과 함께하는 삶을 노래한 제퍼스의 시는 1920년대에 세계적으로 널리 애송되었다.

인류가 너무 자기중심적이며 '사물의 놀라운 아름다움'에 너무 무관심하다고 생각해 만든 그의 비인간주의는 '비관주의'가 아니라, 종래의 사랑이나 증오, 시기나 질투가 아닌 인간 행동의 원칙으로서 '합리적인 거리두기'를 제안했다. 루크레티우스, 헤로도토스, 아르투어 쇼펜하우어, 프리드리히 니체를 존경하는 제퍼스는 인간이 '유아론(실재하는 것은 자아뿐이고 다른 모든 것은 자아의 관념이거나 현상에 지나지 않는다는 주장)'을 거부하고 초인간적인 자연의 장엄함을 인식해야 한다고 믿었다.

나아가 '인간은 사회적 동물'이라는 서양의 전통적 신념에 반대하면서, 부패한 공동체적 생활 속에서 사는 관계를 거부하고 자연에 주목하게 했다. 그래서 "바다가 우리에게 보여주리라 / 비인간의 길을 / 그리고 산이 남으리라"라고 노래했다.

그러나 인간을 돌과 같이 보는 그의 비인간주의는 1930년대의 진보적 분위기와 맞지 않았고, 특히 제2차 세계대전에 미국이 참전하는 것에 반대한 뒤에는 엄청난 비난을 받고 잊혔다. 그는 제2차 세계대전의 영웅으로 찬양된 프랭클린 루스벨트나 윈스턴 처칠을 아돌프 히틀러나 이오시프 스탈린과 마찬가지로 자국민을 전쟁으로 이끌었다는 점에서 악당이라고 비난했고, 영국과 미국을 비롯해 서양의 수많은 사람을 분노하게 했다. 당시 그는 「역사의 선택」이라는 제목의 시에서 다음과 같이 노래했다.

우리는 잘못 인도되었다

사기와 공포에 의하여, 우리의 공공기관의 바보들과 사랑받은 지도자의
　　야망에 의하여

쇠퇴하는 유럽의 열광의 꿈에 간섭하도록.

또한 예수를 그런 지도자의 원조로 비난하며 기독교가 인간을 참된 신인 자연의 아름다움에서 이반離叛시켰다고 비판해 더 분노를 샀다.

애국주의가 피로 물든 아주 많은

호수를 통하여 이 세상을 운영해왔고, 우리는 항상 빠져 있다.

이렇게 말하면서 모든 전쟁에 반대한 그는 1962년 죽을 무렵에야 완성된 집과 탑에서 외롭게 살다가 그곳에 묻힌 뒤, 최근에 다시 에콜로지 시인으로 부활했다.

자유여 영원하고 이데올로기는 저주받아라

애국주의를 반대한 앞의 시구절이 나오는 「별은 외로운 바다를 지난다」는 아름다운 제목의 시에서 야생 멧돼지가 인간에게 다음과 같이 말하는 것에도 나는 공감한다.

> 민주주의랍시고 떠드는 사기꾼들
> 말에 취해 혁명이랍시고 떠드는 개들,
> 거짓말쟁이들, 숭배자들을 깨끗이 쓸어버려라.
> 나는 내 송곳니를 믿는다.
> 자유여 영원하고 이데올로기는 저주받아라.

멧돼지가 민주주의나 혁명이나 이데올로기를 알 리 없다. 멧돼지는 오로지 자유이자 자연일 뿐이다. 반면 인간이 하는 말들은 자연과 자유에 어긋나는 사기·거짓·숭배에 불과하다. 인간의 역사는 야만의 역사, 즉 기만·폭력·지배·복종의 반복에 불과하며 인류의 문명은 그 결과라고 시인은 본다. 그 원인을 인간이 인간에게만 몰두하는 탓이라고 여기는 제퍼스는 영원한 자연적 사물에 눈을 돌리라고 우리에게 말한다. 그는 외부를 환상이라고 보고 내면에서 신을 찾는 '신비주의'나 '범신론'을 인간 중심이라고 비판했고, 이러한 사고와 반대로 내면을 환상이라고 보고 외부의 자연을 신으로 보았다. 이미 100년 전에 자연을 위해 사회적 거리두기를 주장한 「전투」라는 그의 시를 코로나 시대에 읽는다.

수많은 세월 동안 예견된 이 악행들, 이 극악무도한 폭력,

이 육중한 고통. 견디기가 더는 쉽지 않은

우리는 이것들이 느린 돌 걸음처럼 다가오는 것을 보았다. 모두가 그것들을

보았다. 우리는 눈을 감고 그것들을 외면했고 우리는 보았다.

그리고 그것들은 더 가까이 오고 있었다. 우리는 먹고 마시고 잤다. 그것

들은 더 가까이 왔다.

가끔 우리는 웃었다. 그것들은 가까이 있었다. 지금

그것들은 여기에 있다. 그리고 지금 어느 장님이 그것들 다음에 무엇이 따

라올지 예견한다.

타락, 기근, 절망 그리고 다른 것. 그리고

전염적인 광기. 하지만 죽음이 충분하지 않다.

인간들은 서로 전염시키지 못하도록 소수로 그리고 떨어져 사는 게 더 나

을 것이다. 그러면 들판과 산의 제정신이,

차가운 바다와 빛나는 별이 그들의 마음속으로 들어올지도 모른다.

존 로빈슨 제퍼스

장 지오노

Jean Giono, 1895~1970

어떤 이데올로기에도
가담하지 않는다

나무를 심은 사람

———

나이가 들어서일까, 아니면 코로나19 때문일까? 혼자 여행하면서 '언젠가 아내와 꼭 함께 다시 와야지' 하고 생각했던 곳에 이제는 다시 갈 수 없을지 모른다는 생각에 슬퍼진다. 그런 곳은 많지만 오래전에 방랑한 장 지오노의 마노스크가 유독 그리운 이유는, 그가 쓴 『나무를 심은 사람』도 젊은 날의 방랑으로 시작해 30여 년 뒤의 죽음으로 끝나는 이야기이기 때문일까? 아니면 그 뜨거운 여름의 프로방스를 힘겹게 걸어다니다가 밤에 닿은 고지대 마노스크에서 때 이른 겨울을 만나서였을까? 아니면 내가 사는 마을에서 수십 년 자란 소나무들이 무참하게 잘려나가는 것을 매일처럼 보면서, 이제 나에게 남은 마지막 일도 나무를 심는 일이라는 생각이 들어서일까?

30여 년 전 8월 파리에서 밤차를 타고 새벽에 내린 엑상프로방스에서, 폴 세잔이 죽기 직전까지 20여 년 동안 60번이나 그렸다는 생트 빅투아르산의 거대한 석회암을 바라보면서 하루를 걷고 나자 숨이 막혔다. 풀 한 포기 없는 그 황량한 산을 그렇게도 자주 그린 이유가 무엇일까? 그가 살았던 고향의 산이기도 했지만 모든 사물을 입체로 본 그에게 무엇보다도 꼭 맞는 대상이었기 때문일까? 아니면 반대로 그런 산을 보고 자라서 모든 사물을 입체로 보게 되었을까? 여하튼 그 전후는 물론 지금까지도 나는 세잔을 좋아하지 않는다. 자연과 인간을 입체로 바꾼다는 것이 마음에 들지 않아서다. 태양이 찬란한 프로방스도 그곳의 더위와 황량함 때문에 나는 좋아하지 않는다. 그렇게 황량하기에 지오노는 『나무를 심은 사람』을 썼을지 모른다는 생각이 들 정도였다.

엑상프로방스에서 기차를 타고 2시간쯤 뒤 밤늦게 깊은 산속의 마노스크에 닿았을 때는 너무 추워서 놀랐다. 그가 1951년에 발표한 소설 『지붕 위의 기병』에서 묘사한 그 뜨거운 콜레라의 여름과 달리 8월인데도 추웠다. 흰색 여름의 생명과 검은색 콜레라의 죽음으로 엮이는 이 소설처럼 그의 작품에는 전염병이 자주 나온다. 가령 1930년 작품인 『영원한 기쁨』에는 한센병이 나온다. 그 무렵 다른 작가의 작품에도 전염병은 '전염'되었다. 가령 1947년에 발표된 알베르 카뮈의 『페스트』나 1943년에 발표된 장 폴 사르트르의 『파리떼』가 그것이다. 그러나 이 작품들이 인간의 연대 의식으로 전염병을 극복하는 이야기인 것과 달리 지오노의 소설에서 전염병은 '물질주의'를 비유한 것으로, 이를 자연과 교감하는 원초적 인간의 서정적이고 신화적인 이미지로 극복하는 이야기여서 더 좋았다.

반전 성명을 발표하다

———

서둘러 지오노의 생가와 그가 다닌 초등학교, 16세부터 30세까지 일한
은행, 무덤과 기념관 등을 둘러보는 데는 2시간도 채 걸리지 않았다. 광
대한 중앙묘지에 있는 그의 무덤에는 11명의 친지가 함께 묻혀 있었고,
그들의 생몰 연대만 기록되어 있었다. 지오노는 구두 수선공 아버지와
세탁부 어머니 사이에서 태어나 가난으로 학교를 중퇴했다. 16세 때부
터는 은행에서 일하면서 『성서』, 호메로스의 『일리아드』, 베르길리우스
의 작품 등을 열심히 읽었다. 그러다가 제1차 세계대전에 5년간 참전하
면서 그 참상을 직접 겪은 뒤 평화주의자가 되었다.

전쟁이 끝난 후 은행에 복직해 결혼했지만, 34세에 첫 작품 『언
덕』을 발표한 이듬해 은행을 그만둔다. 그리고 마노스크 마을 뒤에 있
는 '황금의 산'이라는 뜻의 '몽 도르Mont d'or' 기슭에 2층집을 사서 평생
그곳에서 작품만 썼다. 거대한 마로니에가 있는 입구를 지나 1층의 응
접실에 들어서면 그의 친구인 베르나르 뷔페가 그린 그림과 함께 회화
와 조각 작품, 책들이 보인다. 2층은 지붕이 경사진 다락방 서재로 동쪽
에 큰 난로, 남북으로 커다란 창이 있고 남쪽 창을 배경으로 책상이 놓
여 있으며, 그 위에 그가 평소에 즐겨 쓴 물건들이 놓여 있다. 당시 파이
프 담배를 피우던 나는 유독 수많은 파이프에 관심이 가서 사진을 찍었
던 기억이 있다.

범신론적인 농부들의 삶을 다룬 초기 작품을 쓰면서 그는
1929년부터 마노스크가 내려다보이는 산비탈에서 자신과 같은 평화
주의자 친구들과, 1935년부터는 주변의 콩타두르 고원에서 50여 명의

젊은이와 함께 공동생활을 했다. 콩타두르는 마노스크에서 버스로 두어 시간 걸리는 바농을 지나야 다다르는 곳이다. 산양 치즈로 유명한 바농은 '나무를 심은 사람'이 죽은 양로원이 있는 곳이다.

그곳에서 다시 30분 정도를 더 가면 콩타두르 고원으로, 사람들을 보기 힘들고 지오노와 그 친구들의 흔적은 하나도 남아 있지 않아 허무하게 돌아서야 했다. 지오노는 친구들과 그곳에서 봄여름을 보내며 9년 동안 어떤 전쟁에도 반대하고, 전쟁의 원인이 되는 어떤 이데올로기에도 가담하지 않는다는 내용의 반전 성명을 9차례나 발표했다.

현대의 가치관에 저항하다

———

많은 사람이 본다는 국내의 어느 유튜브 채널에는 그가 파시스트여서 감옥살이를 했다는 이야기가 나오지만 이는 잘못된 것이다. 반대로 그는 누구보다도 격렬하게 국가사회주의는 물론 국가주의와 전체주의를 비판했고, 도시 문명에 반대했다. 그는 징병 반대 운동을 선동했다는 이유로 개전과 동시에 구속되었으나 앙드레 지드 등의 구명 활동으로 석방되었다. 1944년 파리가 해방된 직후 그는 나치에 협조했다는 혐의로 7개월간 감옥에 갇혔으나, 그것이 억울한 누명이었음이 곧 밝혀졌다. 그럼에도 대독 협력자로 찍혀 블랙리스트에 실렸다니 프랑스에도 문제는 많았다.

그에 대한 평가는 프랑스가 아니라 영국에서 이루어졌다. 당대 최고의 비평가인 허버트 리드가 1930년부터 1946년까지 암흑기의 프랑스에서 가장 중요한 작가는 앙드레 지드나 폴 발레리나 그 밖에 저명한 아카데미 프랑세즈의 그 누구도 아니라 바로 농민 아나키스트 작가 장 지오노, 참다운 기독교도 조르주 베르나노스, 초현실주의자 앙드레 브르통이라고 한 평론에 의해 알려졌다. 낡은 것을 파괴하고 새로운 것을 창조했으며, 깊은 도덕성을 가지고 현대의 가치관에 저항했다는 이유에서였다.

지오노의 후반기 작품은 스탕달과 오노레 드 발자크의 전통을 잇는 것인데, 여기에도 지오노가 추구한 자유롭고 이상적인 사회와 그 근원인 아나키즘이 나타난다. 나는 물질주의적인 산업사회를 거부하며 자유·자연·평화를 강조하는 그의 개인주의적 아나키즘에 공감하면서도, 솔직히 말해『나무를 심은 사람』외에는 큰 감동을 받지 못했다.『나무를 심은 사람』도 프랑스가 아니라 1953년 미국에서 처음 발표되었고 (흔히『리더스 다이제스트』인 줄 알지만『보그』에 발표되었다), 프랑스에서는 그 뒤에 나왔다.

이 책에서 1913년 산악지대로 여행을 간 '나'는 물을 구하다 50대의 홀아비 양치기를 우연히 발견하는데, 그는 지난 3년간 10만 그루를 심었지만 1만 그루만 살아남았다고 한다. 그러나 제1차 세계대전 후에 그가 만든 숲에는 시냇물이 흐르기 시작해, 1945년 87세로 눈을 감을 때 더욱 우거진다. 1913년에 세 사람만이 지킨 이 마을에는 이제 1만 명 이상이 산다. 1993년 우리말 번역이 나온 뒤 나처럼 많은 사람이 이 책을 읽었지만, 1913년에 1만 명이 살던 우리 시골에는 지금 몇 명이나 살고 있을까?

조지 오웰

George Orwell, 1903~1950

삶과 글이
완벽하게 일치하다

빅브라더의 역사는 인류의 역사

2017년 도널드 트럼프의 미국 대통령 취임과 함께 조지 오웰의 소설 『1984』의 판매량이 95배나 증가해 7만 5,000부가 새로 간행되었다. 허위를 조작하고 복종을 요구하며, 외국의 적들을 악마화하는 오웰의 소설 속 정부가 현실로 나타났기 때문이다. '과거를 지배하는 자가 미래를 지배한다'는 사실을 아는 빅브라더는 끊임없이 기록을 조작해 과거를 다시 쓴다. 한국에서도 박근혜 정부 시절 국정교과서 간행이 추진되었다. '빅시스터'가 탄핵을 당하면서 우리의 역사는 간신히 조작을 피했는데, 이것이 우리나라에서 세계 최초로 번역된 『동물농장』이나 『1984』에 대한 독서열 때문이라고 할 수는 없을 것이다. '동물농장'이라는 이름의 TV 프로그램도 오웰 때문에 생긴 것은 아니었다.

그러나 미국이든 한국이든 세계 어디든, 오웰이 예언한 전체주의의 악몽은 어제오늘의 일이 아니고, 심지어 좌우의 일도 아니다. 가령 미국의 버락 오바마가 민주당 정권에서 추진한 '국방수권법'이나 '미국 자유법'은 『1984』에서 묘사된 악몽보다 더욱 위험한 '인권침해법'이었다. 군사적 억류를 무기한으로 가능하게 한 '국방수권법'은 『1984』의 '2분 증오(적국이나 반역자를 상대로 증오심을 표현하는 의식)'를 '무기형'으로 확대했고, 모든 자료의 불법 수집을 가능하게 한 '미국자유법'은 그 이름과 달리 미국의 자유를 근본적으로 봉쇄하는 것이다. 비슷한 예를 들자면 끝이 없다. 오웰 이전에도 그러했다. 히틀러가 있었고 스탈린이 있었다. 빅브라더의 역사는 인류의 역사다.

1903년에 태어나 1950년에 죽은 오웰이 산 47년간의 삶은 너무 짧았다. 그나마 오웰은 어려서부터 자유를 추구한 탓에 이방인처럼, 이단자처럼 외톨이로 살았다. 주로 군인이나 제국주의자를 양성하는 소위 명문 사립학교인 이튼칼리지를 다녔지만 학교에서 이루어진 것은 단순한 암기식 수업뿐이었고, 그 속에서 자신은 계급 차별로 인해 따돌림을 당했다고 회고했을 정도로 그는 학교생활에 적응하지 못했다(결국 그는 167명 중 138등으로 졸업했다). 그래도 대학선발시험은 통과했지만 가난 때문에 대학 진학이 아니라 당시 영국의 식민지였던 버마에서 경찰로 복무하는 것을 택했다. 식민지 인도의 관료 출신인 아버지의 권유가 있었고, 당시 유행한 오리엔탈리즘, 즉 동양에 대한 환상을 가진 탓이기도 했지만, 무엇보다도 그 자신이 제국주의에서 벗어나지 못했기 때문이다.

당시 버마에서는 영국인 경찰 간부 90명 정도가 그 수의 150배가 넘는 현지인 경찰 약 1만 3,000명을 두고, 다시 그 수의 15만 배가 넘는 인구 1,300만 명을 지배했다. 이런 식의 간접통치는 당시 영국의 식민지에서 일반적이었다. 사교를 즐기는 다른 식민지 영국인들과 달리 오웰은 원주민의 언어를 익히고 그들과 대화를 나누었다. 다만 중과 매춘부에 대한 경멸은 나중에 그가 제국주의자임을 부정한 글에서도 확인할 수 있을 정도로 끝내 버리지 못했다.

이론이나 재간이 아니라 몸으로 글을 쓰다

———

인간이 인간을 지배하는 것에 대한 혐오로 5년 만에 식민지 경찰을 그만둔 뒤로는, 자본주의 체제에 순응하지 않는 반체제자로 살면서 이런저런 직업을 전전하며 글을 쓰다가 외롭게 죽었다. 1934년에 쓴 첫 작품인 제국주의와 식민체제를 비판한 『버마 시절』부터 시작해, 그의 모든 작품은 자신의 직접 체험에서 나온 것이지 머리나 재주에서 나온 것이 아니었다. 심지어 그는 투옥 경험을 쌓을 목적으로 일부러 경찰에 체포되기도 했다. 식민지 경찰을 집어치우고 런던과 파리에서 아르바이트와 노숙자 생활을 한 끝에 쓴 『파리와 런던의 밑바닥 생활』이나 탄광 노동자의 처참한 생활을 쓴 『위건 부두로 가는 길』도 생생한 체험의 기록이었다.

영국 자본주의의 가혹한 계급 구조에 절망한 오웰은 1936년에 프랑코의 파시즘에 반대해 스페인 내전에 참전했다. 무계급의 민중 군대를 보고 희망을 발견했지만, 총알에 목이 관통당하는 부상을 입고 가까스로 살아남아 『카탈로니아 찬가』를 썼다. 『카탈로니아 찬가』는 정치적 편향 없이 자신이 본 것만을 사실적으로 전달하려고 했기 때문에 가장 위대한 전쟁문학으로 꼽히지만, 오웰이 죽을 때까지 초판조차 다 팔리지 못할 정도로 무시당했다.

　　몸과 마음이 모두 지쳐 1938년에 모로코에서 요양을 하며 쓴『숨쉬러 나가다』는 문명화나 산업화로 인한 상실을 묘사한 것으로, 이는 그의 묵시록적 소설인『1984』로 이어졌다. 제2차 세계대전이 터진 뒤에는 1941년부터 영국의 국영방송인 BBC에서 인도인을 대상으로 선전 방송을 했지만, 제국주의적 태도와 검열 등에 불만을 품고 2년 만에 그만두었다. 오웰은 1945년 스탈린 체제의 소련을 풍자한 우화『동물농장』으로 국제적인 명성을 얻어 처음으로 가난에서 벗어났다. 하지만 1948년 전체주의가 얼마나 위험한지를 충격적인 이미지로 묘사한『1984』를 쓰고 나서 2년 뒤인 1950년 폐결핵으로 숨지고 만다. 오웰의 모든 작품은 모든 억압에 반대하는 그의 사상을 여러 상황을 통해 보여준 것이었다.

지성의 비관과 의지의 낙관을 체현한 리얼 유토피안

『동물농장』이나『1984』가 반공주의 작품으로 오해받는 것을 오웰은 가장 두려워했다. 이 작품들이 냉전 시대에 영국과 미국 등 자본주의 국가 주도의 냉전에서 정치적으로 악용되었고 냉전의 진지인 한반도에서 특히 그러했음은, 비록 작가의 사후에 벌어진 일이었다고 해도 부당한 것이었다. 종래 '반공주의적 디스토피안'으로 소개된 오웰을 내가 '아나키즘적 유토피안'으로 보는 이유는 그가 자본주의나 공산주의를 모두 '권위주의'라는 이유로 거부하고 개인의 자유와 평등을 무엇보다도 중시했기 때문이다.

에리히 프롬이나 테오도어 아도르노가 권위주의의 체제나 성격을 분석하기 이전인 1944년에 이미 오웰은 가학증과 피학증, 성공 숭배와 권력 숭배, 국가주의와 전체주의가 깊이 연결된다고 보았다. 특히 이윤 추구를 최고의 가치로 삼고 지식인이 독재를 하면서 표를 얻기 위해 거짓말만 일삼는 정치와 언론 왜곡을 현대사회의 정신병으로 비판했다. 제2차 세계대전 중 오웰이 근무한 BBC 방송국에서는 2016년 오웰의 동상을 세우면서 그의 다음 말을 새겼다. "만약 자유에 의미가 있다면, 자유란 사람들이 듣고 싶지 않은 사실을 알릴 권리를 뜻할 것이다."

다양한 개성을 가진 자유로운 개인들이 자치하며 자연과 함께 살아가는 세상을 추구하기 위해 오웰은 정치와 예술을 합일시키는 것을 평생 작가로서의 이상으로 삼았을 뿐 아니라, 특히 민중적 설화를 활용해 이러한 합일을 완벽하게 형상화했다. 그러나 무엇보다도 중요한 오웰의 교훈은 삶과 글의 완벽한 일치다. "나의 삶이 나의 메시지"라는 말은 간디가 남겼지만, 간디에게 비판적이었던 오웰도 꼭 그렇게 살았다.

그의 글은 그의 삶에 대한 완벽한 고백이고, 그의 삶 속에서 그대로 튀어나온 생각의 정직한 표현 그 자체다. 거짓의 조작 없이 수정처럼 바르게 산 오웰의 삶과 생각은 거짓을 진실이라고 주장하는 허위가 판을 치는 세상에서, 특히 무제한의 독재 권력이 그런 이중적 사고를 밥 먹듯이 해대는 새로운 권위주의와 전체주의 시대에, 그래도 절망하지 않고 유토피아를 향해 저항하기를 우리에게 촉구한다. "자비로운 독재는 없다. 나 스스로 나서야 한다."(『동물농장』 서평에 답한 글)

우리 모두 오웰과 함께 독재자 빅브라더와 빅시스터를 쏘아야 한다. 오웰을 '디스토피안'이 아니라 '유토피안', 특히 안토니오 그람시가 말한 '지성의 비관, 의지의 낙관'을 체현한 '실용주의적 유토피안', '리얼 유토피안'으로 보고 배울 필요가 있다.

바실리 그로스만

Vasilii Grossman, 1905~1964

내 책에
자유를 주십시오

자유를 짓밟는 전체주의를 비판하다

———

우리말 책이 나오길 목 빼고 기다리는 걸작이 있다. 세계 최고의 명작으로 평가되는 톨스토이의 『전쟁과 평화』에 비견되는 걸작인 바실리 그로스만의 『삶과 운명』이다. 독일군이 스탈린그라드를 포위한 1942년부터 1943년까지를 묘사한 역사소설인 『삶과 운명』은 방대한 분량뿐 아니라 내용 면에서도 나폴레옹군과의 전쟁을 묘사한 『전쟁과 평화』를 연상하게 한다. 공교롭게도 나폴레옹군도 나치군처럼 러시아를 침략했다가 패배했다.

그러나 단순히 전쟁 이야기를 넘어, 이 소설은 해나 아렌트의 『전체주의의 기원』과 함께 전체주의를 가장 잘 분석한 책으로 꼽힌다. 전체주의의 핵심은 전체에 대한 개인의 복종이다. 사회를 구성하는 개인의 자율을 억압하고, 국가가 지시하는 전체라는 추상적 이념에 대해 복종만을 용인하는 전체주의에 반대하는 바실리 그로스만의 삶은 바로 자유 그것이다. 삶은 자유다. 그 자유를 짓밟는 것이 전체주의라는 운명이다.

톨스토이가 나폴레옹 전쟁보다 한 세대 뒤에 태어난 반면, 그로스만은 종군기자로 격전지 스탈린그라드에서 전쟁을 직접 체험했다. 눈으로 본 전쟁 장면의 생생한 묘사뿐 아니라 스탈린을 비롯해 실재 인물도 다수 등장한다. 이 책의 주인공인 샤포시니코프 집안의 3세대 사람들은 유대계인 탓에 나치 점령 지역에서 강제수용소나 절멸수용소에서 지내야 하는 가혹한 운명을 벗어날 수 없다. 그들을 기다리는 것은 나치 수용소뿐 아니라 반체제파를 섬멸하기 위한 소련 수용소도 있다.

소설에 나오는 나치친위대SS 소령이 말하듯이 나치즘과 스탈린주의는 서로에게 거울이다. 스탈린과 히틀러는 형제다. 두 체제 모두 개인에게서 자유를 빼앗고 인간을 근본적으로 부정한다. 이 책은 10년 동안 집필해 1960년에 완성했으나, 이듬해 옛 소련의 국가보안위원회 KGB에 압수된 뒤 1988년까지 출판이 금지된 이유를 작품 자체가 설명해준다. 2013년 러시아 연방보안국FSB은 비밀기록보관소에 보관된 『삶과 운명』의 원고 원본을 러시아 문학기록보관소에 넘겨 학자들이 연구할 수 있도록 했다.

그러나 작가가 처음부터 반체제주의자였던 것은 아니다. 도리어 그는 스탈린 시대에 사회주의적 리얼리즘의 친체제 작가로 출발했다. 1905년 우크라이나의 유대인 가정에서 태어난 그는 모스크바대학에서 화학을 공부하고 광산에서 엔지니어로 일하다가 1930년대부터 작가로 글을 썼다. 초기 작품은 소비에트 권력에 유익한 작품들이었고, 그 시대에 많은 작가가 수난을 겪었어도 그는 체제에 봉사해 출세했다. 제2차 세계대전이 터져 종군기자로 쓴 글도 대부분 그러했다. 그러다가 복종에서 반역으로, 맹목에서 각성으로 바뀌는 근본적인 전향을 경험했다. 그야말로 노예의 죽음과 자유인의 부활이라고 하는 완전한 변신이었다.

인간성과 선이 궁극의 승리자다

전향의 계기는 1953년에 스탈린이 죽고 난 뒤 소위 해빙기에 찾아왔다. 세상이 변해서 그도 변한 것이었다. 그러나 그로스만의 작품들은 흐루쇼프 시대에도 검열을 면하지 못하고 작가는 1964년 암으로 죽었다. 죽기 직전 작가는 흐루쇼프에게 "내 책에 자유를 주십시오. 국가보안위원회 요원이 아니라, 편집인들과 내 원고에 대해 이야기하고 논쟁하길 바랍니다. 내 일생을 바친 책이 투옥된 지금의 상황에서 나의 육체적 자유에는 아무런 진실도, 의미도 없습니다"라고 간청했지만 아무 소용이 없었다.

그로스만의 친구가 소지한 원고 복사본 덕분에 1980년 스위스에서 러시아판 소설이 출판되고 곧이어 프랑스어 번역본이 나왔다. 3부로 이루어진 소설은 각각 74, 64, 63개의 작은 장으로 구성되어 있으나 하나의 장이 독립된 이야기여서 그 내용을 요약하기란 쉽지 않다. 주인공인 핵물리학자 빅토르 시트룸은 공산주의 이념과 무관하지만, 아인슈타인의 20세기가 히틀러의 세기이기도 했음을 안다. 게슈타포와 과학 르네상스는 같은 시대에 태어났다. 개성을 갖는 인간을 거부하고 거대한 통합의 전체를 지향하는 파시즘은 핵융합의 개념에 기초한 물리학의 법칙과 유사하다.

시트룸만이 아니라 모든 등장인물은 전체주의에 포위된다. 헌신적인 공산주의자도 노동수용소에 갇힌다. 나치 강제수용소의 히틀러 친위대 장교가 러시아인 죄수에게 '나치는 스탈린에게서 배웠다'고 말한다. "한 나라에 사회주의를 건설하기 위해서는 농민의 자유를 파괴해야 한다. 스탈린은 주저하지 않고 수백만의 농민을 숙청했다. 히틀러는 유대인들이 독일의 국가사회주의 운동을 방해하는 적임을 알았다. 그래서 수백만의 유대인을 숙청했다." 스탈린그라드 전투는 두 개의 전체주의, 즉 '파시스트 나치'와 '스탈린주의 공산당'의 싸움이다.

소설의 압권은 제2부 15장에서 작가가 인간에 대해 자신의 관점을 제시하는 부분이다. 그는 먼저 모든 사람에게 공통적인 선善이 존재하는지 묻고, 선의 이상이 인종과 종교에 따라 어떻게 바뀌는지 설명한다. 특히 기독교를 비판하면서 "기독교의 교리는 그 자체로 악을 행한 사람들의 모든 범죄보다 더 많은 고통을 초래했다"고 한다. "하나님이나 자연에서 선을 찾는 것에 절망한 뒤 나는 친절에 대해서까지도 절망하기 시작했다.……인간의 역사는 악을 극복하기 위해 몸부림치는 선의 싸움이 아니다. 거대한 악마가 인간의 친절이라는 핵심을 분쇄하기 위해 싸우는 전투다."

그는 생명 자체가 악한 것임을 보여주는 여러 예를 제시하지만, 삶 자체에 좋은 점이 있다고 믿는다. 거대한 악이 있지만, 인간성과 선은 궁극적인 승리자가 될 것이라고 믿는다. 아무리 작은 자선 행위라도 선이 살아 있고 정복할 수 없는 것임을 반영한다고 본다. 그로스만은 악이 아무리 커도 선의 기본 핵심은 인간 본성의 핵심 부분이며, 결코 부서지지 않는다고 생각한 것이다.

완전한 멸망에도 삶은 계속된다

『삶과 운명』의 마지막에서 그로스만은 전쟁, 대량 학살, 상상의 영역을 뛰어넘는 고통, 완전한 멸망에도 삶은 계속된다고 한다. "햇볕이 잘 드는 평원보다 시원한 숲에서 봄을 더 생생하게 느낄 수 있다. 그리고 이 침묵에는 가을의 침묵보다 더 깊은 슬픔이 있다. 그 속에서 당신은 죽은 자에 대한 애도와 삶 자체의 격렬한 기쁨을 들을 수 있다. 아직도 차갑고 어둡지만 곧 문과 셔터가 열릴 것이다. 머지않아 이 집은 아이들의 눈물과 웃음으로 가득차고, 사랑하는 여자의 급한 발걸음과 집주인의 걸음걸이로 가득찰 것이다. 그들은 조용히 가방을 들고 거기에 서 있다." 인생을 움직이고 되찾는 것을 상징하는 행위에서 작가는 미래와 미래의 희망을 찾는다. 우리는 항상 고통을 겪지만, 결국 삶은 언제나 계속되고 행복과 평화는 돌아온다는 것이다.

　그로스만은 『삶과 운명』 외에도 『올바른 일을 위하여』와 같은 소설을 비롯해 많은 작품을 썼다. 59년이라는 짧은 생애 동안 압제하에서 그렇게도 많은 작품을 쓴 점이 놀랍다. 특히 『삶과 운명』은 『전쟁과 평화』보다 방대하고 심오하다. 그로스만은 톨스토이의 서사만이 아니라 안톤 체호프의 휴머니즘과 도스토옙스키의 논쟁적 대화까지도 계승한 점에서 러시아 문학의 전통을 잇는다. 그러나 19세기보다 20세기는 더 어둡다. 19세기에는 전쟁의 영웅들이 승리하고 평화가 찾아왔지만, 영웅이 사라지고 평화도 없는 20세기의 삶은 운명적이다.

21세기는 어떨까? 아마 더 어두울 것이다. 그래도 그로스만의 주인공들처럼 운명을 선택하는 결단을 내리고 죽음에 이르러서도 결코 인간다움을 포기해서는 안 된다. 그것이야말로 인간이 할 수 있는 가장 적극적인 저항과 투쟁이다. 살아남는 대신 소년과 함께 가스실을 선택하거나 가스실 건설 현장에 투입되기를 거부하고 죽음을 선택하는 사람들처럼, 운명을 스스로 선택하는 사람들의 거룩한 삶이다. 그로스만도 그렇게 살았음을, 모스크바 서쪽에 있는 트로예쿠로보 공동묘지 구석에 버려진 듯한 그의 작은 무덤에서 느낄 수 있었다.

존 케이지

John Cage, 1912~1992

음악은
사회적인 문제다

음악은 아나키적이어야 한다
———

『뉴욕이 사랑한 천재들』이라는 책에서 6명의 '천재' 중 하나로 존 케이지가 나와서 반가워하다가, 그가 "부당하게도 사기꾼이나 아나키스트로 폄훼되었다"는 문장을 읽고 어안이 벙벙해졌다. 케이지는 사기꾼은 아니지만, 자타 공인의 아나키스트이기 때문이다. 어떤 사람을 아나키스트라고 하는 것이 폄훼인가? 게다가 그가 아나키스트임을 자타가 인정하는데도 왜 그렇게 말하는가?

1960년대, 특히 1965년부터 케이지는 그의 모든 저술에서 자율성을 위해 사라져야 하는 강제적 권력에서 벗어나는 자유를 강조했다. 그러나 케이지를 오로지 천재라고 찬양하는 이 책에는 그가 무엇보다도 중시한 자유에 대한 언급이 거의 없다. 한국 유일의 '천재 연구자'라는 이 책의 저자에게 천재는 그야말로 하늘에서 내려준 특별한 인물인 모양이다.

나는 천재라는 말을 좋아하지 않지만, 그렇게 불리는 사람들의 공통점은 강렬한 자유, 특히 '개성'의 추구라고 본다. 그것은 음악가의 자유만이 아니라 음악의 자유를 추구하는 것이기도 하다. 존 케이지의 음악은 연주장에서 모든 참가자의 평등, 지휘자와 같은 권위자의 부재, 어떤 공연 장소도 전통적인 공연장과 마찬가지라는 생각, 청중을 가두지 않고 그들이 원할 때에는 언제나 떠날 수 있는 자유를 존중한다는 점 등에서 특징적이다. 그런 특징 때문에 그의 음악을 단적으로 '아나키적'이라고 한다.

그러나 이 책에는 그런 케이지 음악의 특징에 대한 설명이 전혀 없다. 내가 이 글을 굳이 쓰려고 하는 이유는 '음악은 아나키적이어야 한다'고 믿기 때문이다. 그래서 나는 연주회에 자주 가지 않는다. 독재자 같은 지휘자를 보기가 싫고, 듣기 싫어도 꼿꼿이 앉아서 연주를 끝까지 들어야 하기 때문이다. 정장을 해야 하거나, 연주 중간에 박수를 치거나 소리를 내서는 안 된다고 하는 점도 물론 싫어한다. 나이가 든 탓인지 요즘에는 하품도 많이 하고 졸기도 해서 더욱더 공연장에 가기 싫다. 이런 나를 구해주는 사람이 케이지다.

우리가 하는 모든 것이 음악이다

———

존 케이지는 1912년 미국 로스앤젤레스에서 발명가의 아들로 태어나 디트로이트와 앤아버에서 자랐다. 피아노와 바이올린을 배웠으나 특별하게 음악에 재능을 보이지는 않아 별스러운 음악교육을 받지 않았다. 내성적인 성격으로 독서에 묻혀 산 탓에 학교에서 따돌림을 당하기도 한 그는 학교교육에 반항했다. 가령 고등학교 웅변대회에서 입상한 「다른 사람들은 생각한다」라는 글에서, 그는 미국과 남미가 서로 문화적 차이를 이해하고 가치를 인정할 수 있기를 희망하면서 남미 국가를 착취하는 미국의 자본가를 비판했다. 그의 고등학교 시절 기록에는 급진적인 성향이 있다고 적혀 있다.

그에게는 대학도 마찬가지로 반항의 대상이어서 대학을 일찍 중퇴하고, 1년 반 동안 유럽을 무전여행한 뒤 캘리포니아로 돌아와 돈을 벌며 음악 공부를 시작했다. 특히 아널드 쇤베르크에게 2년간 무료로 음악을 배웠다. 그리고 무용 안무를 위한 작곡을 시작으로 머스 커닝햄과의 협업 등으로 명성을 쌓았으나, 평생 가난하게 살았다. 그는 평생의 반려였던 커닝햄과 함께 뉴욕에서 아파트의 맨 위층에 살면서 하루 종일 거리의 소음을 즐겨 들었고, 식사도 스스로 해결했다.

케이지를 '음악사의 피카소'로 만든 작품은 1952년의 〈4분 33초〉였다. 피아노 앞에 피아니스트가 앉아 건반 뚜껑을 열었다 닫으며 시간을 재고, 안경을 벗었다 썼다 한다. 악보를 폈다가 닫기도 한다. 그렇게 4분 33초의 침묵이 흐른 뒤에 연주는 끝이다. 연주하는 악기와 연주자는 피아노나 피아니스트가 아니어도 좋다. 공연장은 콘서트홀이 아니어도 좋다. 우리가 지금 보는 유튜브 연주 실황의 처음에는 "우리가 하는 모든 것이 음악이다"라는 케이지의 말이 나온다.

1960년대부터 그가 점점 더 유명해짐에 따라 그의 관심은 사회의식을 반영한 작곡과 공연으로 확장되었다. 케이지의 이러한 의식과 관련해 아마도 가장 잘 알려진 예는 1958년 〈피아노와 오케스트라를 위한 콘서트〉의 초기 공연에서 원하는 소리를 연주하는 음악가에 대한 그의 설명일 것이다. "나는 사람들이 어리석게 되지 않고 자유로워질 수 있는 방법을 찾아야만 한다. 그들의 자유가 그들을 고귀하게 만들기 위해서다. 나의 문제는 음악적이라기보다 사회적인 문제다."

'4분 33초의 제2번'이라는 부제가 붙은 1965년의 〈0분 00초〉 공연에서는 연주회장에 스피커 여러 대를 설치해 케이지가 2층에 앉아 타자기로 편지를 쓰고 물을 마시며 의자를 삐걱거리며 비명을 지르고 침을 삼키는 등 온갖 소리를 증폭해 들려주었다. 그는 모든 소리는 조화롭다고 했다. '잡초'가 없듯이 '잡음'도 없다.

혁명은 모든 강제적인 관계를 파괴하는 것이다

그 뒤 케이지는 권력의 문제와 이에 잠재된 부정적인 영향을 고려하고, 인간이 함께 살고 일하는 책임을 추구하고자 했다.

"우리가 필요로 하는 이 강렬한 변화와 혁명은 우리의 개성을 박탈하지 않을 것이다. 우리가 원하는 것은 우리가 사는 수단의 변화다. 현재의 통제는 정치와 경제와 관련된 강제적 통제이며, 우리가 필요로 하는 이 강렬한 개인주의와 개성과는 전혀 관련이 없다.……희망은 현 사회의 강압적이고 관료적인 힘이 줄어들고 결국 없어지게 되는 것이다."

"혁명은 모든 강제적인 관계를 파괴하는 것이다. 그것은 그룹, 코민, 지역의 자율성이다. 혁명은 형제애에 대한 열망, 개인과 집단의 이익, 생산과 방위防衛라는 필요에 의해 만들어진 자유 연합이다. 혁명은 사람들 사이에 존재하는 모든 종류의 아이디어, 희망, 취향에 기초한 수많은 자유 그룹을 구성하는 것이다."

케이지는 다른 아나키스트들처럼 자치를 위해 강제력에서 벗어나는 자유를 언급했지만, 다른 아나키스트들보다 개인의 개성을 더욱 강조한 점에서 헨리 데이비드 소로와 유사했다. 1985년 인터뷰에서 그는 "나는 아나키스트다. 형용사가 순수하고 단순한지, 철학적인지, 아니면 무엇인지 모르겠지만 정부는 싫어! 나는 제도를 좋아하지 않아! 그리고 좋은 제도에 대해서도 확신이 없어"라고 했다. 1992년 8월, 80번째 생일이 되기 며칠 전에 뇌졸중으로 죽기까지 그는 권력과 무관한, 철저한 자유인으로 살았다.

로런스 베이커

Lawrence Baker, 1917~2007

토착의 힘으로
꽃피운 생태건축

가난하거나 병든 사람들을 위한 건축

———

건축에 대한 다큐멘터리를 보고 눈물이 절로 흐를 정도로 감동한 것은 2017년 9월 건축영화제에서 〈로리 베이커: 상식을 넘어서〉를 우연히 보고서였다. 그러나 이 영화를 같이 본 사람이 몇 명 되지 않았듯이 건축가들에게 로런스 베이커(로리 베이커Laurie Baker로도 불린다)에 대해 물어보아도 아는 사람이 없었고, 그에 대한 정보도 쉽게 구할 수 없었다. 인터넷을 뒤져보아도 그에 대한 한글 자료는 여전히 찾을 수 없다. 건축에 대한 이야기가 꽤 많이 나오는 시절인데도 그는 우리에게 전혀 알려져 있지 않다.

영국인인 그가 인도에서 활동한 탓일까? 집이 없거나 가난한 인도 사람들을 위해 싼 집만을 평생 지은 탓일까? 빈민들을 위해 1만 채넘게 집을 지으면서도 대부분 집세를 받지 않거나 최소한으로 받은 탓일까? 이집트에서 흙벽돌 마을을 세운 하산 파트히가 이집트보다 서양에서 주로 활동해 1970년대부터 서양에 널리 알려지고 2000년에는 그의 책이 우리에게도 소개된 것과 달리, 서양인인 베이커는 서양이 아니라 인도에서 활동한 탓일까? 그러나 베이커는 하산 파트히와 함께 생태건축의 양대 산맥으로 1970년대부터 널리 알려졌다.

베이커는 훌륭한 건축가이기 이전에 그 인격과 소박한 삶으로 나에게 감동을 준다. 1917년 영국 버밍엄에서 태어난 그는 10대에 기성종교에 회의를 느끼면서 자발적으로 퀘이커교도가 되었고, 건축을 공부했다. 제2차 세계대전 때는 집총을 거부한 양심적 병역 거부자로 앰뷸런스 부대에 근무하면서 중국과 일본의 전선에서 민간인 사상자, 특히 한센병 환자를 치료했다. 그는 환자 치료로 건강이 나빠진 탓에 영국으로 돌아가게 되었고, 그 길에 인도 뭄바이에서 배를 기다리다가 친구를 통해 간디를 만났다.

당시 간디는 '영국은 인도에서 완전히 떠나라'며 독립운동을 했지만, 인도의 독립에 찬성하는 서양인들을 배척하기는커녕 환영했다. 특히 한센병에 관심이 컸던 간디가 8킬로미터 안에서 찾을 수 있는 재료로 가난한 사람들을 위해 집을 지어야 한다고 주장한 점에 베이커는 공감하고, 인도에 머물기로 결심했다. 그리고 2007년 90세로 죽을 때까지 64년간 인도의 시골에서 살았다.

지역 재료로 건축 비용을 낮추다

—

1945년부터 베이커는 한센병 환자들을 위한 선교 아슈람(인도의 전통적인 암자) 건설을 목표로 일하면서 서양인들이 사는 과시적인 방갈로와 화려한 사교 모임, 수많은 인도인을 하인으로 부리는 생활을 거부하고 인도인들과 함께 살았다. 그는 양가의 반대를 무릅쓰고 한센병 전문의사와 결혼했다. 베이커 부부는 신혼여행차 우연히 들른 히말라야의 외딴 마을에서 그들을 찾은 한센병 환자들을 위해, 버스 종점에서 80킬로미터나 떨어진 산속 골짜기의 황무지 언덕 비탈에 집과 병원을 짓고 16년을 한센병 환자들을 돌보며 살았다.

그리고 그곳에서 정규교육을 받지 않은 석공과 목수들을 통해 여러 세대에 걸쳐 이어져온 전통 건축을 보면서 건축을 다시 새롭게 배웠다. 그래서 서양식 건축, 특히 당시 범세계적이었던 모더니즘 건축운동이 인도에는 전혀 맞지 않고, 인도의 토착 건축만이 자신에게 맞는다는 사실을 알았다.

겸허하게도 베이커는 그러한 앎과 발견이 자신에게만 해당할 뿐이지 보편적인 지식이라고 주장하지는 않았다. 그는 언제나 지역의 장인정신, 전통적인 건축 기법과 재료를 택했지만, 적절하다고 생각하는 경우에는 현대적인 디자인 원리와 기술을 결합하기도 했다. 그러나 에너지가 가장 많이 드는 건축자재 중 하나인 시멘트를 주성분으로 하는 철근콘크리트는 최대한 적게 사용했다. 이처럼 현대 기술을 신중하게 채택함으로서 지역 건축은 문화적 정체성을 유지했고, 무엇보다도 그가 강조한 지역 재료의 사용은 건축 비용을 낮추는 데 도움을 주었다.

또한 건축물을 건설하고 벽돌 등 건축자재를 제조하는 일에 지역의 노동력을 사용함으로써 지역 경제를 되살렸다. 베이커는 언덕에 학교 몇 개와 예배당, 병원을 지었다. 저비용 건축에 대한 소문이 퍼지면서 많은 사람이 그를 찾았다. 대부분 가난하거나 병든 사람들이었다. 특히 주변 환경을 개선해 환자들을 편하게 하는 것이 치료에 중요하다는 사실을 깨달은 의료진이 그를 찾아왔다.

그가 세운 건물들은 대부분 복잡한 빛과 그림자의 패턴을 만들면서 건물 내부를 냉각시키기 위해 자연스럽게 공기의 흐름을 유도하는 구멍 뚫린 벽돌벽으로 되어 있다. 지붕 위의 불규칙하고 피라미드 같은 구조물의 한쪽이 열린 채 바람을 받아들이게 되어 있는 것도 특징적이다. 또 인도 전통 건축의 경사진 지붕과 흙으로 구운 기와를 통해 뜨거운 공기가 빠져나가고, 곡선의 벽은 직선 벽보다 낮은 재료비로 더 많은 공간을 둘러싼다. 벽돌의 맨 표면을 좋아하고 석고나 다른 장식들을 불필요한 것으로 여긴 베이커는 적절한 건축자재, 문, 창틀을 찾아 쓰레기 더미를 뒤지기도 했다.

생태건축으로 민주주의의 본질을 구현하다

베이커는 즉흥적인 건축 과정으로도 유명하다. 그의 건축이 무엇보다도 건축가, 고객, 장인 간의 상호 신뢰에 기반을 두기 때문이기도 하지만, 자연조건이나 생활조건에 따라 건축은 항상 변한다는 믿음에 근거하는 것이기도 했다. 그래서 처음의 설계 도면은 최종 시공으로 이상적으로 연계될 뿐이고, 세부 건축의 대부분은 현장에서 힌트를 얻어 즉흥적으로 이루어졌다. 가령 건축 도중에 부엌에서 작은 창문을 통해 아름다운 나무를 볼 수 있겠다고 판단되면 바로 창문을 새로 내는 식이었다. 그러므로 사전에 그려진 디자인이나 계산된 견적을 엄격하게 준수해 세부적인 도면 세트를 현장에서 기계적으로 구현하는 전형적인 방식을 기피했다.

내면의 신성神性을 중시하는 퀘이커교도로서 그는 자연에 깊은 관심을 가지고, 원래의 지형을 손상하거나 나무를 뿌리째 뽑는 것은 자연보호뿐 아니라 경비 절감이라는 측면에서도 불필요하다고 생각했다. 부지를 평평하게 만드는 것은 낭비라고 주장하는 그는 첨단기술 대부분도 거부하고 자연 친화적인 기술을 추구했다. 가령 기압차를 이용해 건물에 시원한 공기를 끌어들이기 위해 연못 근처에 높은 벽돌벽을 세워 냉각 시스템을 만들었다. 재활용 재료를 사용하고 디자인을 검소하게 만드는 그의 건축은 생태건축의 전형이라고 할 수 있다.

그러나 내가 그의 건축을 사랑하는 이유는 무엇보다도 소박하고 아름답기 때문이다. 특히 다양한 패턴으로 구멍 뚫린 벽돌벽은 레이스 문양을 연상시킬 정도로 아름답고, 나선형으로 이어지는 경사진 내부 구조는 신비롭고 기념비적이기도 하다. 특히 그는 인도의 전통적인 망고 패턴에 매료되어 수많은 문양의 아름다운 디자인을 남겼다. 그의 건물은 코코넛이나 대나무로 항상 덮여 있다. 대한민국을 뒤덮고 있는 아파트 콘크리트는 물론 안도 다다오식 콘크리트 건물의 유행에 절망하는 나는 베이커가 지은 소박한 에콜로지 집들이 더욱 그립다.

1969년부터 인도 남쪽 끝, 사회주의가 강한 케랄라주의 주도인트리반드룸에 정착한 그는 죽기 직전까지 그의 집 안팎에서 누구의 도움도 받지 않고 혼자서 계속 일했다. 그가 평생 손댄 1만 채가 넘는 건물은 공공기관의 요청으로 대부분 빈민용으로 지어졌고, 설계부터 시공까지 직접 맡은 베이커는 대체로 대가를 받지 않거나 적은 수고료만 받았다. 그는 화석연료를 과잉으로 사용하는 반생태적인 현대건축이 아니라 자연 속에서 모든 사람이 살 수 있는 집들로 마을을 형성하는 것이 민주주의의 본질이라고 믿었다. 이런 그가 '건축계의 간디'로 불린 것은 그에게 유일한 명예이자 최대의 영예였다.

헤르베르트 케겔

Herbert Kegel, 1920~1990

20세기의 절망을
연주하다

절망의 끝에서 희망을 만나다

———

언젠가 음대 교수들과 식사를 하는 자리에서 '클래식 황제' 운운하며 헤르베르트 폰 카라얀에 대한 찬양이 끝없이 이어진 적이 있었다. 나는 지겨워져서, 그의 기름지고 인위적인 음악이 너무 싫어 아예 듣지 않는다고 했다가 형편없이 무식하다고 눈총을 받았다. 그 눈총이 너무나 아니꼬워서 헤르베르트 케겔의 지휘를 더 좋아한다고 했더니 그런 이름은 들어본 적이 없고, 수많은 독일 지휘자 중 한 명일 테니 몰라도 무방하다는 식의 더 수상한 눈총을 받았다.

사실 우리나라에 나온 클래식 관련 책에 케겔이 나오는 경우는 거의 없다. 소개된 음반도 거의 없다. 동독에서 활동하다가 독일 통일 직후인 1990년에 자살한 탓으로 우리나라 음악인들이 모르는 것도 당연할지 모른다. 특히 누구보다도 카라얀의 귀족주의적이고 자본주적인 음악, 배금주의적인 삶이나 현실주의적인 가치관을 철두철미하게 비판한 사람이기에 더욱더 그럴지도 모른다. 카라얀만이 아니다. 거의 모든 유명 지휘자나 연주자를 포함시켜도 좋다. 여기에 맞서는 지휘자는 아마 케겔이 유일하지 않을까 싶다.

케겔이 사회주의 이념에 철저해서 자살했다거나 그를 냉전의 희생자로 보는 사람들도 있지만, 적어도 그의 음악에서는 그런 점을 전혀 느낄 수 없다. 그는 흔해 빠진 '어용 음악인'이 아니라 서방의 어떤 지휘자보다도 고전음악은 물론이고 현대음악에도 조예가 깊었고, 음악에 대한 정부의 간섭에 저항했으며, 청중의 취향에 영합하지 않고 자유롭게 선곡을 했다. 게다가 누구보다도 열정적이고 야성적이라고 할 정도로 진폭이 크고 격렬하며 비애가 흘러넘치는 새로운 음악을 창조했다.

사실 그가 스스로 목숨을 끊은 직접적인 이유는 통독 이후 상업적인 음반시장의 습격에 제대로 적응하기는커녕 이 현상을 극도로 혐오한 탓이었다. 하지만 그의 음악 자체가 그것을 듣는 사람이라면 누구나 극단적 선택을 내릴 충동을 느낄 정도로 처절했다는 점도 관련이 있을지 모른다. 물론 나에게 그의 연주는 언제나 절망의 벼랑 끝에서 끝나도, 그만큼 희망의 대양을 보여주기에 언제나 소중하고 고맙지만 말이다.

현대의 운명적 병리 현상을 표현하다

———

케겔이 태어나 죽은 드레스덴은 '독일의 피렌체'니 '유럽의 발코니'라고 불리는 아름다운 도시로, 통독 직후인 1990년대 초에 옛 동독 지역을 여행하면서 처음 들른 곳이었다. 내가 좋아하는 작가 에리히 케스트너나 화가 게르하르트 리히터의 고향이기도 하다. 케스트너는 통독 전인 1974년에 죽어 드레스덴에 돌아가지 못하고 객지인 뮌헨에 묻혔지만, 케겔은 드레스덴에 묻혔다. 케겔은 1920년에 가난한 노동자였던 아버지의 반대를 무릅쓰고 고향에서 피아노를 배우다가, 제2차 세계대전 때 손가락 부상을 당해 피아니스트가 되기를 포기하고 지휘자가 되었다.

그전에 카를 뵘에게 지휘를 배우기도 했지만, 뵘은 케겔에게 "지휘는 스스로 배워야 하는 것"이라고 함이 옳았다고 나중에 말하기도 했다. 케겔은 1953년부터 라이프치히 방송교향악단을, 1977년부터 1985년까지 드레스덴 국립교향악단을 지휘했다. 그런데 그는 언제나 완벽을 추구하고 공격적이어서 단원들과 화목하지 못했고, 결국 정부에서 강제 퇴출당할 정도로 권력과도 적대적이었다. 세 차례 결혼한 이유도 조울증적인 기질 탓이었다는 점 외에는 특별한 이유가 없다. 그의 자살은 국가, 직장, 가정 등 모든 곳에서 그가 소외된 탓이라고 볼 수 있지 않을까?

나는 그가 지휘한 현대음악을 좋아한다. 특히 드미트리 쇼스타코비치의 교향곡 5번은 소련 권력에서 사상적 비판을 받은 뒤 베토벤의 교향곡 5번 〈운명〉처럼 어둠에서 밝음을 찾아가는 곡으로 작곡한 것이지만, 케겔의 연주는 그런 의도로 작곡한 것임을 전혀 느낄 수 없을 정도로 어둡고 분노로 가득하다. 한국에서 '혁명'이라고 부르는 반공주의적 색깔도 전혀 없다.

쇼스타코비치의 교향곡 15번 연주도 처절하다. 그가 지휘한 이고리 스트라빈스키의 〈봄의 제전〉과 〈불새〉에서 보이는 야성미, 구스타프

말러의 곡에 대한 광기 서린 해석과 연주, 파울 힌데미트의 관현악곡과 아널드 쇤베르크·알반 베르크·안톤 베베른 등의 곡을 열정적으로 연주함과 동시에, 안톤 브루크너의 곡과 리하르트 바그너의 〈파르지팔〉을 지휘한 것도 나는 좋아하지만, 가장 즐겨 듣는 것은 역시 만년에 지휘한 베토벤의 곡들이다.

다른 작곡가의 작품을 지휘할 때에는 원래 한없이 묻어나던 절망감이 상당히 옅어진 이유가 케겔이 나이를 먹어 원숙해진 탓인지는 알 수 없지만, 그래도 내가 가장 좋아하는 베토벤의 〈운명〉, 그중에서도 4악장에는 그의 개성이 뚜렷하게 나타난다. 누군가는 그 연주를 현대의 운명적 병리 현상을 음악으로 가장 완벽하게 표현했다고 상찬하기도 했다. 케겔의 〈운명〉은 숙명과도 같이 처절해 행복 같은 것은 어디에서도 느낄 수 없다. 익살스럽고 분방해야 할 스케르초인 3악장도 처절하기는 마찬가지여서 광기마저 흘러넘친다. 그 부분의 카라얀 연주를 들어보면 두 지휘자가 그야말로 비극과 희극의 양극단에 서 있음을 알게 된다.

'운명의 극복'이라는 메시지는 궁극적으로 케겔에게 무의미하다. 도리어 마지막까지 운명에 대한 처절한 절규다. 사실 1악장부터 운명에 대해 분노를 표출하고, 2악장은 장송행진곡처럼 무겁고 슬프다. 2악장은 보통 8분 정도인데, 케겔의 연주 시간은 12분을 넘어갈 정도로 느리고 장엄하다. 베토벤의 교향곡 6번 〈전원〉에도 전원 풍경은커녕 자연의 품이 없다. 시커먼 구름이 세상을 집어삼킬 듯한 어둠에 싸인 전원일 뿐이다. 베토벤이 농민의 춤을 그렸다는 3악장도 악마의 춤으로 변주된다.

20세기에 대한 절망으로 점철된 비극적인 삶

———

케겔이 베토벤 교향곡 9번 〈합창〉을 연주할 때에는 전쟁의 참혹함을 다룬 작품들을 반드시 함께 연주해, 히틀러와 스탈린 같은 독재자들이 그들의 생일이나 축제 때마다 이 곡을 연주하게 한 것을 상기시키고자 했다. 그를 따른 탓인지 지휘자 미하엘 길렌은 이 곡에 흐르는 환희의 상대적 의미를 더욱 직접적으로 해석하기 위해 쇤베르크의 〈바르샤바의 생존자〉를 3악장과 4악장 사이에 연주함으로써 두 작품이 갖는 정치적 의미를 극도로 대비시키기도 했다. 나치에 가담한 카라얀이라면 그런 시도를 비웃었을지도 모른다.

요제프 괴벨스의 지지를 받은 빌헬름 푸르트벵글러와 함께 카라얀은 헤르만 괴링의 지지를 받았다. 같은 곡을 연주해도 카라얀은 부르주아적 쾌락의 사치에 젖지만, 케겔은 프롤레타리아적 순수의 과묵에 젖었다. 그러나 그는 자본주의만큼이나 사회주의에도 절망했다. 그와 마찬가지로 동독에서 살았던 베르톨트 브레히트처럼 그는 어느 체제에도 복종하지 않았다.

케겔은 벤저민 브리튼의 전쟁 반대 성악곡인 〈전쟁 레퀴엠〉을 녹음한 직후 자살했다. 이 곡은 죽은 자들을 위한 미사의 라틴어 가사로 이루어졌고, 제1차 세계대전이 끝나기 바로 며칠 전에 전사한 윌프리드 오언의 전쟁 탄핵 시 9편을 결합해 전쟁의 비참과 평화에 대한 희구를 표현했다. 독창자 3명은 전쟁 중 가장 고통을 겪은 세 나라인 영국, 독일, 러시아를 대표한다. 브리튼은 일본 히로시마의 원자폭탄 투하와 간디의 암살에 충격을 받아 이 곡을 썼다. 지옥의 묵시록과 같은 이 곡의 녹음이 케겔의 자살과 상관이 있다고는 할 수 없어도, 케겔이 제2차 세계대전의 트라우마를 평생 안고 간 것은 사실이다. 그리고 독일의 통일이 그가 평생 저주한 자본주의화라는 점에 대해 공포가 있었던 것도 사실이다.

그의 절망은 1920년에 태어나 1990년에 죽은 그의 평생인, 20세기 자체에 대한 것이었다. 케겔의 묘지는 드레스덴 교외의 숲속에 있는 슈테파누스 공동묘지 구석에 있다. 그곳에는 제2차 세계대전의 희생자들을 기리는 기념관이 있고, 강제수용소 희생자들의 무덤도 함께 있다.

조르주 브라상

Georges Brassens, 1921~1981

나쁜 평판을
당당히 노래하다

넷만 모이면 한심한 패거리

세월 따위 상관없어

스물이건

꼴통이면 꼴통인 거지

꼴값 떨지 마라

곧 죽든 팔팔하든

엊그제 소나기 처음 본 꼴통

고리짝 눈가루 뒤집어쓴 꼴통.

요즘 내가 매일 듣는 조르주 브라상의 샹송 〈세월 따위 상관없어〉
의 가사다. 20세 대학생은 나를 보고 빨간 영감탱이 진보 꼴통이라고
하고, 나는 그를 싹수부터 노란 보수 꼴통이라고 부르지만, 꼴통인 것

은 마찬가지다. 그러니 꼴통들이 서로를 한심하게 보는 것은 사실 세월이나 나이와는 무관하다. 앞의 번역은 브라상의 평전『샹송을 찾아서』를 쓴 장승일 교수(서울대 불어교육과)가 한 것을 내가 조금 손댄 것이다. 가령 장승일 교수가 제목을 '시간은 상관없어요'라고 번역한 것을, 나는 '세월 따위 상관없어'로 고쳤다. 브라상 특유의 풍자를 강조한답시고 그렇게 고쳤지만, 혹시 장승일 교수에게 누가 되었다면 죄송한 일이다. 아래의 〈넷만 모이면〉도 장승일 교수의 번역을 참고해 내가 옮긴 것이다.

떼 지으면 안 돼 어떤 인간이든
넷만 모이면 한심한 패거리니
······
대참극으로 죽은 자들 닮기 싫어
내 힘으로 홀로 살고 싶어
무덤 가는 길 돕겠다고?
난 뭐든 다 나누지만 관만은 안 돼.

요즘 '사회적 거리두기'라는 말이 유행이지만, 나는 옛날부터 그랬다. 나는 무슨 동창회고 관혼상제고 딱 질색이다. 애들 결혼식도 부조금 받지 않고 아는 사람들하고만 간단하게 했다. 평생을 거의 혼자 살았다. 지금은 누구나 마스크를 쓰지만 여기 시골에서는 쓸 필요가 없다. 그러니 마스크를 산 적도 없다. 내 집과 내 밭만 오가고 개나 닭만 만날 뿐인데 무슨 마스크인가? 그래서 브라상의 노래 중에서 가장 유명한 〈나쁜 평판〉이 내 주제곡이기도 하다.

이름 없이, 마을에서

난 평판이 나빴지

소란을 피우든 숨죽이고 있든

수상한 놈으로 통했지

난 사람들한테 잘못한 게 없어

그냥 나대로 내 갈 길 가면서

그런데 사람들은 싫어하지

자기들과 다른 길 가는 나를

정말 사람들은 싫어하지

자기들과 다른 길 가는 나를

모두들 날 저주했지

벙어리만 빼고 당연히.

이 세기는 썩어 문드러졌어

————

2018년에 노벨문학상을 받은 밥 딜런보다 브라상이 그 상을 훨씬 일찍 받을 자격이 있었다고 하면 나를 역시 꼴통이라고 욕할 분들의 모습이 당장 눈앞에 선하다. 하지만, 내가 그렇게 평가하는 브라상의 노래 가사를 그대로 옮기면 고상한 독자들이 화를 낼 것 같아 더는 소개하지 않겠다. 그러나 "내가 항상 조잡한 단어를 사용한다 해서 악평하는 사람이 많습니다(그가 예로 든 '조잡한 단어'는 아예 생략한다). 단지 그 말을 듣는 사람들이 이상한 상상을 하는 것이 잘못인 듯합니다"라고 했다는 것만 밝혀둔다.

    그러나 가사를 빼면 사실 그의 노래는 모두 비슷하다. 그냥 지껄이듯이 노래하기에 나는 좋지만 그걸 음악이나 노래라고 할지는 음치인 나도 의문이다. 몇 옥타브가 아니라 한 옥타브, 아니 반 옥타브의 음역대일지도 모른다. 그러니 타고난 음치일지도 모른다. 그러나 저런 가사를 노래하는데 높은 음이 왜 필요할까? 노래에 변화도 거의 없다. 모든 노래가 다 같은 멜로디라고 해도 과언이 아니다. 다른 것은 가사다. 그의 목소리처럼 그의 모습도 보통 사람의 그것이다. 거의 넥타이 없이 푸르죽죽한 낡은 점퍼나 슈트에 낡아빠진 코르덴 바지, 너털 수염에 파이프. 여기에 기타 한 대. 표정도 거의 하나, 무표정이다.

    브라상은 1921년 프랑스 남부의 세트에서 태어났다. 세트는 보수적인 폴 발레리의 고향이기도 해서 같은 마을에서 보수와 진보 인사가 함께 태어난 것이지만, 두 사람 모두 시인이라는 점에서는 같다. '프랑스의 베네치아'라고도 하는 이 작은 바닷가 마을은 시인들의 고향이기에 충분하다는 생각이 들 정도로 아름답다. 그러나 브라상은 17세에 도둑으로 잡혀 집행유예로 풀려났지만 학교를 그만두고, 19세에 고향을 떠나 파리의 숙모 집에 기거하며 도서관에 처박혀 2년 반을 책벌레로 산다. 그러다가 21세에 시집 2권, 즉 『경쾌하게』와 『칼로 물 베기』를 낸다. 두 번째 시집의 마지막은 이렇게 끝난다.

> 우리가 사는 이 세기는 썩어 문드러졌어
> 모든 게 비굴함과 저속함에 불과해
> 가장 위대한 살인마들이 가장 위대한 미사를 드리니

여기에 가장 뛰어난 자들이 가장 위대한 자들
이 말을 알아들은 자들에게 경의를 표한다
나머지는 똥이나 먹어라!

그는 시를 쓰고 작곡을 하면서 자동차 공장에서 일했다. 제2차 세계대전 때 독일군에 끌려갔다가 휴가차 나와서 숙모의 친구 부부 집에 숨는다. 전쟁이 끝난 뒤 나이트클럽을 전전하던 브라상은 1952년 카바레 주인이자 가수인 파타슈의 카바레에 출연해 스타가 되고, 앞서 살펴본 〈나쁜 평판〉을 비롯해 수많은 명작을 발표한다. 노래 〈나쁜 평판〉은 다음과 같이 이어진다.

대혁명 기념일에도
푹신한 침대 속에서 뒹굴었지
발맞추어 울려대는 음악
나하고는 무관해
난 사람들한테 잘못한 게 없어
울리는 나팔소리 안 들었다고
사람들은 나를 싫어하지
자기들과 다른 길 가는 나를
사람들은 정말 싫어하지
자기들과 다른 길 가는 나를
모두들 날 손가락질했지
손 없는 외팔이만 빼고 당연히.

저는 귀족이 되기 싫어요

———

그러나 이 노래를 비롯해 몇 노래는 방송 불가 판정을 받기도 했다. 미국의 조지프 매카시 정도는 아니지만, 1950년대 6·25전쟁 이후의 반공주의는 유럽에서도 검열을 강화시켰다. 그 뒤 그는 '시인'이라는 말을 거부하고 자신을 '송라이터'라고 부르면서 예술원 같은 곳에 들어가기를 받아들이지 않는다.

> 꼬마 피리장이가
> 성으로 음악을 이끌었네
> 그 노래가 하도 좋아
> 왕이 벼슬을 내렸네
> '저는 귀족이 되기 싫어요'
> 풍각쟁이 답했네
> '벼슬을 받으면
> 내 소리에 허풍이 끼니까'
> 그럼 모두 이러겠지요
> '피리장이가 배신했다고'.

하지만 나이가 들어 꼴통이 된 탓인지 1967년에 브라상은 시인 최고의 영예인 아카데미 프랑세즈의 시작詩作 대상을 받는다. 뾰족모자에 제복에 칼까지 차는 아카데미 프랑세즈의 회원이 되는 것은 싫다며 우체부 제복만 사랑한다고 해서 다행이랄까. 그는 68혁명 때 침묵했지만, 그것은 자신의 노래로 그 혁명을 만든 사람의 침묵이었다. 그리고 1970년 이후에는 프랑스 북부 지역인 브르타뉴의 시골에 칩거한다. 그 뒤에도 노래를 멈추지는 않았지만, 1981년 암으로 죽어 고향 세트에 묻혔다.

피에르 파올로 파솔리니

Pier Paolo Pasolini, 1922~1975

예수를
농민 혁명가로 그리다

농민들의 공유 정신을 추구하다

2020년에는 비행기를 타지 않았다. 타지 '못했다'고 하는 것이 옳을지 모른다. 아무튼 비행하지 않아 다행이다. 지난 세월 내가 했던 몇 차례 비행도 기후변화나 코로나19 발생에 기여했으리라. 그런데도 또는 그렇기 때문에 이제는 되살릴 수 없는 추억이 더욱 사무친다. 몇 해 전 유럽 최초로 대중교통 요금 무료화를 실시한 '붉은 도시' 볼로냐도 그중 하나다. 볼로냐 하면 움베르토 에코가 생각나고, 이 세상 어디보다 책이 있는 구석방이 최고라는 그의 말에 요즘 더욱 고개를 끄떡이지만, 그는 볼로냐대학 교수를 지냈지 볼로냐 출신은 아니다.

볼로냐 출신으로 내가 좋아하는 사람은 평생 비슷한 회색조의 정물화만 그린 절제의 화가 조르조 모란디, 그와는 정반대로 폭력이나 성性의 대명사 같은 영화감독 피에르 파올로 파솔리니가 있다. 소설가, 시인, 기자, 배우, 비평가, 시나리오 작가, 화가, 삽화가, 정치적 아웃사이더, 성소수자 등으로도 불리는(그 각각이 별개가 아니라 모두 통합된 르네상스적 인간 같은) 파솔리니는 평생 오로지 명상하는 은둔 화가로 산 모란디와 많이 다른 듯하지만, 자본주의 등장 이전의 신비를 갈구한 점에서 서로 통한다.

1945년 이후 유럽 사회주의의 핵으로 떠오른 '붉은 도시' 볼로냐도 그전에는 '파시스트 도시'였다. 그 핵심에 파솔리니의 아버지와 같은 귀족 출신의 고위 파시스트 직업군인들이 있었다. 아버지는 농가 출신의 여성이 낳은 파솔리니를 아들로 여기지 않아 평생 아들에게 미움을 받았고, 그의 죽음도 아들을 기쁘게 했다.

아버지 같은 자들이 일으킨 전쟁을 피해 어머니의 고향인 알프스 산골 마을로 이주해 10년 동안 살면서, 자본주의와 무관하게 사는 농민에 대한 사랑을 그곳 방언으로 노래한 첫 시집 『카사르사의 노래』를 1942년에 내고, 농민들의 공유 정신을 추구한다는 이유에서 공산당에도 들어갔다. 그사이 1940년부터 3년간 볼로냐대학에서 미술사를 공부하고 1947년에는 공산당 지역 대표로도 활동했지만, 대지주에 대한 농민들의 반란과 자신이 동성애자라는 혐의로 공산당에서 추방당한 뒤로는 평생 공산당과 대립했다.

그 뒤 몇 해 동안 로마 빈민가에서 교사로 일하며 최하층 사람들을 그린 소설인 『삶의 아이들』과 『폭력적인 삶』으로 찬사와 비난을 동시에 받았다. 빈민가의 불량배가 권력에 저항하고 격렬한 파업을 직접 경험하면서 새로운 사회의 가능성을 발견한다는 소설에서 민중 혁명을 꿈꾸었지만, 그 후 민중의 힘이 자본주의 체제에 흡수되는 것을 지켜보면서 혁명에 대한 기대는 포기해야 했다.

그러나 자본주의 이전의 삶을 사는 빈민에 대한 애정과 그들을 억압하는 권력에 대한 저항 의식은 죽을 때까지 포기하지 않았다. 그 뒤로도 파솔리니가 만든 모든 작품에 대해 가톨릭과 우파는 그가 타락한 사람들을 다룬다고 비난했고, 좌파는 프롤레타리아 계급이 위험하다는 오해를 사게 한다고 비판했다. 그러나 그는 좌우 어디와도 타협하지 않는 소수자 이단의 길을 계속 걸었다.

부르주아 중심의 정치와 문화를 비판하다

1950년대에는 잡지를 창간해 안토니오 그람시의 사회주의와 반자본주의적 공동체 이념을 결합해 당대 부르주아 중심의 정치와 문화를 비판하고, 그람시가 예찬한 프롤레타리아를 예정된 혁명적 전위로서가 아니라 자본주의 등장 이전의 공유 정신을 여전히 가지고 있는 공동체의 구성원이라는 점에서 찬양했다.

1961년에는 앞서 발표한 소설 두 편을 기반으로 하여 빈민가 불량배들의 뿌리 뽑힌 삶을 바흐의 음악과 중세 종교화 이미지와 결합해 묘사한 첫 영화 〈걸인〉을 제작했다. 영화는 시적 예술, 즉 실재를 가지고 실재를 표현하는 '사실적 시'라는 영화론을 전개한 그는, 〈걸인〉처럼 각종 사회문제를 신화와 고전과 함께 묘사하는 작품을 만들었다. 이러한 영화론을 구현한 첫 작품인 1965년의 〈마태복음〉은 내가 가장 좋아하는 영화다. 그 어떤 예수 관련 영화와도 다르게 한 치의 과장이나 생략도 없이 『마태복음』을 거의 그대로 진지하게 옮긴 이 영화는 예수의 혁명적인 가르침이 오늘날 기독교도들이 기독교라고 믿는 것과는 전혀 다른 것임을 보여준다.

이 영화는 이탈리아 남부의 헐벗은 농촌을 배경으로 삼아 연기와 무관한 농민들을 배우로 기용했다. 그뿐 아니라 산드로 보티첼리부터 조르주 루오까지 화가들이 남긴 다양한 종교화를 방불케 하는 장면을 구성하고, 바흐부터 모차르트까지 아우르는 종교음악과 흑인영가를 삽입해 신비스러운 분위기를 배가했다. 이 영화는 훨씬 뒤에 만들어진 〈패션 오브 크라이스트〉를 비롯해 예수 관련 영화들이 예수의 가르침이 아니라 예수가 겪은 고초를 과장해 눈물샘 자극만을 노린 것과는 반대로, 예수를 불온한 농민 혁명가로 묘사한다. 무신론자인 파솔리니 이상으로 예수를 제대로 이해한 사람은 없다.

파시즘이 장악한 이탈리아는 소돔과 다를 바 없다

1960~1970년대에 파솔리니는 이탈리아가 자본주의에 순응하는 소시민을 중심으로 한 새로운 파시즘을 바탕으로 다름, 특히 문화적 차이를 용납하지 않는다고 비판했다. 소비사회와 부르주아의 천박함을 경멸하고, 성적으로 남들과 다르다는 것 때문에 배척당하는 괴로움을 책과 영화와 음악으로 표현한 그에게는 좌우 모두가 적이었다.

1975년, 파시스트들이 벌이는 가학과 자학이 뒤섞인 최후의 만찬을 그린 영화 〈살로, 소돔의 120일〉을 만든 뒤 그는 무참하게 살해당했다. 이 영화에 출연했던 당시 17세의 피노 펠로시가 범인으로 지목되어 처벌까지 받았으나, 2005년 그는 자신이 협박에 못 이겨 허위자백을 했다며 범행을 부인했다. 사건 발생 때부터 정치적 타살이라는 주장이 많았지만, 결국 재수사가 이루어지지 않아 사건은 미궁에 빠졌다.

사드 후작의 소설 『소돔의 120일』을 1944년 이탈리아를 배경으로 재현한 〈살로, 소돔의 120일〉은 사드의 원작에 나오는 모든 종류의 성적 고문에다가 동성애·불결 취미·항문애 등까지 보여주고, 희생자들은 아무런 저항도 하지 않고 피학적 태도로 일관하게 했다. 이는 죽기 직전의 파솔리니가 극단적인 허무주의, 즉 파시즘은 도저히 뿌리 뽑을 수 없다는 뿌리 깊은 절망에 빠졌음을 보여준다. 파시스트 음악인 카를 오르프의 〈카르미나 부라나〉가 흐르고, 파시즘을 지지한 에즈라 파운드의 시가 낭송되는 마지막 장면에서 특히 그렇다. 최근 한국에서 그런 음악과 시가 유행하기에 더욱 몸서리쳐진다.

파솔리니는 문명, 도덕, 사회, 가족 등을 거부한 극소수 이단 예술가 중 한 사람이었다. 그의 영화에 나오는 예수나 오이디푸스를 비롯해 모든 주인공은 그 자신과 마찬가지로 하층계급의 반역자로 사회적으로 공인된 모든 가치와 도덕을 부정한다. 게다가 그들의 저항은 이성이나 전망에 근거한 것이 아니라, 자본주의가 도래한 시점을 기준으로 이전의 농민이나 이후의 빈민이 가지고 있다는 순수한 의식에서 나온다. 반면 그의 영화에서 상류의 유산계급 인간들은 탐욕스럽거나 무기력한 존재, 또는 위선적인 존재로 부정적으로 묘사된다. 그리고 모든 아버지는 부정적인 증오의 대상으로, 사랑의 대상으로 표현되는 유일한 여성인 어머니와 대립한다.

"작가로서 행하는 모든 이데올로기적·사회적 활동은 아버지와의 투쟁에서 비롯된다"고 한 그에게 아버지는 모든 권력의 상징으로, 투쟁의 대상이자 출발점이다. 결국 그 투쟁에서 실패하고 죽임을 당하지만, "인간 조건에서 지성은 오직 우리가 위험에 처해 있을 때, 진실 속에 있다는 확신을 의심하면서 번민할 때만 얻어진다는 것을 알아야 해. 그러니 자네는 자네 자신에게 가차 없이 엄격한 태도를 취해야 할 거야. 내가 자네에게 해줄 수 있는 말은 이것뿐이니 부디 자네가 잘되길 빌겠네"라고 그가 친구에게 했던 말은 지금 우리도 되새겨볼 필요가 있지 않을까?

조제 사라마구

José Saramago, 1922~2010

눈먼 혹은 눈뜬
시대를 투시하다

거친 땅에서 자라는 야생 무처럼

———

조제 사라마구는 태어나면서부터 이단이었다. 사실 '사라마구Saramago'
라는 성姓은 아버지의 것이 아니라 별명이다. 원래는 식량이 부족할 때
빈민이 대용식으로 먹던 야생 무를 일컫는 포르투갈 말이었는데, 아버
지가 아들의 출생신고를 할 때 실수로 쓴 것이었다. 그것을 그대로 둔
부모나 관료, 게다가 평생 그 단어를 성으로 삼은 사라마구를 어떻게
보아야 할까?

　　자녀가 아버지의 성을 따르도록 한 것은 국가가 개인의 신원 확
인을 위해 강요한 것이라는 점에서 사라마구는 태어날 때부터 반국가
적이었다고 한다면 지나친 농담일까? 아니면 서민적이라는 이유에서
그것을 자신의 이름으로 삼는 데 '당당한 겸손함'을 지녔다고 보아야
할까? '성을 갈다'라는 말에서 보듯이 성이 인생을 결정하는 가장 중요

한 요소인 나라에 사는 우리로서는 참으로 이해하기 쉽지 않은 일이다.

1998년 노벨문학상 수상 연설에서 그는 16세기의 어느 시인이 자신의 책을 출판하기 위해 온갖 수모를 겪으면서도 '당당한 겸손함'을 잃지 않은 것을 배워야 한다고 말했는데, 그 자신의 삶이야말로 언제 어디서나 '당당한 겸손함'이었다. 그 연설에서 76세의 그는 포르투갈의 시골에서 아들의 출생신고도 제대로 못 하는 가난한 농부의 아들로 태어나 단기 직업학교를 졸업한 뒤, 밑바닥 노동자로 사회생활을 시작해 평생을 가난한 글쟁이로 살았다고 회고했다.

그는 낮에는 공장에서 일하고 밤에는 도서관에 앉아 혼자 독서를 하면서 글을 쓰기 시작했고, 문학잡지와 일간신문의 평기자나 번역가로 일했다. 그러다가 52세가 된 1974년에 터진 4월혁명으로 우익 독재정권이 무너지자, 공산당의 추천으로 소규모 일간신문사의 부주간으로 취임한 것이 그가 맡은 생애 최초의 자리였다. 그러나 신문사 내부의 좌우익 갈등으로 해직된 뒤 생계를 위해 소설을 써야 했고, 60세가 된 1982년에 낸 『수도원의 비망록』으로 비로소 소설가로 인정받기 전까지 무명으로 살았다.

게다가 1998년에 노벨상을 타면서 우리에게는 처음으로 그의 이름이 알려졌다. 요즘에는 노벨상을 타도 책이 팔리지 않는다고들 하지만, 그래도 20세기가 끝나기 전에는 노벨상 수상 뉴스가 포르투갈 같은 변방의 문학을 알게 되는 유일한 계기였다. 그때 우리말로 처음 번역된 그의 『눈먼 자들의 도시』는 후속편으로 나온 『눈뜬 자들의 도시』와 『이름 없는 자들의 도시』처럼 '도시' 시리즈의 첫 작품인 듯 보이지만, '도시'는 한국어 번역판 제목에 붙은 단어일 뿐이고 『눈먼 자들의 도시』의

원래 제목은 『맹목Blindness』이었다.

　　이 소설에서는 사람들의 눈이 머는 전염병이 휩쓸어 모든 것이 파괴된 세상을 제대로 보지 못하는 인간들의 무지를 비판한다. 다행히도 한 여인만은 눈을 뜨고 세상을 바라보아 마지막 희망을 주지만, 소설은 너무나 어둡다. 삶이 비참해지면 인간은 이성을 잃게 되고, 권력자들은 인간의 존엄성을 철저히 짓밟는다. 또 소수의 거짓말이 다수의 진실을 대신하고, 이웃에 대한 존경심을 잃어버리면 자신도 존경받지 못한다. 이 사실을 깨우쳐준 이 소설을 20년 전에 읽고 받았던 감동은 지금 더욱 심한 전율로 나에게 다가온다.

모든 우성의 권위에 대항하다

———

지금, 우리야말로 '눈먼 자들의 나라'에 살고 있는 것이 아닌가? 볼 줄 모르는 사람들, 아니 보기를 거부하는 우리는 최소한의 인간적 관계와 유대를 형성하는 공동체도 상실한 채 자신처럼 인간으로 인정하는 타인과 더불어 살아가야 한다는 인간성의 인식에서 비로소 가능한 사회의 형성에도 실패하고, 국가니 기업이니 교회니 언론이니 하는 제도가 만들어낸 비인간적인 세상에서 저마다의 고유한 개성도, 삶의 의미와 인간의 존엄성도 가지지 못하고 있는 것은 아닐까? 『눈먼 자들의 도시』를 쓰고 그 이후에 낸 『눈뜬 자들의 도시』에서는 잔인한 권력이 전면에 대두하는 백색혁명을 묘사하는데, 그것도 바로 우리의 역사를 보여주는 것이 아닌가?

최근 어느 인터넷신문에서 조제 사라마구를 공산주의자라고 쓴 글을 보았다. 유럽인들이 스스로 '코뮤니스트communist'라고 말할 때 그 말을 '공산주의자'라고 번역하면 국가보안법이 살아 있는 한국에서는 문제가 될 수 있다. 그래서 언제나 그 말을 매우 조심스럽게 사용하는 소심한 나로서는 그렇게 단정 짓는 것에 몹시 신경이 쓰인다. 그가 47세의 나이에 포르투갈 공산당에 가입한 것은 사실이지만, 그 공산당은 가령 북한 공산당 같은 것과는 차원이 다른 것이다.

나는 그의 모든 작품을 어떤 의미에서도 그런 공산당의 선전물과 같은 것으로 읽어본 적이 없다. 인간을 억압하는 모든 우상의 권위에 대항하는 개인의 외로운 싸움, 부당한 권력에 맞서서 자유를 추구하는 그의 모든 작품을 사랑하는 나로서는 극도의 '권력주의'이자 '권위주의'의 표상인 공산당을 그와 연관시키기 어렵다. 조지 오웰의 『1984』, 프란츠 카프카의 『심판』, 알베르 카뮈의 『페스트』와 같은 반권력의 작품인 『눈먼 자들의 도시』를 비롯해 그의 모든 작품은 국가, 교회, 사유재산이 아니라 수평적 연대를 통한 직접민주주의, 공동 소유와 생산, 소비의 자주적 협의를 지지했다.

사라마구의 작품에 대한 또 하나의 한국식 해석은 조국에 대한 사랑을 강조하는 것이다. 포르투갈이 유럽 대륙에서 떨어져 나와 대서양을 표류한다는 내용의 『돌뗏목』과 같은 초기 작품이 그의 조국을 배경으로 삼고 있기는 하지만, 그것은 애국심과 무관하다. 도리어 70세에 출판한 『예수복음』에서 예수와 신을 타락하고 잔인한 인간으로 그렸다는 이유로 가톨릭교회와 보수정권의 탄압을 받아 스페인령의 뜨거운 모래섬으로 망명을 해야 했다. 그의 작품 중에서 내가 가장 좋아하는

『예수복음』은 신들과 축복받은 자들의 전설이 아니라, 치열하게 싸웠지만 이길 수 없는 절대 권력에 어쩔 수 없이 굴복해야 했던 인간들의 이야기이기에 감동적이다.

과거의 자기에게 침을 뱉는 자들

1998년에 노벨문학상을 받자 그의 조국은 그를 비로소 반갑게 맞았지만, 결국 그는 망명지에서 쓸쓸하게 죽었다. 그의 "상상력, 연민, 그리고 아이러니로 뒷받침된 비유"와 공식적 진실에 대한 "현대적 회의론"을 찬양하면서 스웨덴 아카데미가 사라마구에게 노벨문학상을 수여하기로 결정하자 바티칸 당국은 『예수복음』에 의문을 제기했다. 하지만 이에 사라마구는 "그들은 기도에 집중하고 사람들을 평화롭게 해야 한다. 나는 신자들을 존중하지만 그 기관을 존중하지는 않는다"고 했다.

사라마구는 2006년에 『옵서버』와의 인터뷰에서 "예술가는 예술가로서가 아니라 시민이기 때문에 모두에게 영향을 미친다. 시민으로서 우리 모두는 개입하고 참여해야 할 의무가 있다. 삶을 바꾸는 것은 시민이다. 나는 사회적 또는 정치적 참여 외에는 나 자신을 상상할 수 없다"고 했다. 사라마구는 가톨릭교회뿐 아니라 유럽연합, 국제통화기금과 같은 기관들도 비판했다. 그는 2002년 80세의 나이로 팔레스타인의 라말라를 방문해, 팔레스타인에서 일어난 일은 아우슈비츠에서 일어난 것과 같은 일상적 범죄가 되었음에도 이스라엘의 국민과 군대는 죄의식이 마비되었다고 비판하기도 했다.

죽기 직전까지 현실 참여를 멈추지 않은 그는 '맹목盲目'의 세상에서 진보주의자인 척하며 살았던 젊었을 때와 달리, 늙어서는 자기중심적인 보수주의자가 되어 돈과 권력만을 밝히고 양심이 마비되어 사는 인간들을 경멸하면서 말했다. "예의를 조금 걷어내고 말하자면, 이런 자들은 자신의 삶이라는 거울 앞에서 매일 현재의 자기 모습이라는 가래로 과거의 자기 모습에 침을 뱉고 있다." 88세로 죽기 직전까지 눈을 뜨고 살았던 사라마구야말로 눈먼 사람들의 시대를 투시한 우리 시대의 이단인이자 자유인이었다.

호르헤 셈프룬

Jorge Semprún, 1923~2011

픽션에
진실을 담다

20세기의 위대한 증인

———

소위 스타나 스타 영화를 좋아하지 않지만, 이탈리아 노동자 출신의 프랑스 가수이자 배우이면서 반전·평화운동가이고 사회주의자인 이브 몽탕이 출연한 영화 가운데 〈전쟁은 끝났다〉, 〈Z〉, 〈고백〉을 특히 좋아한다. 1969년에 제작된 〈Z〉는 한국에서 20년 뒤에야 상영되었는데 그때 함께 나온 시나리오를 보고(당시 〈로메로〉, 〈파리, 텍사스〉, 〈부용진〉, 〈졸업〉, 〈아빠는 출장 중〉 등이 개봉되면서 시나리오도 함께 발간되어 좋아했는데, 인터넷 시대라는 요즘에는 전혀 그렇지 못하다) 그 작가가 호르헤 셈프룬(프랑스어 표기로는 '조르주 상프룅')임을 처음 알았다.

당시 셈프룬에 대해서는 다른 어떤 정보도 알 수 없었지만, 그 후 30여 년이 더 지나 소위 정보가 흘러넘친다는 지금의 인터넷 시대에도 우리에게 그는 여전히 낯설다. 홀로코스트 문학을 대표한다는 평가를 받는 그의 소설 『오랜 여정』을 비롯해 그의 중요한 작품들은 아직 우리 말로 소개되지 못했다. 머리가 좋다는 유대인을 동족인 양 좋아하고 이스라엘 국기가 거리에서 펄럭이는 나라에서 참으로 이상한 일이다. 그가 유대인이 아니라 공산당원이어서 강제수용소에 들어간 탓일까? 그러나 그 뒤에 누구보다도 분명하게 공산당을 이탈한 그야말로 스타 반공 투사가 아닌가? 별로 유명하지 않아 쓰임새가 없는 것일까? 그가 2011년에 죽었을 때에도 "20세기의 위대한 증인" 등으로 추모한 수많은 외국 언론과 달리, 국내에서는 기사 한 줄도 나오지 않았다.

유대인이 아니라 공산당원이자 레지스탕스여서 1943년 9월 게슈타포에 체포된 그는 강제수용소로 이송되어 1년여 동안 끔찍한 고통을 겪는다. 그러나 고통은 그전부터 시작된다. 1923년 스페인에서 태어나 12세 때 내전을 맞아 가족과 함께 프랑스를 거쳐 네덜란드로 도피했다가, 네덜란드가 프랑코 정부를 승인하자 그는 다시 프랑스로 간다. 그곳에서 잠깐 고등학교를 다닌 뒤 1941년 소르본대학에서 철학을 공부하지만, 이듬해부터 독일군에게 저항하는 것이 스페인 내전의 연장이라며 레지스탕스와 공산당 활동에 뛰어들었다.

그러다가 셈프룬은 바이마르 부근의 부헨발트 수용소에 끌려가 지옥 같은 16개월을 보낸다. 나치가 1937년에 정치적 반대자를 잡아 가두어 노동을 강제하려고 세운 그곳에는 당시 수감자가 5만 명 이상 있었다. 그는 수용소에서 풀려나 1945년부터 유네스코에서 통역관으로 일했고, 1953년부터 1964년까지는 페데리코 산체스라는 가명 등으로 프랑코 치하의 스페인에 자주 드나들며 공산당 조직 활동을 벌였으나, 스탈린 독재를 비판해 공산당에서 제명당한다. 뒤에 그는 당시 스탈린식의 공산당 통치가 20세기의 가장 비극적인 사건이라고 했다.

강제수용소 경험의 본질적인 진실은 전할 수 없다
———

그렇게 40세가 넘은 셈프룬은 자신이 가축 트럭에 실려 수용소로 끌려
가며 겪은 닷새간을 소설로 쓴 첫 작품인 『오랜 여정』을 1963년에 발
표한다. 수용소에 들어간 지 20년이 지나 외국어인 프랑스어로 쓴 것인
데, 영어판은 『가축 트럭』이라는 제목으로 나왔다. 우리나라에서도 널
리 소개된 프리모 레비 등의 작품과 달리, "나는 잊어야 했다, 그러지 않
았다면 살 수 없었을 것이다"라며 20년이 지나서야 "수용소의 경험과
죽음에 대한 집착 없이 그것에 대한 이야기를 겨우 할 수 있겠지만, 사
실 자체를 전할 수 없으므로 소설로 쓴다"고 그는 말했다.

스탈린주의의 경험을 다룬 『라몬 메르카데르의 두 번째 죽음』도
마찬가지로 픽션이었다. 1977년에 낸 스페인어 소설인 『페데리코 산
체스의 자서전』은 전후 11년간 스페인에서 공산당 활동을 회고한 바를
스페인어로 쓴 작품이다. 그리고 1980년에 낸 『오, 얼마나 아름다운 일
요일인가』는 다시 나치 수용소의 하루를 쓴 소설로, 알렉산드르 솔제니
친의 『이반 데니소비치의 하루』를 연상시키지만 그 이상의 걸작이다.

1994년에 발표한 『글이냐 삶이냐』는 지식인이자 활동가인 자신
의 두 측면을 화해시킨 작품으로, 수용소의 고통을 안고 사는 문제와
그것을 문학으로 재현하는 문제를 다루면서 "강제수용소 경험의 본질
적인 진실은 전할 수 없다"고 선언한 점으로 유명하다. 이 선언은 격렬

한 논쟁을 불러일으켰다. 누구보다도 강하게 셈프룬을 비판한 사람은 홀로코스트에 대해 직접 증언함으로써 생존자들의 체험을 기록한 9시간이 넘는 다큐멘터리 〈쇼아〉를 감독한 클로드 란츠만이었다. 란츠만은 자신의 접근 방식이 유일한 합법적 방법이고 예술과 상상력은 그러한 노력에 참여할 수 없다고 주장했다. 그러나 셈프룬은 증언이 역사가에게 매우 중요하지만 증언도 항상 신뢰할 만한 것은 아니며 역사가들도 경험의 본질을 전달하는 데는 소설가만큼 뛰어나지 않다고 지적했다.

'기억의 투사'이자 '혁명가 프루스트'

그사이 셈프룬은 프랑코 치하 스페인 좌파의 지하활동을 다룬 프랑스 감독 알랭 레네의 〈전쟁은 끝났다〉와 독재정권의 탄압을 다룬 그리스 감독 코스타 가브라스의 〈Z〉·〈고백〉의 시나리오를 썼다. 이어 파시즘 시대의 프랑스 상류사회를 비판한 알랭 레네 감독의 〈스타비스키〉, 〈전쟁은 끝났다〉의 속편인 조지프 로시 감독의 〈남쪽으로 가는 길〉 등의 시나리오도 썼다. 이브 몽탕의 친구이자 평전 작가이기도 해서인지 셈프룬은 이브 몽탕이 출연한 영화의 시나리오를 많이 썼다.

1984년에는 칸영화제 심사위원으로 활동했고, 1988년에는 프랑코 정권 이후 민주화된 스페인에서 문화부 장관으로 취임했다. 당시 셈프룬은 하원의원도 아니고 집권당인 사회당 소속도 아니어서 펠리페 곤살레스 총리가 셈프룬을 임명한 것이 화제가 되었다. 그는 당시 논란이 많았던 살바도르 달리의 작품 소유권을 중앙정부와 바르셀로나 지방정부에 적절하게 배분해서 문제를 잘 해결했지만, 이후 부통령 등과 갈등하다가 결국 문화부 장관직을 사임했다.

1998년에는 수용소에 끌려가기 전 파리에서 보낸 1930년대 후반의 사춘기를 회상한『잘 가거라, 찬란한 빛이여』에서 자신의 문학 입문과 당시 파리에 살았던 어니스트 헤밍웨이, 해나 아렌트, 발터 베냐민, 가르시아 로르카, 에밀 시오랑 등과의 아름다운 만남을 기록했다. 평생 수용소에서 고통에 허덕인 74세의 노인이 수용소에 끌려가기 직전에 짧게 누린 10대의 끝 무렵에 겪은 비참한 난민 시절을 찬란하게 회상한 이유는 그것이 그를 오랫동안 계속 살게 한 원동력이 되었기 때문이다.

셈프룬의 작품은 20세기의 공포를 전하는 위대한 증언이 되었고, 그는 '기억의 투사'이자 '혁명가 프루스트'로 불릴 정도로 세계적인 명성을 확립하게 되었다.『오랜 여정』에서처럼 그의 방법은 사건을 경험한 다음 기억으로 다시 떠올려 사건의 의미를 전달하는 것이다. 로버트 보이어스는『폭압과 망각: 1945년 이후의 정치소설』에서 정치소설의 윤리를 '저항'과 '부정'이라고 요약하면서, '저항'의 대표적 사례로 셈프룬의 홀로코스트 소설을 들었다. 보이어스는 셈프룬의 '저항'을 '역사의 자연법칙'이라는 것에 반대하고자 하는 충동 또는 지배적인 시대정신에 대한 불복종이라고 보았다. 허구적 사실에 복종하는 것에 대해 전심전력으로 저항하기 위한 것이 그의 문학이라는 점은 셈프룬의『오랜 여정』에 잘 나타난다.

이 소설은 단순히 수용소에서 겪은 고통과 죽음을 보여주는 작품이 아니라, 수용소에 끌려가기 전 레지스탕스로 활동한 이야기로 시작해 계급이 없는 사회를 만들겠다는 희망을 끝까지 포기하지 않는 문학을 보여준다. 자신의 조국은 어떤 '나라'가 아니라 오직 '언어'일 뿐이며, 이웃의 죽음을 함께하는 이타성이야말로 우리가 인간임을 보여주는 유일한 징표라고 한 셈프룬이야말로 나의 영원한 사표師表다.

존 버거

John Berger, 1926~2017

나의 유일한
조국은 말이다

자유로운 늑대처럼 살다

———

우리나라에서만 '버거'로 부르고 다른 나라에서는 '버저'로 발음하는 이름을 가진 영국 출신의 작가 존 버거는 『G』라는 소설로 1972년 부커상을 받았다. 그는 수상 연설에서 이 상의 상금이 카리브 지역을 착취해 번 부커 재벌의 돈이라고 폭로하면서 그 반은 '블랙팬서(흑인들의 권리를 찾기 위해 설립된 무장 조직)' 영국 지부에 기부하고, 나머지 반은 이주노동자를 연구해 3년 뒤에 낸 『제7의 인간』 집필을 위해 썼다. 그리고 "나의 유일한 조국, 그것은 말이다"라는 말을 남기고 영국을 떠나 생의 후반기를 알프스 산자락의 시골 마을에 정착해 농사를 지으며 보냈다.

　　몇 해 전 여름, 내가 번역한 버거의 책 『피카소의 성공과 실패』를 보내면서 만나러 가겠다고 하자, 그는 자기도 여행을 떠나니 나중에 보자며 따뜻한 답장을 보내주었지만, 2017년 90세로 사망했다. 그는 바람처럼 자유로운 한 마리 늑대처럼 살다가 죽었다. 산골짜기에서도 새들이 날아드는 헛간에 살면서 하루도 쉬지 않고 농사를 짓고 글을 쓰고 그림을 그리다가 죽었다. 평생 패거리를 만들지 않은 탓에 그를 영웅시하는 조사弔辭도 이어지지 않았다. 그가 죽은 집이 가족이 사는 시골집이 아니라 그곳에서 몇 시간 떨어진 파리 근교, 반평생 함께 작업한 러시아 출신의 여배우 작가가 사는 집이었다는 정도의 이야기 외에 죽음과 관련된 이야기도 없었다.

평생의 후반이 시작되는 46세가 된 1972년은 그에게 여러 가지로 뜻깊은 해였다. 〈보는 방법〉 4부작은 그가 각본, 출연, 제작까지 하고 그해 BBC에서 방송된 뒤, 지금까지 그의 대표작으로 꼽힌다. 이 시리즈는 책으로 출간되어 미술, 나아가 예술을 보는 안목을 근본적으로 바꾸었다. 또 불필요하게 난해하고 교만한 예술과 그것을 조장해온 예술계를 일거에 타도하고, 평온하고 유쾌한 해설을 통해 예술과 무관하게 살아온 사람들도 예술을 쉽게 이해하게 했다.

그뿐 아니라 예술의 사회적 의미를 부각한 이 책은 우리말로 몇 번이나 번역되었으나 그의 견해가 우리가 예술을 이해하는 데 영향을 미쳤다고 할 수 있을지는 의문이다. 여전히 우리에게 예술은 '비사회적'이고 '계급적'이기 때문이다. 고급예술과 대중예술의 간극은 양극화된 사회의 빈부 격차처럼 더욱 커져서 사대적 고급예술이 예술계를 독점하고 있다. 그런 가운데 대중은 기껏 '전통가요'라는 이름의 '뽕짝'이나 폭력적인 영화의 전체주의에 사로잡혀 있다.

평생의 전반은 존 버거가 1926년 런던에서 태어난 것으로 시작된다. 그는 6세 때부터 옥스퍼드에 있는 기숙학교에 다녔는데, 스스로

'파시스트 지옥'으로 묘사한 그곳을 10년 뒤 박차고 나왔다. 학교 공부 대신 토머스 하디, 찰스 디킨스, 기 드 모파상, 안톤 체호프, 어니스트 헤밍웨이, 표트르 크로폿킨을 포함해 많은 아나키즘 고전을 열심히 읽었고, 14세 때에는 아나키스트 시인인 허버트 리드에게 자작시 몇 편을 논평해달라고 부탁하기도 했다. 18세부터 2년간 역시 지옥이었던 육군에 끌려가 제2차 세계대전을 체험하고, 제1차 세계대전에 참전해 실패자가 된 아버지를 통해 전쟁의 참상을 알게 되면서, 세상은 도저히 견딜 수 없는 암흑일 뿐이라고 여기게 되었다. 〈자화상〉이라는 시에서 "나는 그 전쟁에 너무 가까웠어 / 죽은 자들의 모습으로 태어나 / 겨자 가스에 싸여 / 구덩이에서 먹었어"라고 노래했다. 그는 전장에서 사회주의 아나키스트로 다시 태어났지만, 평생 어떤 정치조직에도 들어간 적은 없다.

모든 장르의 글을 쓴 타고난 글쟁이

그는 잠시 미술학교에 다니기도 했지만, 정규교육이라고 할 만한 것은 16세 때 기숙학교 중퇴로 끝났으니 우리 식으로 말하자면 기껏해야 중졸 수준이었다. 그런데도 버거는 32세부터 조지 오웰이 편집장으로 있던 신문사에서 매주 미술평을 쓰고 소설을 쓴 것을 시작으로 모든 장르의 글을 썼다. 그가 쓴 평론 중에는 프랜시스 베이컨을 화가가 아니라 무대 매니저로 혹평한 것도 있었고, 1958년에 쓴 첫 소설인 『우리 시대의 화가』는 반공주의자들의 반대로 회수되기도 했다. 1956년에 일어난 헝가리 혁명을 다룬 이 소설에서 그는 당대의 냉전 분위기와 달리 사회주의에 대한 믿음을 표현했기 때문이다. 이어 도시 생활의 소외와 우울을 묘사한 소설들을 낸 뒤, 1962년 영국을 완전히 떠나 프랑스로 갔다. 그의 나이 36세 때였다. 그 무렵 이혼을 하고 영국 중산층에 극도로 염증을 느낀 탓도 있었지만, 카뮈와 같이 그가 존경한 작가들의 나라에 살면서 영국에서도 계속 글과 방송을 할 수 있어서였다.

당시에 쓴 글들을 보면 그가 영국을 정말 싫어했음을 알 수 있다. 그 뒤에도 영국의 문학이나 미술에 대해 찬양하기는커녕 언급하는 것조차 거의 볼 수 없다. 영국인을 대상으로 쓴 『보는 방법』에서도 비판적인 주장의 소재로 영국 것이 언급될 뿐이다. 영국만이 아니라 유럽, 아니 세상 전체가 그에게는 암흑이었다. 그의 모든 글은 유배와 변위變位, 고통과 착취, 공동체의 파괴와 힘없는 자의 절박함에 대한 것이다. 이는 인권 투쟁이 약자의 것임을 절실하게 보여준다. 1967년에는 평생의 동료인 장 모르와 함께 『행운아』를 냈다. 버거도 산 적이 있는 프랑스 시골 마을에서 평생 그곳 촌사람들의 건강을 지킨 의사로 살았던 시골의사의 삶을 글과 사진으로 보여준 책이었다. 그 뒤에 낸 『말하기의 다른 방법』도 모르와의 공동 작업이었다.

1970년대에는 스위스 감독 알랭 타네의 영화들을 위해 시나리오를 썼다. 1980년대에는 유럽의 시골 농부가 도시로 이주하면서 겪는 가난을 다룬 3부작 소설인 『그들의 노동에 함께 하였느니라』를 썼다. 1980년에 쓴 『본다는 것의 의미』에는 수많은 동물 연구자가 자주 인용하는 「왜 동물을 보는가?」라는 글이 있다. 그 밖에도 시위, 농민, 혁명, 의학, 이주민, 영화 등 광범위한 주제에 대해서 썼다.

내가 가장 좋아하는 그의 소설은 1995년에 쓴 『결혼식 가는 길』이다. 결혼을 앞둔 한 여성이 에이즈에 걸린 것을 알게 되는 내용을 담은 이 작품은 버거가 자신의 유일한 며느리가 에이즈 관련 병으로 죽었을 때 쓴 것이어서 자서전적인 책이 되었다. 비록 며느리가 아프다는 것을 알기도 전에 작업을 시작했는데도 그는 소설을 완성한 뒤에도 이 작품에서 오랫동안 벗어날 수 없었다. 또 『킹: 거리의 이야기』도 좋아한다. 바르셀로나와 비슷한 지중해의 어느 도시 외곽의 고속도로 아래에 있는 무단거주 캠프를 배경으로 하는 이 소설은 도시로 이주한 농민들을 다룬 3부작을 발전시킨 것으로, 노숙인 공동체의 24시간을 다룬다. 소설의 화자는 한 마리 개犬인 킹이다. 킹은 정육점에서 고기를 훔쳐 살의 온기를 나누는 노숙인 부부의 수호자다.

경험만이 진실한 지식의 터전

그는 이런 이야기들이 "사회과학이나 박애 차원에서는 많이 연구되지만 대체로 목소리가 없는 주제"로 "내가 접근하기를 요구했고 나는 이 주제들에 사로잡혔다. 나는 믿을 수 없을 정도로 특권층이다. 그런데도 나는 이를 절대 잊지 않기 때문에 용감하다고 말하는 것이 아니다"라고 썼다. "그러므로 내가 책을 쓰는 것은 독창적인 것이 아니라, 인간의 경험에 속하지만 전에는 그다지 언급되지 않았던 어떤 작은 것을 말하는 것이다. 그리고 사람들이 그것을 읽을 때 어떤 면에서는 조금 더 에너지를 가지고 삶의 투쟁을 계속할 수 있다. 그래서 내가 쓴 글이 소설로 통하는 경우가 많지만, 나는 소설가가 아니라 이야기꾼이라고 말하는 것이다."

존 버거는 삶의 구석구석에 들어가 직접 체험하면서도 언제나 기본적인 원칙과 공감을 지켰다. 그의 이야기 정치는 단순히 종말론의 예언자로서 부르짖는 웅변이나 명문明文이 아니라, 언제나 종말의 희생자들 편에 서고자 하는 소박한 의지의 표현이었다. 60년 동안 이어진 집필 생활에서 항상 변화하는 역사적 상황에 대응한 그에게 경험은 가장 진실한 지식의 터전이었다. 그리고 지식은 결국 어떤 것이든 가치를 가지기 위해서 항상 경험으로 다시 인도되었다. 그는 '하늘의 고상한 예언자'가 아니라 '땅의 소박한 체험자'로 우리의 이야기를 들려주기에 깊은 감동을 준다.

에드워드 애비

Edward Abbey, 1927~1989

나의 묘비명은
노코멘트

외로운 사람은 용감하다

———

어릴 때부터 내가 지금까지 변함없이 좋아하는 배우는 커크 더글러스여서 〈스파르타쿠스〉나 〈불꽃의 사람 고흐〉를 비롯해 그가 출연한 영화 90여 편을 대부분 보았다. 그중에서 내가 가장 좋아하는 영화는 1962년 작품이지만 우리나라에서는 2015년에 인천의 조그마한 예술극장에서 〈고독〉이라는 제목으로 며칠만 상영되고 말았던 서부영화다. 커크 더글러스가 자신의 영화 중에서 가장 좋아하는 작품이라고 했고, 작품에 대한 평가도 대단히 높은데 우리나라에서는 왜 제대로 개봉되지 않았을까?

더글러스는 〈OK 목장의 결투〉 등의 서부극으로 유명하지만, 서부극치고는 이상한 제목인 〈고독〉이 최고라니 역시 이상하다. 원제목인 〈Lonely Are the Brave(외로운 사람들은 용감하다)〉를 〈고독〉이라고 줄인 것일까? 영화의 원작인 소설을 쓴 에드워드 애비가 절대 고독으로 유명한 사람이어서일까? 그 소설의 제목인『용감한 카우보이』가 훨씬 알기 쉽고 소설이나 영화의 내용을 가장 분명하게 보여주는데, 왜 그런 제목을 영화 제목으로 택했을까? 주인공의 용기는 서부극에서 흔히 볼 수 있는 것이 아니라 반체제적인 것이어서 그렇게 붙인 것일까?

영화의 제목으로는 '마지막 카우보이'도 논의되었다. 현대 기술을 거부하고 운전면허증 등의 어떤 신분증도 갖지 않은데다, 주거지가 불명해 집 주소를 댈 수도 없는 카우보이 이야기이기 때문일까? 영화는 광야를 막은 철조망을 뚫고 말을 달리는 카우보이가 고속도로를 무단횡단하려다가 자동차 운전자들에게 욕을 먹는 장면으로 시작한다. 그리고 불법 이민자를 돕다가 감옥에 간힌 친구를 구하려고 일부러 수감되지만, 친구의 탈옥 거부로 혼자 감옥에서 탈출한 뒤 경찰의 추격을 당하다 부상을 입는 것으로 끝난다.

여기에서 카우보이는 자신이 하고 싶은 일이나 가고 싶은 곳을 제한하는 사회에 저항하는 적극적 아나키스트인 반면, 친구는 시민불복종으로 스스로 감옥에 간힌 소극적 아나키스트로 볼 수 있다. 영화에서는 소설에서 자세히 묘사된 아나키스트의 측면이 약화되지만, 그 대비는 그대로 유지된다. 각본을 쓴, 매카시즘의 희생자 돌턴 트럼보의 솜씨는 이미 〈스파르타쿠스〉나 〈로마의 휴일〉과 같이 정치적 메시지를 담은 걸작들의 각본에서 충분히 발휘되었다.

적색의 협곡과 사막의 자연주의를 다루다

———

에드워드 애비는 1927년 미국 펜실베이니아주 인디애나에서 태어나 그곳에서 고등학교까지 다녔다. 그는 18세에 미국 남서부를 무전여행하면서 사막을 사랑하게 된 뒤, 군대에서 상관에게 반항해 두 차례 강등되고 쫓겨나면서 제도와 규율에 불신을 갖는 아나키스트가 되었다. 이어 뉴멕시코대학 철학과에 다니면서 학교 신문에 아나키즘 관련 글을 썼다가 압수당하고 편집장 자리에서도 쫓겨났지만, 아나키즘에 대한 논문으로 석사학위를 받았다. 그 뒤로는 스탠퍼드대학의 연구원이 되었으나 대학이 지겨워 그만두고, 국립공원의 순찰원으로 생활하면서 앞서 말한 소설을 비롯해 여러 작품을 썼다.

그중에서 대표작이라고 할 수 있는 다섯 번째 소설인 『멍키렌치 갱』을 비롯해 애비의 아나키즘 소설들은 아직 우리말로 번역되어 있지 않다. 2003년에 우리말로 처음 번역된 『태양이 머무는 곳, 아치스: 한 반문명주의자의 자연 예찬』은 순찰원 경험에서 나온 논픽션으로, 원작의 제목은 1968년에 나온 『사막의 고독』이었다. 헨리 데이비드 소로의 『월든』과도 비교되는 이 책에서 애비는 국립공원 개발, 산업관광, 댐 건설을 비판했다.

애비가 1982년에 『사막의 고독』이 아닌 '강의 고독'을 묘사한 논픽션 『소로와 함께 강을 따라서』는 2004년에 번역되었다. 이어 2006년에 제임스 카할란이 쓴 그의 평전이 『사막의 아나키스트: 에드워드 애비』로 번역되었지만, 원저를 대폭 축약한 편역이고 다른 책의 제목을 표절한 것인데도 이를 밝히지 않아 문제가 있는 번역이다. 이러한 번역서들을 보면 한국에서 애비의 인기는 2000년대 초에 반짝했다가 그 뒤로는 사라진 듯하다.

애비를 흔히 '자연주의' 또는 '녹색환경주의' 작가라고 하지만, 그가 다룬 자연은 녹색의 숲이나 초원이 아닌 적색의 협곡과 사막이었다. 유타주 국립공원 아치스는 그에게 "도로가 끝나는 그 너머에 있는 붉은 먼지와 땡볕에 그을린 절벽, 막힘없이 펼쳐진 하늘"이다. 그곳에는 녹색의 평화나 풍요나 조화가 아니라 적색의 충격과 압박과 공포가 지배한다. 흔히 '큰 바위 얼굴' 등과 같이 자연을 메타포로 받아들이는 것을 자연주의 문학이니 철학이라고 하지만, 애비는 이를 철저히 경계하며 자연을 자연 그대로 보라고 말한다. 자연은 인간이 부여하는 모든 의미를 초월해서 존재하기에 신성하다고 보는 애비는 적색 사막이 녹색 평원보다 훨씬 더 쉽게 훼손되고 파괴될 수 있으며, 특히 그곳에 사는 생물들이 쉽게 죽어간다고 경고한다.

따라서 그는 국립공원의 오지에 관광객을 들어오게 하여 사막의 생태를 파괴하는 도로 건설에 반대하고, 콜로라도강에 댐이 건설되면 범람과 수몰로 자연생태계가 파괴될 것을 우려해 댐 건설에 반대한다. 그러나 애비의 사상은 앞선 번역서의 부제처럼 '반문명주의자의 자연예찬'에 그치지 않는다. 자연의 위험성을 알고 인디언이나 카우보이들의 삶이 변질되었다고 보는 그는 자연과 구별되는 자아를 찾기 위해 뉴욕으로 돌아가 복지사로 일하면서 자연과 문명의 조화와 균형을 추구하기도 했다.

삶을 요약하는 역설적인 묘비명

———

환경파괴에 반대해 테러를 범하는, 그의 소설 중 대표작인 『멍키렌치 갱』은 1979년에 출범한 '어스 퍼스트!Earth First!(미국 남서부에서 창립된 급진적 환경보호단체)'와 직간접적으로 연관되었지만, 그것도 '반문명주의자의 자연 예찬'에 그치는 것이 아니다. 소설에는 댐을 폭파하려는 4명의 에코타지ecotage(환경을 오염시키거나 가속화하는 시설물을 환경보호단체가 파괴하는 행위)와 그들의 반대편에서 개발논리와 산업주의를 맹신하는 러브 주교가 그들을 뒤쫓는 자로 등장한다. 4명의 에코타지는 자유 수호의 이념을 공유하지만 차이가 있다. 그중 대조를 이루는 두 사람은 베트남 전쟁 포로 출신으로 가장 급진적인 25세의 헤이듀크와 50세의 외과의사로 헤이듀크의 급진성을 제어하는 사비스다.

헤이듀크가 불도저 파괴를 일삼고 인명 살상도 마다하지 않는 반산업주의자이자 인디언을 멸시하는 자인 반면, 모두의 정신적 지주이자 재정적 지주인 사비스는 고속도로 주변의 광고판을 불태우는 것을 취미로 할 정도로 단순한 회의적 아나키스트다. 이 두 사람 외에도 스미스와 수잔 같은 인물들이 등장하지만 남녀 관계는 물론 환경보호에 대한 묘사도 자가당착이거나 상호 모순을 보이기 일쑤여서, 이 소설은 다른 소설들과 함께 많은 비난을 받았다. 가령 주인공들이 맥주 캔을 고속도로에 버리면서 고속도로 건설 자체가 더 근본적인 문제라고 합리화하는 것인데, 이는 애비 자신이 받은 비난이기도 했다.

1984년부터 애비는 애리조나대학에서 문예 창작을 가르치면서 이민을 막아야 한다고 주장해 여러 논쟁에 휩싸였다. 그중에서 가장 격

렬한 논쟁은 사회생태주의자인 머리 북친이 그를 인종차별주의자이
자 생태테러주의자, 원시회귀주의자 등으로 비난한 것으로 시작되었
다. 그러나 애비는 이민자들이 자기 나라에서 저항하기를 희망했고 테
러를 무조건 찬양한 것도 아니었다. 여하튼 사막과 협곡과 강을 애비만
큼 좋아한 사람은 없다. 자신이 사랑한 자연만큼 문제가 많았던 그는
1989년에 애리조나 투손에 있는 집에서 62세의 나이로 죽었다. 나는
그곳의 사막 한구석에 있는 선인장 옆에 만들어진 무덤에서 '노코멘트'
라는 묘비명을 보고 그냥 웃었다.

게리 스나이더

Gary Snyder, 1930~

함께 머물고 꽃을 배우며
가벼이 떠나라

예술도, 사랑도, 불교도 '야생의 실천'에서 나온다

———

코로나19 때문에 한 달에 한두 번 만나던 드문 인연들마저 끊기고 말았다. 그 바람에 새벽부터 황혼까지 끝없이 변하는 하늘과 구름, 해와 달, 안개와 비, 닭과 개, 꿩과 새, 나무와 채소의 들녘에서 침묵과 노동으로 하루를 지내면 정치나 경제 따위는 물론 세상도 사람도 잊어버린다. 명상이니 사색이니 할 것도 없다. 오로지 고요와 침묵, 일과 땀뿐이다. 묵언수행의 맹세도, 참선의 죽비도 필요 없다. 아무리 고적한 절간이라고 해도 사방이 벽으로 막힌 방은 물론, 그 방문을 닫는 자물쇠도 싫다.

부처처럼 사방이 막힌 방이 아니라 사방이 트인 들판에서 홀로 지내며, 나를 들판에 오게 한 게리 스나이더의 『야생의 실천』을 다시 읽는다. 이 책은 예술도, 사랑도, 불교도 야생으로 자유롭게 살고자 하는 의식적인 실천일 뿐이라고 하기 때문이다. 스나이더는 올해로 91세지만, 캘리포니아의 태평양 연안을 남북으로 뻗는 시에라네바다 산속에 집을 짓고 한겨울에도 난방 없이 홀로 산다. 그는 자기처럼 사는 사람이 동서고금에 많다고 하면서 별일이 아니라고 해서 좋다.

1930년 대공황 초기에 노동자 가정에서 태어나 어린 시절을 태평양 북서부의 농장에서 자라 인디언 신화와 시, 선禪과 도교를 공부한 그는 "개울이 질식하고 송어가 죽고 길이 죽었다"며 백인의 인디언 학살과 자연 파괴를 혐오하면서 반세기 이상 산속에서 외롭게 산다. 나는 부끄럽게도 청년 스나이더가 미국에 처음 소개한 책을 읽고서야 한산寒山을 알았다. 자작나무 껍질을 머리에 쓰고 너덜너덜하게 해진 옷을 입고 나막신을 질질 끌고 다녔다는 중국 당나라의 한산은 체제 순응적인 중국의 귀족불교를 거부하고 민중불교를 실천하면서 절밥을 짓는 습득拾得에게 음식 찌꺼기를 얻어먹으며 암굴의 은둔자로 살았다. 그런 한산을 잇는 스나이더가 쓴 「아미타불의 서원」을 나는 좋아한다.

만일 부처가 된 뒤, 내 땅에서 누구라도
방랑자 혐의로 감옥에 갇힌다면, 내가
최상의 완벽한 깨달음을 얻지 못하게 하소서.

과수원의 들오리들
새 풀 위의 서리.

앞 구절의 "방랑자 혐의로 감옥에 갇힌다면"은 "가난해서 병들어 죽게 되면" 등 세상의 모든 불행으로 바꿀 수 있다. 그리고 뒤 구절의 들오리나 서리는 서로 연결되는 세상의 모든 생물이나 무생물로도 바꿀 수 있다. 불교에 대해 더 무슨 말이 필요한가? 아니 세상살이에 또 무엇이 더 필요한가? 나는 스나이더의 지족知足에 박수를 보낸다.

나무 한 그루만으로
족하다
아니면 바위나 작은 시내,
웅덩이에 뜬 나무껍질 조각만으로도,
첩첩이 포개져 꿈틀거리는 산 너머 산
얇은 돌 사이로
단단한 나무들 빽빽하고
그 위에 떠 있는 커다란 달이 너무 밝다.

"시인의 임무는 숲을 지키는 것"이라 하며 스스로 선택한 벌목꾼, 산불 감시원, 선원 등으로 일한 노동자 시인 스나이더는 1957년 화물선을 타고 일본에 건너가 임제종의 선불교를 공부했지만, 출가가 형식적이라는 이유로 거부하고 1969년 일본에서 돌아와 산속에 들어가 평화와 환경운동에 헌신하며, 동양철학과 불교의 대중화에 공헌했다.

식물과 동물의 고통을 이해하다

1970년부터 20년 동안 자신의 삶을 기록한 『야생의 실천』은 야생과 접

촉하고 주변의 들판을 "야생 잠재력이 완전히 표현되고 자신의 다양한 질서에 따라 번성하는 생물과 무생물의 다양성"의 장소로 살아가는 사회경제적 생활을 추구한 책이다. 지역에서 살며 일해야 문화를 키울 수 있고, 야성을 회복해야 문화를 회복할 수 있다고 하는 '생물지역주의 bioregionalism'를 주장하면서, "식물과 동물의 고통을 이해하고 느끼며 모든 생물체에 대해 존중감을 가지는" '거북섬의 관점'을 제시한다.

'거북섬Turtle Island'이란 인디언들이 미국을 가리키던 이름이다. 인디언적 관점의 생물지역주의는 인간이 자의적으로 구분한 정치적·행정적 지역이 아니라 장소, 가령 분수령이나 산등성이 등과 같은 지형이나 기후 유형 혹은 식생대에 따라 다시 구분하고, 이런 생태지리적 특성과 이에 따른 최적의 생활양식을 통해 장소에 헌신하는 '재거주 reinhabitation'를 실천하는 운동이다.

거북섬에서 재거주하는 삶의 목표는 인디언의 생활방식을 배우며 장소에 헌신하는 자연친화적인 삶을 살면서 장소에 대한 '원주민성 nativeness'을 갖는 것으로, 그것은 후손에게 이어져 이상적 공동체를 형성해야 한다. 스나이더는 이 공동체에서 실현하는 자연생태계와 인간의 이상적인 공존이야말로 환경 위험과 생태계 파괴를 막을 수 있다고 역설한다. 그는 『아이들을 위하여』에서 거북섬에서 재거주가 지속되기를 바라며 후손들에게 "함께 머물고, 꽃을 배우며, 가벼이 떠나라"고 조언한다.

나의 직업은 농부다

———

스나이더는 대학 교단에 서기도 했으나 그때에도 여전히 노동을 했으니 교수직은 부업에 불과했다. 그 때문인지 대학에 대해 남긴 글이 거의 없고, 사제지간이니 학맥이니 학파니 학회니 학술논문집이니 하는 것과도 무관했다. 그러니 부모나 친구처럼 그도 평생 노동자로 산다.

사회주의자인 어머니의 영향으로 어려서부터 사회주의에 기울어 마르크스의 영향을 받았지만, 자본주의하의 노동이 인간을 소외시키기는커녕 소외를 피하는 방법이라고 하면서 '인간 중심적 사고'와 '생산성 추구'가 문제라고 본다. 따라서 자본주의는 물론 사회주의도 생산성을 강조한다는 점에서 비판한다.

> 저들은 복잡한 것들을 하는 사람들이다
> 그들은 우리를 수천 명씩 사로잡아
> 일을 시킨다
> 이 마을과 길로써
> 세상은 엉망이 되어간다.

스나이더의 노동관도 선불교에서 말하듯이 "일하지 않으면 먹지도 마라一日不作 一日不食(일일부작 일일불식)"는 것이다. 그에게 노동은 고전보다 중요하다.

> 무슨 소용인가, 밀턴,

우리의 나락한 조상,
과일 먹은 사람들의 실없는 이야기가.

선불교처럼 노동을 수행으로 보는 스나이더는 나아가 돌길을 만
드는 노동을 하면서 그것을 시와 같은 예술의 창작으로 본다.

네 마음 앞에 이 단어들을
돌을 놓듯이 두어라
단단히 맞게, 손으로
장소에 맞게, 꼭
공간과 시간 안에 있는
마음의 몸 앞에.

내가 무엇을 배웠던가
내가 몇 가지 도구를 적절히
사용하는 것 외에 무엇을 배웠던가?

낫과 괭이와 삽으로 충분한 나도 배울 것이 없다. 스나이더는 기
술을 거부하지 않지만 인간이 기술의 '노예'가 아니라 '주인'이 될 수 있
도록 하는 기술의 '규모'가 중요하다고 역설한다. 이 점에서 그의 생각
은 『작은 것이 아름답다』를 쓴 에른스트 슈마허의 불교적 노동관과 통
한다. 원자력산업과 같은 거대 산업은 중앙집권으로 지역성을 파괴하
고 자연환경과 생명을 파괴하기에 반대한다.

스나이더는 야만적 본능의 분출을 야성적 삶이라고 하며, 성추행을 예술의 일환이라고 오도하며, 세금으로 숲속의 호화 빌라에서 공짜로 살면서 권력에 빌붙기도 하는 소위 국민 시인이니 하는 자들과는 근본적으로 다르다. 그는 성적 방종은 물론 어떤 권력과도, 문단이나 대학이라는 조직과도 철저히 거리를 둔다. 그러면서 오로지 "단순하고 소박하게 살아야 한다"는 원칙에 충실하게 노동하는 시인으로 산다는 점에서, 농부 시인으로 25년을 외딴섬에서 살다 죽은 야마오 산세이의 진정한 친구다.

숨지기 4년 전에 30년 지기 스나이더를 찾아간 야마오의 생생한 글은 『여기에 사는 즐거움』에 나온다. "이 세상에서 가장 소중한 것은 고요함이다. 산은 고요하다. 밭은 고요하다. 그래서 나는 고향인 도쿄를 버리고 농부가 되었다"고 노래하며 "잡담을 삼가고 침묵을 지키며 걸을 것"을 권한 야마오도 나를 들판의 고요함으로 인도한 좋은 벗이다.

토니 모리슨

Toni Morrison, 1931~2019

예술은 아름다우면서도
정치적이어야 한다

기괴한 악을 이기며 인간성을 지키다

———

2019년 8월 5일, 토니 모리슨이 사망했다는 소식을 접했다. 30여 년 전인 1989년 미국에서 그의 최고 걸작인 『빌러비드』를 처음 읽었을 때가 생각났다. 남북전쟁 직후 마거릿 가너라는 노예 여성이 노예 농장을 탈출한 뒤 노예 사냥꾼들에게 추격당하자, 두 살짜리 딸이 노예가 되지 않도록 하기 위해 딸을 죽이고 자살하기 직전에 체포당한 실화가 있었다. 이를 바탕으로 하여, 죽은 아기가 어머니와 가족을 괴롭히기 위해 '빌러비드(사랑스러운 존재)'라는 유령이 되어 찾아온다는 이야기는 그야말로 충격이었다.

그 뒤 나는 그의 모든 작품에 열광했다. 노동법 수업 첫 시간에 나는 누구나 조선시대 말까지 30퍼센트 이상에 이르는 인구가 노비의 후손일 수 있다고 하면서 『빌러비드』를 소개했다. 오랫동안 노예 문제를 다른 문학이나 역사를 일부러 찾아 읽으면서, 모리슨이 1993년에 노벨 문학상을 받았을 때 그런 문학이 받은 최초의 영광이라는 점에서 좋아했다. 모리슨은 20세기 최고의 작가 중 한 사람으로 허먼 멜빌이나 마크 트웨인처럼 높게 평가되었지만, 나에게는 무엇보다도 내 조상 노예들의 증언자였다.

1931년 미국 오하이오의 노동자 가정에서 태어난 모리슨은 물론 노예가 아니었다. 그러나 조지아주에서 자란 아버지가 모리슨이 15세 때 백인들이 대낮에 흑인 사업가 2명을 살해하는 것을 목격했을 정도로 20세기 미국은 여전히 준準노예사회였다. 아버지는 그곳을 떠나 오하이오에 정착했지만, 모리슨이 2세 무렵 집세가 밀렸다는 이유로 집주인에게 방화를 당했다.

이 이야기가 나오는 『솔로몬의 노래』에서처럼 가족은 절망하기는커녕 집주인을 비웃음으로써 기괴한 악을 이기며 인간성을 지키고 주체적 삶을 주장했다. 전통적인 흑인 민화民話와 유령담, 노래와 같은 민주적 문화를 통해 언어에 대한 감각을 심어준 부모의 지혜는 모리슨이 어려서부터 탐독한 제인 오스틴, 톨스토이의 소설과 함께 그의 문학의 기초가 되었다.

그는 1949년 워싱턴 D.C.에 있는 유서 깊은 흑인 대학인 하워드대학에 입학했지만, 식당과 버스를 비롯한 공공시설의 인종차별을 경험하면서 현실을 더욱 뜨겁게 끌어안았다. 영문학으로 1953년 학사학위, 1955년 석사학위를 받은 뒤 1957년부터는 하워드대학 등에서 영어를 가르치기도 했다. 모리슨은 결혼하면서 12세에 가톨릭 세례명으로 얻은 '앤서니Anthony'라는 이름에 남편의 성을 따서 새 이름으로 삼왔다. 그렇게 새로운 삶을 시작하며 두 자녀까지 낳았으나 가부장적인 남편과는 6년 만에 이혼해야 했다.

성차별과 인종차별을 경험하다
———

흑인 여성이 경험하는 인종차별과 성차별이라는 이중차별을 스스로 뼈저리게 체험한 모리슨은 뉴욕으로 이사해 랜덤하우스에서 최초의 흑인 여성 편집자로 일하며 1970년에 첫 작품인 『가장 푸른 눈』을 썼다. 뒤에 젊은 작가들에게 주는 충고로 "40세에 시작하라"고 조언한 것은 39세라는 늦은 나이에 등단한 자신의 절실한 체험에서 나온 것이었다. 모리슨이 1984년까지 17년간 편집자로 일하며 흑인에 대한 책을 낸 경험도 중요했다.

1973년에 낸 두 번째 소설인 『술라』는 흑인 여성이 그들에게 가해지는 사회적 억압에 우정으로 저항하는 이야기였고, 흑인 남성이 자신의 뿌리를 찾아가는 여행을 통해 흑인을 이해하고 사랑하게 된다는 내용의 세 번째 소설인 『솔로몬의 노래』는 버락 오바마가 자서전인 『내 아버지로부터의 꿈』에서 이 책을 생애 최고의 책이라고 격찬할 정도로 걸작이었다.

첫 작품인 『가장 푸른 눈』에서처럼 외모지상주의자여서 흑인인 것이 싫은 흑인 여성 패션모델이 도리어 흑인이기에 행복한 가난한 방랑자와 사랑에 빠지는 이야기인 네 번째 소설 『타르 베이비』는 모리슨이 추구한 남성과 여성의 결합이었다. 이어 쓴 첫 번째 희곡인 『꿈꾸는 에멧』은 1955년 10대 흑인 소년이 백인 남성에 의해 살해당한 사건을 다루었다.

1987년에 낸 다섯 번째 소설 『빌러비드』와 함께 3부작을 이룬 『재즈』는 재즈 음악의 리듬을 모방한 언어로 뉴욕의 할렘 르네상스 시절에 있었던 삼각관계 사랑을 통해 노예의 역사를 복원했다. 그해에 그는 첫 문학 비평인 『암흑에서의 연주: 백인성과 문학 상상력』도 출판해 미국 백인 작가들의 인종주의적 편견을 비판했다. 1993년 노벨문학상을 받은 뒤에도 3부작의 마지막인 『낙원』을 발표해 흑인의 자치 공동체를 추구했다.

놀랍게도 21세기에 들어 70대의 모리슨은 『빌러비드』 여주인공의 삶을 다룬 오페라를 만들어 공연했다. 2003년에는 소설 『러브』를 썼고 2004년에는 인종 분리 공립학교를 위헌으로 선포한 1954년의 브라운 대對 교육위원회 대법원 판결 50주년을 기념하는 아동 도서를 만들었다. 2006년 『뉴욕타임스 북리뷰』는 지난 25년간 출판된 미국 소설 중 최고의 작품으로 『빌러비드』를 선정했다. 2008년에는 1682년 버지니아 식민지를 배경으로 한 소설 『자비』를 냈다. 2011년에는 셰익스피어 『오셀로』의 아내 데스데모나와 그 작품에서 간단히 언급된 아프리카 간호사 바버리의 관계를 다룬 오페라 〈데스데모나〉를 제작했다.

그 뒤 아들이 죽어 소설 작업을 중단했다가 2012년 6·25전쟁 참전 용사가 여동생을 백인 의사의 잔인한 의학적 실험에서 구하려고 한 이야기인 『집』을 완성해 아들에게 헌정했다. 2015년에 출판된 열한 번째 소설인 『하느님 이 아이를 도우소서』는 패션과 미용 산업의 경영자가 짙은 색 피부로 인해 고통을 겪는 이야기로 첫 작품을 연상케 한다.

우리의 양심이며 선지자

평생을 두고 차별에 저항했지만, 모리슨은 자신이 상상할 수 있는 한 최대한 자유롭기 위해 닫힌 입장을 취할 수 없다는 이유에서 어떤 사상에 속하기를 거부했다. 자기 작품을 페미니즘 문학이라고 하지 않았으며, 가부장제를 거부하지만 그것이 모계제로 대체되어야 한다고 생각하지 않는다고도 했다. 그는 노예해방 이후 흑인이 백인 사회에 편입된 이래로 지배 이데올로기를 추구하면서, 재즈나 구전 음악과 같은 선조의 저항적 가치를 잃고 정체성의 위기가 초래되었다고 보았다. 그렇기 때문에 저항 의식을 회복해 주체적으로 살아야 한다고 주장했다.

따라서 흔히 모리슨의 문학을 '시적 리얼리즘'이라고 하는 점에는 문제가 있다. 이는 같은 시기에 등단한 앨리스 워커를 '비판적 리얼리즘'이라고 부르는 비평가들의 구분이지만, 모리슨은 "최고의 예술은 아름다우면서도 정치적이어야 한다"고 주장하고, 현실 정치에서도 적극적으로 발언했다. 특히 빌 클린턴과 버락 오바마를 지지하고 도널드 트럼프에게는 반대했다. 트럼프가 미국 대통령으로 선출된 직후에 쓴 「백인을 위한 애도」에서 그는 백인들이 인종 덕분에 주어진 특권을 잃는 것을 너무 두려워해 트럼프를 선출했고, 백인우월주의를 살리기 위해 KKK단(백인우월주의를 내세우는 미국의 비밀결사단체)의 승인을 받았다고 비판했다.

모리슨이 죽자 오바마는 트위터에서 "모리슨의 글은 우리의 양심과 도덕적 상상력에 대한 아름답고도 의미 있는 도전이었다"고 추모했다. 오프라 윈프리도 인스타그램에 "모리슨은 우리의 양심이며 선지자,

진실을 말해주는 이였다"며, "그녀는 말의 힘을 이해한 언어의 마술사였다. 그 말을 이용해 그녀는 우리를 휘젓고 일깨웠으며 교육시켰고, 우리의 깊은 상처와 대면하고 그것을 이해할 수 있도록 도왔다"고 썼다. 윈프리는 모리슨의 〈빌러비드〉 영화의 주연을 맡기도 했다.

노예 문제를 어떻게 보았는지를 기준으로 삼아 수천 년의 인류 지성사를 다시 집필해야 한다고 생각해온 나는 모리슨을 필두로 노예 문학이라는 문학의 한 장르를 새롭게 만들 필요가 있다고 본다. 『임꺽정』이나 『장길산』 같은 영웅적 주인공이 등장하는 문학만이 아니라 『빌러비드』의 탈주 노예와 같은 평범한 노예들의 비통한 삶을 다룬 문학을 기다리고 바라는 것은, 지금 이 시간에도 그런 노예의 후예들이 사실은 노예처럼 살아가고 있다고 생각하기 때문이다.

메리 올리버

Mary Oliver, 1935~2019

허약한 의지와 상처를
드러내는 것도 괜찮다

순응하지 않아도 돼

———

내가 애송하는 메리 올리버의 시 「기러기」의 번역은 하나같이 "착하지 않아도 돼"로 시작된다. 여기에서 '착하다'는 말은 영어 'good'을 번역한 것인데 '착하다'는 뜻 외에도 '순하다', '말을 잘 듣다', '얌전하다', '튼튼하다', '강인하다', '확실하다', '유능하다', '똑똑하다' 등 여러 가지 뜻이 포함되어 있다.

> 사막 너머 100마일
>
> 후회하며 무릎으로 기지 않아도 돼
>
> 몸속 나약한 동물이
>
> 사랑하는 것을 그냥 사랑하게 두면 돼
>
> 네 상처를 말해봐,

그럼 내 상처를 말할게.

「기러기」는 첫 행에 이어 이렇게 이어지는데 이는 도덕적으로 말하는 착한 사람이거나 세상에서 말하는 잘난 사람이 아니어도 좋고, 종교적인 고행 같은 것을 굳이 할 필요가 없으며, 허약한 의지로 살아도 좋고, 서로 상처를 드러내는 것으로 충분하다는 뜻으로 나는 읽는다. 그리고 이 시는 아름다운 자연 속을 날아가는 기러기에게 향한다.

그러는 동안 세계는 굴러가고
그러는 동안 태양과 맑은 빗방울은
풍경을 가로질러 움직여,
대초원과 깊은 숲,
산과 강 너머까지
그러는 동안 기러기는 맑고 푸른 하늘 드높이, 다시 집으로 날아가.

네가 누구든, 얼마나 외롭든,
상상하는 대로 세계를 볼 수 있어,
기러기처럼 소리쳐봐, 격하고 뜨겁게-
네가 있어야 할 곳은 이 세상
한가운데라고.

이 마지막 셋째 부분에서 나는 첫 행을 "순응하지 않아도 돼"로 읽고, "네가 있어야 할 세상을 '상상해봐'"라는 당부를 이 시의 메시지로 이해한다. 그래서 나에게 이 시는 존 레넌의 노래 〈이매진〉과 연결된다. 나에게는 이 시가 우리를 가로막고 괴롭히는 국경도, 돈도, 종교도 없는 세상을 상상해보자는 노래로 들린다.

내 삶은 나의 것

나의 이런 이해는 문학인들이나 영문학 교수들의 이해와는 사뭇 다른 것 같다. 연애소설의 제목으로 이 시에 나오는 "네가 누구든, 얼마나 외롭든"이라는 시구를 가져오거나, 교수들이 이 시에 대해 서양의 물질문명에 반하는 동양의 무위자연 사상을 노래했다고 하거나, 심오한 자연시니 생태시라고 한다. 아니면 기러기처럼 인간도 자연의 일부임을 깨달아야 한다거나, '관계적 자아'라는 철학적 개념을 가진 시라고도 한다.

그런데 이런 식의 심각한 해설에 나는 쉽게 동의하지 못한다. 도리어 나는 이 시를 사랑이나 자연 자체에 대한 추상적인 의미 부여가 아니라, 형이하학적인 차원의 나약한 본능에 휘둘리는 존재인 인간 본연의 반항적 의지를 긍정적으로 노래하는 것으로 읽는다. 비현실적인 종교적 차원의 전체론적 자연관이나 구체성이 없는 관계관의 형이상학을 벗어나서 말이다.

따라서 이 시에서 자연은 생태 자체가 아니라 인간의 본능과 같은 현실 속 자연이고, 본능을 억압하는 국가나 도시나 자본이나 문명이나 기술은 물론 가족이나 도덕과 같은 비자연적인 '관계적 자아'까지 거부하는 것이 이 시의 메시지가 아닐까? 그런 의미에서 이 시는 나에게 헨리 데이비드 소로와 월트 휘트먼의 시와 통하는 대단히 아나키적이고 반순응적이며 반체제적인 시다. 그래서 나는 이 시를 좋아한다. 미국의 청춘들이 이 시를 반항의 힙합처럼 노래하는 것도 그래서라고 이해한다.

무엇보다도 나는 메리 올리버가 월트 휘트먼이나 에밀리 디킨슨처럼 동성애자로 살았던 점도 이 시를 통해 공감한다. 시인이 평생 "내 삶은 나의 것"이라고 했던 외침을 듣는다. "내 삶을 사는 것, 그리고 언젠가 비통한 마음 없이 그걸 야생의 잡초가 우거진 모래언덕에 돌려주는 것." 그의 산문집 『긴 호흡』 속 그 언덕은 메리 올리버가 평생을 사랑하는 파트너와 살았던 프로빈스타운에 있다. 그곳은 사하라와 같은 완전한 불모지다. 그래서 동성애자인 마이클 커닝햄은 '땅끝'이라고 부른 그곳의 삶을 기록했다. 『땅끝』이 우리말 번역서에서는 『아웃사이더 예찬: 문학적이고 섹슈얼한 프로빈스타운 여행기』라는 너무나 상업적인 제목으로 바뀌었지만, 그 내용은 섹슈얼한 여행기 따위가 아니라 15년간 그곳에서 살았던 사람의 삶이다.

나도 그 반순응의 땅끝을 사랑했다. 미국 보스턴에서 2시간 정도 떨어진 땅끝마을인 그곳에 가면 거기에 살았던 사람들의 작품이 절로 이해되기 때문이다. 마천루 숲과 달리 아무도 없는 해변의 외로운 집들을 그린 에드워드 호퍼의 풍경이 바로 그곳이고, 마크 로스코의 정적靜寂도 그곳의 사색적 분위기임을 쉽게 알 수 있다. 존 리드나 노먼 메일러의 반항도 그곳 사람들의 기질이고, 유진 오닐의 인물들도 그곳 주민들의 얼굴이다. 아니 누구보다도 나는 그곳에서 소로를 만났다. 『월든』의 외로운 소로보다 더 친숙한 사람들 속의 소로, 불복종의 소로 말이다.

'퀴어 타운'이라고도 불린 이 마을은 주민 수가 3,000명도 안 되는 시골 어촌이다. 1620년에 망명 청교도가 최초의 닻을 내린 이 마을은 이제 망명 동성애 예술가들의 자유 마을이다. 지리상으로는 미국의 일부지만 미국에서 해방된 이단의 땅이어서 많은 사람이 독립의 땅인 그 마을에 살았다. 동네의 자그마한 개성적인 집들이나 갤러리나 좁은 거리만 봐도 그곳은 미국이 아니다. 소로를 비롯해 수많은 이단은 격하고 뜨겁게 소리친 기러기들이다. 프로빈스타운의 기러기들이다. 메리 올리버는 그 주민의 한 사람에 불과하다. 84년 인생의 반 이상을 그곳에서 산 그에게 그곳은 미국에서 유일하게 자유로웠던 보금자리였다.

권력과 자본의 해독제

그곳 대부분의 주민들처럼 프로빈스타운은 메리 올리버의 고향은 아니지만, 그가 시골 출신으로 자연 속에서 자란 것은 분명했다. 그러나 그 시골은 성적 학대라는 악몽의 지옥이기도 했다. "내가 한때 사랑했던 사람이 어둠으로 가득찬 상자를 주었다. 이 또한 선물이라는 것을 이해하는 데 오랜 세월이 걸렸다." 그래서 오두막을 짓고 14세 때부터 시를 쓰고 음악을 사랑했다. 대학 두 곳을 다녔어도 학위를 받지 못한 그는 평생 시를 쓴 것 외에 삶에 특별한 것은 없었다. 아니 특별했다. 그는 우리의 세상과 다른 세상을 꿈꾸었던 시인다운 시인이었기 때문이다. 그는 우리가 중독되어 있는 권력과 자본 등의 온갖 독을 풀어주는 해독제의 시인으로 살았다. 중독된 인간들에게 시는 해독제로 필수라는 것을 그만큼 잘 보여준 시인은 없다.

자연의 야생을 잃은 우리에게 야생성을 회복해야 한다고 말한 올리버는 글에서 그냥 자연에 순응하라고 말하지 않는다. "너는 절대로 엉뚱한 짓을 멈추어서는 안 된다. 그리고 절대로 다른 사람에게 네 삶에 대한 책임을 물어서도 안 된다", "나는 위험하고 고귀한 것을 다시 생각해보고 싶다. 나는 가볍고 재미없는 사람이 되고 싶다. 마치 내가 날개를 가진 것처럼 아름다워 보이지 않고 아무것도 두려워하지 않고 싶다", "창조적인 일에 대한 요구를 느끼면서도, 또 자신의 창조적인 힘이 반항적이고 봉기하는 것임을 느끼면서도, 그것에 힘도 시간도 주지 않는 사람들이야말로 이 세상에서 가장 불쌍한 사람들이다".

이단의 보금자리인 프로빈스타운 같은 마을은 덴마크에도 있고 인도에도 있다. 20세기 초에 헤르만 헤세가 살았던 몬테베리타 같은 마을도 역사에서 얼마든지 찾아볼 수 있다. 우리에게도 이런 이단의 마을이 있으면 좋으련만 있을 수 있는지조차 의심스럽기도 하다. 그래도 메리 올리버가 "가끔은 세상의 모든 부와 권력보다 더 나은 일이 생긴다. 무엇이든 될 수 있지만 사랑이 시작되는 순간, 그것을 알아챌 가능성이 매우 높다"고 한 말을 나는 언제나 마음에 새기고 있다.

켄 로치

Ken Loach, 1936~

민중의 삶을
그대로 보여주다

자신들의 땅에 사는 사람들의 자유

———

나는 부산국제영화제에 매년 다녀왔지만, 언제나 행사장이 아니라 영화를 보러 갔다. 특히 스타나 스태프 등이 요란한 옷차림으로 등장하는 빨간색 무대나 파티 따위는 질색이다. 영화제용 영화도 보지 않는다. 영화관에서는 보기 어려운 여러 나라의 영화를 본다. 한 영화제에 나오는 약 300편 중 아무리 열심히 보아도 개인이 볼 수 있는 영화는 30편쯤이고, 3편 정도 보는 것에 만족할까 말까다. 그중 항상 빼놓지 않고 보는 영화가 켄 로치의 영화다. 지난 40여 년 동안 노동법과 사회보장법을 공부하고 가르친 나에게 그의 영화는 기본 교재였을 뿐 아니라, 세상을 살아가는 사고와 실천의 기준이었다.

1936년생인 그는 2022년 기준으로 86세이지만, 지금도 노동하듯이 매년 한 편 이상 영화를 찍는다. 영국 중부 시골의 보수적인 노동자 가정에서 태어났지만 계급이 분명한 영국에서 노동자의 아들로는 드물게 옥스퍼드대학 법학부에 진학했다. 그러나 처음부터 법 공부가 아니라 연극에 빠져 법률가가 되기를 포기하고, 대학 졸업 후 1963년 BBC에 입사해 정치적인 드라마와 다큐멘터리, 영화를 만들었다.

이는 이듬해 해럴드 윌슨이 이끄는 노동당 정부가 13년 만에 출범한 것과 무관하지는 않았지만, 그는 평생 노동당의 사회민주주의에 반대했을 뿐 아니라 공산당의 스탈린주의는 더 싫어했다. 피지배계급인 많은 노동자와는 무관하게, 둘 다 소수 지배계급의 이익에 봉사하는 권력으로 보았기 때문이다. 그래서 1980년대 마거릿 대처의 보수당 정권하에서 검열과 방영 금지를 여러 번 당하는 등 극심한 탄압을 받았다.

우리나라를 비롯해 여러 나라에서 상영되기 시작한 그의 영화는 그가 영화감독으로 부활했다고도 평가되는 1990년대 이후에 만들어진 것들이었다. 특히 스페인 시민혁명을 다룬 〈랜드 앤 프리덤〉(1995년)의 감동을 잊을 수 없다. 일본에서 본 이 영화의 제목은 〈대지와 자유〉였다. 니카라과 민중 투쟁을 다룬 〈칼라의 노래〉(1996년)나 1920년대 아일랜드의 독립투쟁을 다룬 〈보리밭을 흔드는 바람〉(2006년)도 '대지와 자유'라는 주제의 영화였다.

자신들의 땅에 사는 사람들의 자유를 지키기 위한 투쟁을 다룬 이 영화들을 통해 '스페인 시민혁명의 해방자'라고 주장한 소련이나, '남미의 해방자'라고 자위한 미국이 실제로는 가해자라고 폭로했다. 또 700여 년 동안 아일랜드를 지배한 영국 역시 제국주의 침략의 원흉이라고 폭로했다. 이는 일본인 감독이 조선의 독립전쟁을 찬양하거나, 한국인 감독이 베트남에 주둔한 한국군이나 한국 기업을 비판한 것이나 마찬가지다.

자유를 위한 투쟁

———

켄 로치 영화의 대부분은 노동자의 작은 일상에서 이루어지는 자유를 위한 투쟁을 다룬 작품들이다. 우리에게 소개된 것만 보아도 〈레이닝 스톤〉(1993년), 〈레이디버드 레이디버드〉(1994년), 〈내 이름은 조〉(1998년), 〈앤젤스 셰어〉(2012년), 〈지미스 홀〉(2014년), 〈나, 다니엘 블레이크〉(2016년)와 같이, 그가 밑바닥을 그린 영국은 한국인의 머릿속에 있는 신사적인 영국인의 이미지와 철저히 반대되는 것이었다.

〈빵과 장미〉(2000년)처럼 미국에 온 이민노동자의 노동조합 투쟁을 보여주는 영화도 할리우드 영화에서는 볼 수 없었다. 그의 대표작 중 하나로, 시골 탄광촌을 무대로 하여 계급을 고착화시키는 교육 시스템을 비판한 〈케스〉(1969년)처럼 1990년대 이전의 작품들도 그 뒤에 차차 소개되었지만, 초기의 TV 드라마나 영화, 특히 다큐멘터리는 여전히 우리가 보기 어렵다.

게다가 이 작품들은 발표 당시 정부는 물론 노사 양쪽에서도 대부분 비판을 받았다. 노동자에 대한 착취가 '국가'나 '자본'만이 아니라, 노동자를 보호한다는 미명하에 존재하는 '관료권력'이나 '노동권력'에 의한 것임을 보여주기 때문이다. 심지어 〈케스〉에서는 부모가 형제나 자녀의 자존심을 짓밟고, 〈사냥터지기〉(1980년)에서는 노동자 출신의 관리인이 유한계급의 사냥감을 키우며, 〈희망의 나날들〉(1969년)에서는 법과 질서를 지킨다는 미명 아래 영국군이 아일랜드나 북아일랜드 주민을 탄압하고 살해한다. 그래서 켄 로치는 자본주의는 물론 공산주의와 사회민주주의 진영에서도 비난받기 일쑤다. 그에게 한 가지 '주의主義'가 있다면 그것은 '휴머니즘'이다. 물론 '진보적 휴머니즘'이다. 양식으로는 '비판적 리얼리즘', '사회 비판을 위한 실험적 자연주의'다.

그의 영화에는 소위 스타도, 시나리오도, 스릴도, 서스펜스도, 스펙터클도, 섹스도 없다. 그는 평범한 '피플(민중)'에게 사전 시나리오도 없이 피플의 일상을 그대로, 어떤 꾸밈도 없이 연기 아닌 연기를 하게 한다. 그러니 철저히 민주적이고 자유롭고 평등하게 영화를 만든다. 한두 스타에게 준다는 엄청난 출연료와 함께 수많은 스태프의 노동 착취 같은 것은 당연히 없다. 상업주의나 대중적 흥행이나 인기와는 담을 쌓은 독립영화와 저예산 영화의 모범으로 언제나 보통 사람들의 삶을 말하지만, 결코 보통 영화는 아니다.

그는 초기에 TV 드라마를 만들었지만 우리가 매일 보는 드라마와는 전혀 다르다. 다큐멘터리도 많이 찍었지만 역시 다르다. 다양한 삶을 있는 그대로 보여주면서 양식화하려는 유혹이나 해피엔딩식의 위로 또는 환상적 구제를 철저히 거부하기에, 편안함이나 해결된다는 희망을 주지 않는다. 켄 로치의 영화가 대안이 없는 비판이라거나 너무 어둡다는 등의 비판도 있지만 자유를 향한 싸움은 영원하다는 것을 말하는 것이 아닐까?

영화는 비주류의 이의신청

켄 로치는 스캔들로 요란한 예술파 감독이나 작가 감독이 아니라 지극히 평범하고 겸손한 얼굴과 모습이면서도, 평생 피플에 대해 일관된 공감을 철저히 고집한다. 정치권력이나 자본권력이 피플을 착취하는 세계에서 지난 반세기 동안, 오로지 비주류의 이의신청 수단으로 시종일관 이단적 영화를 만들어온 사람은 그밖에 없다. 그런 영화를 한두 편 만든 사람들이야 더 있지만, 60여 년 동안 거의 매년 극영화나 다큐멘터리를 만들어온 사람은 그뿐이다.

흔히 사회파 감독이나 정치적 영화감독으로 평가되지만, 그는 웅변도 이데올로기도 아닌 그야말로 피플의 삶, 하층계급의 삶을 이야기한다. 그래서 교조적인 도그마와는 무관하다. 굳이 무슨 주의라고 해야 한다면 '노동주의'나 '아나키즘'이라고 말할 수 있다. 그의 싸움은 끝이 없다. 본질은 '근본적 착취'이기 때문이다. 노동, 실업, 불평등, 환경파괴 등을 낳는 틀을 변화시킬 힘을 잃고 인기투표에만 매달리는 가짜 좌파에게 희망은 없다고 그는 본다.

부산국제영화제에서 본 택배기사의 노동 착취를 다룬 켄 로치의 영화 〈소리 위 미스트 유Sorry We Missed You〉(집주인이 부재중이어서 배달을 못한다는 쪽지 위에 나오는 말이다. 국내 개봉명은 〈미안해요, 리키〉)는 독립된 자영업자인 양하지만 실상은 철저히 종속된 노동자에 불과한 택배기사뿐 아니라 그 가족까지 착취하는 자본주의 체제를 보여준다. 몇 번이나 울면서 신사 숙녀 관객 중에 택배기사나 그 가족은 없을 것 같아 더욱 마음이 아팠고, 영화제가 열리는 화려한 아시아 최대 백화점의 뒷구멍

같은 곳에서 짐을 싣고 있을 택배기사들에게 미안했다. '소리 위 미스트 유.'

그래서 다시는 그 화려한 영화제에 가지 말아야겠다는 생각도 했다. 켄 로치의 영화는 내가 30년 전 처음 그의 영화를 보았던 영국 노팅엄 로빈후드 마을의 노동자 빈민굴, 초라한 선술집에 앉아 주인공 노동자들처럼 싸구려 술을 마시며 욕을 하면서 보아야 제격이다. 1996년 부산국제영화제가 처음 열리던 자갈치시장의 펄펄 살아 있던, 가난하면서도 질긴 생명력이 더욱 그립다.

루이스 세풀베다

Luis Sepúlveda, 1949~2020

우리가 아닌
다른 존재도 사랑하다

자연에 동화되어 사는 인간을 찬양하다

————

2020년 4월 16일 새벽, 총선 결과보다 루이스 세풀베다가 스페인 망명지의 한 병원에서 50일 동안 투병한 끝에 죽었다는 소식에 나는 더 관심이 갔다. 향년 71세. 나보다 세 살밖에 많지 않은 세풀베다가 권력과 자본에 전 탐욕의 인간들이 자연을 착취한 결과로 태어난 코로나19라는 괴물에게 죽임을 당한 것이라는 소식에 분노가 더 치솟았다.

코로나19는 흔히 말하듯 박쥐를 비롯한 야생동물이 아니라, 야생동물의 터전인 자연을 파괴한 인간의 탐욕이 만들어낸 괴물이다. 모든 전염병은 전쟁이나 빈곤과 마찬가지로 탐욕스러운 소수가 다수를 괴롭히고 죽이는 집단 살상이다. 세풀베다는 누구보다도 그런 탐욕을 거부하고 비판했기에 그 괴물에게 살해당했다. 반면 소수의 살상자는 죽기는커녕 호시탐탐 다음 살상의 기회를 노린다.

루이스 세풀베다는 1949년 칠레 중부의 소도시 오바예에서 태어났다. 그의 할아버지는 스페인의 독재자 프랑코를 피해 칠레로 망명한 아나키스트이고, 아버지는 공산당원이어서 그는 어려서부터 사회에 관심이 많았다. 특히 일요일이 되면 교회에 가서 예배를 드리는 것이 아니라 벽에 오줌을 갈기게 한 할아버지의 영향으로 '체 게바라보다도 더 위대한 세계인'이 되겠다고 결심했음이 그의 작품 『파타고니아 특급 열차』에 나타나 있다.

　　찰스 다윈은 젊은 시절 파타고니아 앞바다를 지나면서 항해기에 "우울한 고독들, 삶보다는 죽음이 절대적으로 지배하는 곳"이라고 썼다. 이에 대해 세풀베다는 "거짓말쟁이 영국인이 아무것도 못 보고서" 그런 거짓말을 했다고 반박하면서, 파타고니아의 자연과 함께 그곳에 동화되어 사는 인간을 사랑으로 찬양한다.

　　그는 산티아고에서 고등학교를 졸업하고 칠레대학에서 연극을 공부하면서 학생운동의 지도자로 정치활동을 했다. 살바도르 아옌데의 진보정권하에서는 문화부에서 대중을 위해 저렴한 고전古典 간행을 담당하다가 1973년 아우구스토 피노체트의 군부 쿠데타로 2년 반 동안 투옥되었다. 이후 국제사면위원회(국제엠네스티) 독일 지부의 노력으로 조건부로 석방되어 가택연금을 당했다. 그는 가택연금에서 탈출해 1년 동안 숨어 살면서 친구의 도움으로 칠레 저항 문화의 중심이 된 연극단을 만들지만, 피노체트 정권에 붙잡혀 반역죄로 사형을 선고받았다(이후 징역 28년으로 감형).

　　이때 국제사면위원회 독일 지부가 다시 개입해 그에게 내린 처벌은 8년의 유배형으로 축소되었고, 세풀베다는 스웨덴에서 스페인 문학을 가르치기 위해 1977년 칠레를 떠났다. 그는 도중에 경유지인 아르헨티나 부에노스아이레스에서 다시 탈출해 우루과이로 갔으나 아르헨티나와 우루과이의 정치 상황은 칠레와 비슷했다. 그래서 그는 브라질의 상파울루로 향했고, 거기서 또다시 박해를 받아 파라과이를 거쳐 에콰도르에 정착했다.

소수 부족의 삶과는 무관한 세계화

에콰도르에서는 알리앙스 프랑세즈 극장을 감독하고 극단을 설립했으며, 슈아르 원주민에게 미친 식민지화의 영향을 조사하는 유네스코의 탐험에 참여해 원주민들과 7개월을 함께 살았다. 이때 자신이 배웠던 마르크스주의가 자연환경에 의존하는 농촌 인구에게는 적용되지 않으며, 남미는 다문화·다국어 대륙임을 이해하게 된 것이 그의 삶과 생각을 바꾸었다. 그곳의 원주민 단체들과 일하면서 안데스의 임바부라 농민연맹을 위한 최초의 문해력 교육 계획을 작성하기도 했다.

1979년에는 니카라과에서 싸우고 있는 시몬 볼리바르 국제여단에 합류했고 혁명이 성공한 뒤 기자로 일하기도 했지만, 1980년에는 니카라과에서도 추방당해 유럽으로 떠났다. 감옥에서 배운 독일어를 통해 독일문학, 특히 노발리스와 요한 크리스티안 프리드리히 횔덜린을 좋아하게 되어 독일의 함부르크로 가서 남미와 아프리카를 여행하는 기자로 일했다. 1982년부터 6년간 국제환경보호단체인 '그린피스'의 배에서 승무원으로 일했고, 뒤에는 단체의 여러 부서에서 코디네이

터로 활동했다.

40세가 된 1989년에 처음 발표한『연애 소설을 읽는 노인』이 1992년에 프랑스에서 번역되어 베스트셀러가 된 뒤, 세풀베다는 여러 작품을 쓰고 많은 상을 받았다. 아마존에 사는 노인이 침략자가 파괴한 자연을 회복하기 위해 총을 들고 숲으로 떠나는 과정을 추리소설의 기법으로 그린 이 책은 살해당한 환경운동가 치코 멘데스(시쿠 멘지스)를 기리는 소설이다. 2005년 한국에 왔을 때 그는 "멘데스는 아마존 정글에서 백인과 원주민이 공존할 수 있는 방법을 옹호했고, 다국적 기업에 대항한 아마존 주민들의 공동전선에 관해 말했다"며 이 작품을 쓴 이유를 설명한 적이 있다.

그는 이 작품에서 남미 특유의 '마술적 리얼리즘'과 무관하게 '아마존 정글'이라는 대자연과, 이를 파괴하는 '양키' 세력에 대한 적대감을 리얼하게 묘사했다. 이로써 미국 중심의 신자유주의가 조작한 '세계화'니 '지구촌'이라는 말들이 아마존이나 아프리카에 사는 소수 부족의 삶과는 상관없이, 단지 이윤만을 목적으로 하는 모더니즘의 착취임을 여실히 보여준다.

나는 같은 해 발표된『지구 끝의 사람들』을 더 좋아한다. 그린피스의 배에서 승무원으로 근무한 경험에서 그려진 작품 속 선장은 자연과 인간의 교감을 믿지 못하고 조그마한 탐욕 때문에 자연을 파괴하는 동료 인간들을 보며, "저는 때때로 돌고래가 인간보다 훨씬 더 민감하고 더 똑똑하다고 생각합니다. 계층구조를 허용하지 않는 유일한 동물종입니다. 그들은 바다의 아나키스트입니다"라고 말한다.

진정한 자유는 지구 자체에 대한 존중을 의미한다

———

1994년의 『귀향』은 고문이나 폭력과 같은 가장 비인간적인 학대로 엄청난 후유증을 겪으며 살아가는 사람들을 그린다. 이 작품은 피노체트의 독재체제가 끝난 뒤 등장한 칠레의 민주체제란, 과거 체제 옹호자들의 또 다른 모습과 다르지 않다는 것을 보여준다. 여기에서 작가는 '국가 화합'이라는 미명 아래 과거를 무조건 잊고 독재자들을 용서하자고 외치는 정치가들과 그런 망각에 동조하는 민중을 비판한다. 진정한 화합이란 과거를 망각하는 것이 아니라 진지하게 되돌아보면서 생존자들의 아픔을 어루만져주고 모두가 피해자임을 인식할 때 비로소 이루어진다고 주장한다.

1996년에 발표된 동화 『갈매기에게 나는 법을 가르쳐준 고양이』의 내용도 이와 같은 맥락이다. 고양이 소르바스는 바다에 유출된 기름에 죽어가는 갈매기에게 3가지 약속을 한다. 갈매기가 낳는 알을 먹지 않고, 알을 잘 돌봐서 부화할 수 있게 만들며, 새끼 갈매기가 태어나면 나는 법을 가르치겠다는 것이었다. 소르바스는 친구들의 도움을 받으면서 앞의 두 약속은 지키지만, 새끼 갈매기에게 나는 법을 가르치기는 그에게 너무 어려웠다.

그래서 인간과 소통해서는 안 된다는 고양이 사회의 금기를 깨뜨리고 신뢰할 수 있는 유일한 인간인 시인에게 도움을 청해 새끼 갈매기를 날게 한다. "날개만으로 날 수 있는 건 아냐! 오직 날려고 노력할 때만이 날 수 있는 거지"라는 말에 새끼 갈매기는 난간을 박차고 비가 내리는 밤하늘을 세차게 가르며 날아오른다. 소르바스는 눈물을 흘리며 말한다. "우리가 아닌 다른 존재를 사랑하고 인정하진 못했어. 쉽지 않은 일이었거든. 하지만 이젠 다른 존재를 존중하며 아낄 수 있게 되었단다. 네가 그걸 깨닫게 했어."

진정한 자유란 지구상에 존재하는 모든 사물에 대한 존중에서 비롯되며, 궁극적으로 우리가 머무르고 있는 지구 자체에 대한 존중을 의미한다는 이 동화의 메시지는 세풀베다가 평생 추구한 가치였다. 코로나19 사태는 그런 가치의 몰각에서 비롯되었을지도 모른다. 기후변화를 포함해 자연을 존중하는 가치관을 회복하지 못하고 권력과 자본이라는 허상만을 좇는다면 인류는 코로나20, 코로나21 하면서 계속 그 숫자만 늘리게 될지도 모른다. 특히 기후변화가 가장 심각한 한국에서 이러한 문제가 코로나19에 근본적으로 대응하는 차원에서 선거 의제로 심각하게 다루어지지 못한 점은 우리 모두에게 앞으로 더욱 큰 짐이 될지도 모른다. 우리는 지금 당장, 자가용이라도 멈추어야 하지 않을까?

아룬다티 로이

Arundhati Roy, 1961~

착취당한 자들이여,
눈을 뜨라

소녀 시절은 '착취의 악몽'

———

2019년 11월, 델리공항으로 가는 인도 하늘은 온통 회색이었다. 내가 그곳에 내린 다음 날 비행기 수백 대는 내리지 못했다. 그날 대낮의 델리 시내는 그야말로 가스실이어서 앞을 볼 수 없었다. 여행에서 만난 인도인이 1989년부터 그랬다고 했다. 그때 사회주의 국가들이 붕괴하면서 인도 중심의 제3세계권도 붕괴하고, 인도가 미국 편이 된 뒤로 지금까지 그랬다는 것이다. 그래서 한국과도 사이가 좋아지고 인도를 사랑하는 한국인도 많아졌지만, 우리가 본 것은 회색 스모그에 가려진 인도가 아니었는지 모르겠다.

그래도 언제나 "눈을 뜨라"고 외치는 아룬다티 로이의 1,000쪽이 넘는 따끈따끈한 신간이 나를 기다리고 있어서 얼마나 반가웠는지 모른다. 20여 년간 쓴 논픽션을 모두 모은 전집으로, 그중 몇 편은 번역서로도 이미 읽은 글이지만 우리에게 소개되지 못한 대부분의 글은 과거에 쓴 것인데도 읽을수록 새롭다. 야간 디지털 조명을 확대하는 광대역 케이블을 놓기 위해 밤새도록 촛불 밑에서 원시시대처럼 일하는 노동자들의 묘사부터 광업과 수자원 프로젝트를 위해 농토에 행해지는 공격적 착취, 핵무기 프로그램의 확대, 공공서비스의 민영화와 상업화, 다양한 형태의 식민지화와 제국주의의 지속, 정부 부패 등의 문제를 다루는 그 모든 에세이를 묶는 단 하나의 주제를 말한다면, 그것은 '착취'다.

1961년생인 로이는 인도 남부 케랄라주의 작은 시골 출신으로, 1977년 건축을 공부하기 위해 델리에 갈 때까지 고향에서 살았다. 인도의 전통사회에서 착취당한 사람들을 그린 1997년 소설 『작은 것들의 신』에서 로이는 그곳에서 보낸 소녀 시절을 '착취의 악몽'이라고 회상했다. 그것은 로이가 2세 때 부모가 이혼했기 때문만이 아니었다. 도리어 아버지가 없었기에 로이에게는 종교도, 전통적 속박도, 카스트도, 계급도 없었지만 이것들은 훗날 그가 끝없이 싸워야 할 인도였다.

아직도 중매결혼이 대세인 인도에서 페미니스트 어머니에게서 "어떤 짓을 해도 좋지만 결혼만은 하지 마라"는 말을 듣고 자란 로이는 화려하게 치장한 신부를 '송장 먹는 귀신'이라고 했다. 로이는 건축가·영화감독과 결혼했지만 오래 지나지 않아 헤어졌다. 20년 만에 쓴 소설 『지복의 성자』에서 그려진, 남성으로 태어났지만 남녀가 아닌 제3의 성性으로 은퇴한 뒤 묘지에서 산 사람과 그의 반려가 이룬 환상적인 삶이 바로 그가 꿈꾸는 사랑일까? 이 소설은 2017년 맨부커상 후보에 오르기도 했지만, 카스트나 전문가 권력 등에 반대하는 로이의 본래 목소리를 확인하는 것 외에 소설로서 재미를 얻지는 못했다.

'반민족적'이라는 낙인이 찍히다

――――

『작은 것들의 신』도 일부가 외설스럽다는 이유로 소송을 당했지만, 그전에 로이가 풀란 데비를 소재로 시나리오를 쓴 영화 〈밴디트 퀸〉(1994년)이 데비를 부당하게 이용했다는 소송을 당했다. 이 영화와 소설은 한국에도 소개되었다. 데비는 반복적인 강간과 학대, 인권침해를 당했는데도 국회에 진출한 여성이다. 그는 남성의 오락용으로 만들어진 영화로 인해 다시 강간당한 느낌을 받았다고 했고, 결국 2001년에 암살되었다. 로이가 데비에 대해 과거에 쓴 두 글은 에세이 전집에도 부록으로 실려 있다.

이 글들로 인해 로이는 엄청난 고난을 겪었지만, 조금도 좌절하지 않고 지금까지 견지해온 비판을 계속하고 있다. 가령 댐 건설은 소수민족과 하층 카스트를 제거하는 것이고, 핵실험은 힌두교 민족주의를 고양한다는 점에서 작고 다양한 것을 말살하는 일이라는 것이다. 로이는 소설에서 줄곧 다루었듯이 다양한 세계와 사람을 하나로 만들려는 거대하고 일원적인 정부나 기업의 지배를 비판한다.

인도 정부가 철저히 반대하는 카슈미르 지역의 독립을 옹호하는 로이의 목소리는 최근 더욱 뜨거워져 매일 뉴스를 탄다. 물론 주류 미디어의 뉴스는 아니다. 인도 정부를 비판하는 그에게는 '반민족적'이라는 낙인이 찍혔다. 하지만 그는 국기가 처음에는 정부가 국민을 바보로 만드는 데 사용하고, 그다음에는 죽은 자들을 위한 수의로 사용하는 색깔 있는 천 조각일 뿐이라고 풍자한다. 그에게는 '반미적'이라는 낙인도 찍혔는데, 소련식 공산주의와 마찬가지로 미국식 시장주의도 극소수의 인간이 지나치게 많은 권력을 독점하도록 허용한 탓에 실패한다고 보기 때문이다. 그러나 로이는 '반미', '반조국'이라고 하는 것은 단순히 인종주의적 발언이 아니라 상상력의 결핍이자 기성 체제가 제시해준 것 이외의 관점에서 세계를 보지 못하는 무능함이라고 주장한다.

　　로이가 비판하는 제국은 미국뿐 아니라, '자유'라는 깃발 아래 글로벌 기업이 세계의 모든 약자를 '자유롭게' 조작하는 21세기의 민주주의 시스템이다. 이것은 '선거민주주의'라는 가면 아래 의회와 언론과 정부가 파시즘으로 나아가는 괴물이다. 민주주의는 마음대로 입혔다가 벗길 수 있는, 온갖 취향을 만족시켜주는, 마음대로 이용해먹고 버릴 수 있는 자유세계의 장식품이 되었다고 로이는 비판한다. "자유시장이 자유선거와 자유언론과 독립적 사법부를, 최고가를 제시하는 입찰자에게 팔리는 상품으로 바꾸어버렸다"는 것이다.

이의를 제기하는 행동

로이는 자신이 작가나 활동가이기 때문이 아니라 '인간이기 때문에' 공적 문제에 관여한다고 말하면서, 전문가가 식민화하고 둘레에 장벽을 쳐서 지식을 자신에게 유리하게 이용한다고 비판한다. 로이는 전문가와 문외한, 박식과 무지 사이의 대립이 아니라 한 가치체계와 다른 가치체계의 대립, 한 종류의 정치적 본능과 다른 종류의 정치적 본능 사이의 대립이라고 본다. 따라서 '지배의 정치'가 아닌, 새로운 '저항의 정치'를 역설한다. 즉, 반대하는 정치, 책임지기를 요구하는 정치, 속도를 늦추는 정치, 세계 전역의 사람들과 손을 맞잡고 명백한 파괴를 막는 정치다. 그리고 현재 상황에서 유일하게 세계화할 가치가 있는 것은 '이의를 제기하는 행동'이라고 한다.

나는 로이의 주장에 대부분 공감하지만, 그가 쓴 에세이 중에서 가장 긴 「박사와 성자: 암베드카르-간디 논의」에서 간디를 카스트주의자로 비판하고 암베드카르를 빈민의 왕으로 내세우는 점에는 비판의 여지가 있다고 본다. 카스트 자체를 부정하고 불교로 개종한 달리트 출신의 암베드카르와 달리, 힌두교도인 간디가 차별 없는 직업 분화 제도로서 카스트를 존속시킬 필요가 있다고 주장한 것은 사실이다. 그러나 영국의 식민지 지배하에서 두 사람의 주장은 인도의 독립을 위해 서로의 주장을 극단화한 변증법적 관계로 이해할 여지가 있다.

두 달 계획으로 간디와 암베드카르의 발자취를 쫓는 인도 여행을 한 나는 특히 우리나라의 일제강점기나 작금의 상황과 관련해 고민하면서 배우고 있다. 여하튼 우리가 세상의 혼란을 없앨 수는 없지만 그것이 혼란임을, 매우 심각한 혼란임을 깨달아야 하고, 이 세상을 견딜 수 없는 사람들과 가까워지고 그들에게 귀를 기울여야 한다는 로이의 도덕적 분노에 공감한다. 부처도, 간디도, 암베드카르도 지금 인도든, 한반도든 이 땅에 살아 있다면 로이처럼 외치리라. "눈을 뜨라."

뱅크시

Banksy, 1973~

길거리 미술로
변혁을 꿈꾸다

전통예술을 풍자하다

———

2020년 10월, 모네의 아름다운 연못을 쓰레기 불법 투기 현장으로 바꿔 그린 뱅크시의 작품 〈내게 모네를 보여줘〉가 영국 런던 소더비 경매에서 약 112억 원에 낙찰되었다는 뉴스가 났다. 머리에 무전기를 쓰고 바주카포를 들고 있는 〈모나리자〉와 같은 패러디다. 브렉시트와 관련해 영국의 하원 의원들을 침팬지로 묘사한 〈위임된 의회〉가 같은 경매에서 2019년에 받은 147억 원보다는 낮지만, 연꽃을 마트의 쇼핑 카트와 교통·건축용 주황색 원뿔형 플라스틱이 떠 있는 것으로 바꾼 것에 불과한 낙서 같은 그림이 100억 원이 넘는 값으로 팔렸다니 뉴스가 된 모양이다.

하기야 미술사에 나오는 모든 풍경과 인물을 쓰레기장과 침팬지로 바꾸어도 무방하지 않겠는가? 금수강산과 여의도도 마찬가지 아니

뱅크시

겠는가? 무릉도원과 서초동도 뭐가 다른가? "저항과 사회적 반대에 통찰력이 있는 뱅크시는 소비지상주의의 과잉 소비와 환경파괴의 풍경을 풍자적으로 표현했다"고 한 소더비 쪽 말은 맞지만, 소더비야말로 뱅크시가 풍자하는 소비지상주의의 전형이 아닌가? 그래서 2008년 소더비에서 16억 원 정도로 낙찰된 〈풍선과 소녀〉를 뱅크시는 낙찰 직후 미리 설치한 장치로 파괴하지 않았던가?

그는 〈그림 경매〉라는 그림에 그린 거창한 액자에 "정말 믿을 수 없어. 이렇게 쓰레기 같은 걸 사는 너희 같은 바보들이 있다니"라고 썼다. 그는 미술권력의 상징인 메트로폴리탄미술관 등을 비롯해 세계 유수의 미술관에서 자신의 작품을 무단으로 전시했고, 이 과정을 동영상으로 담아 온라인에 공개해 미술관을 비웃었다. 이처럼 그에게 전통예술은 풍자의 대상이다.

뱅크시가 누구인지, 아무도 제대로 모른다. 그가 신분을 밝히지 않는 이유는 그가 그리는 그라피티가 불법이기 때문이다. 그러니 그는 20년 이상 체포되지 않은 범죄자다. 영국 경찰은 그렇게도 무능한가? 범죄인 신상 털기도 제대로 안 되는 것인가? 한국에서도 그라피티는 불법 낙서로, 재물손괴죄 등으로 3년 이하의 징역과 벌금형 등에 처할 수 있다.

그래서 가령 2015년 홍승희는 욱일기를 배경으로 박근혜가 웃으며 인사하는 모습 아래 '사요나라 2015.11.14.'라고 쓴 그라피티로 1년 6개월의 징역을 구형받았다. 그 뒤 1심에서는 무죄를 선고받았으나 2심에서 150만 원 벌금형을 받았는데, 이 선고는 박근혜 탄핵 1주년에 대법원에서 그대로 확정되었다. 그 밖에도 내국인은 물론 외국인들까지도 그라피티로 실형을 선고받아 예술이 범죄가 되었다. 반면 뱅크시는 150만 원 벌금형은커녕 그보다 1만 배가 넘는 가치를 인정받았으니 '헬조선'이 아니라 영국에서 태어난 게 정말 다행이라고 할 수 있다.

권력에 저항하다

2003년 『가디언』과의 인터뷰를 보면, 뱅크시는 1973년 브리스틀 부근의 시골에서 태어나 퇴학을 당하고 경범죄로 복역하기도 했으며, 14세에 그림을 시작해 1990년대에 브리스틀에서 그라피티를 그리다가 2000년쯤 런던으로 이주했다. 하지만 그것 외에는 알려진 사실이 없다. 인터뷰 당시의 모습은 지저분한 청바지와 티셔츠에 치아가 은색이고, 목걸이와 귀걸이를 한 남자로 묘사되었으나 그런 정보가 그의 그림을 아는 데 무슨 의미가 있을까? "더는 누구도 믿지 않는 자유, 평화, 정의 같은 것들을 적어도 익명으로 부르짖을 정도의 배짱은 가지고 있다"는 그의 말 한마디로 충분하지 않은가?

　　뱅크시는 그라피티를 하층계급이 할 수 있는 '복수' 또는 개인이 더 강하고 더 우월한 적에게서 권력과 영토와 영광을 빼앗을 수 있게 하는 게릴라전의 한 형태라고 특징짓는다. 그의 작품은 반전, 반체제, 반소비주의, 반파시즘, 반제국주의, 반권위주의, 반관료주의, 반폭력주의, 반자본주의, 반상업주의와 같이 기존 가치에 철저히 반하는 아나키즘, 니힐리즘, 실존주의, 생태주의 등 다양한 정치적·사회적 주제를 다루어왔다. 특히 제복을 입은 남성 경찰들이 동성애자처럼 키스를 하고,

왕실 근위병이 총을 벽에 세워두고 눈치를 보면서 소변을 갈기고, 무장 군인들이 주위를 살피며 평화를 나타내는 마크를 그리는 그림 등으로 권력에 대한 저항을 나타낸다.

반면 뱅크시는 평화의 마크를 목에 걸고 '아나키즘anarchism'을 뜻하는 'A'자를 쓴 피켓을 든 쥐를 비롯해 수많은 쥐의 형상, 폭탄이 숨겨진 아이스크림을 들거나 제 몸보다 큰 폭탄을 껴안은 소녀를 포함해 희생당하는 아이들, 돌이 아니라 꽃을 던지는 시위대, 분홍색 꽃 리본을 달고 날아가는 군용 헬리콥터, 쇼핑 카트를 밀거나 원시적 무기로 쇼핑 카트를 공격하는 원시인, 창문을 깨고 내던져지는 텔레비전을 그린다. 그는 명령에 따라 폭탄을 투하하고 마을 주민을 학살하는 자들처럼 법에 복종하는 것이 거대한 범죄라고 했다. 그의 작품이 공통적으로 비판하는 인간 조건을 구성하는 요소는 탐욕, 가난, 위선, 권태, 절망, 부조리, 소외 등이다. 그 상징으로 쥐, 침팬지, 경찰, 군인, 어린이, 노인 등을 그림으로 표현한다.

2020년 6월 뱅크시는 〈불타는 성조기〉를 그렸다. 이 작품에서 그는 인종차별 문제를 아파트 위층의 수도관이 망가져 아래층으로 물이 새는 상황에 빗대었다. 그는 인종차별은 백인들의 문제라며 그들이 고치지 않는다면 누군가 위층으로 올라가 문을 박차고 들어가야 한다고 주장했다. 영국의 한 병원에 몰래 두고 간 그림 〈영웅〉은 코로나19와 싸우는 의료진을 영웅으로 표현해 화제가 되기도 했다.

담벼락에 펼쳐지는 강렬한 평화의 메시지

———

그러나 무엇보다도 그의 주요 주제는 '평화'다. 내가 눈으로 직접 본 뱅크시의 작품으로, 그가 2005년 8월에 팔레스타인을 여행하면서 서안 성벽에 그린 9점의 그라피티가 대표적이다. 팔레스타인을 거대한 감옥으로 만드는 장벽 위, 이스라엘 군인들이 총을 겨누는 상황에서 그 장벽이 뚫려 평화가 찾아오고, 그 장벽을 아이가 사다리를 타고 오르내리며, 아이들이 그 장벽을 뚫고 구멍을 판다. 뱅크시는 그 너머로 천국의 상상이 펼쳐지는 가운데, 방탄조끼를 입은 비둘기의 심장에 사격 조준점이 맞추어져 있는 그림을 그렸다.

영국이 팔레스타인을 지배한 지 100주년을 맞은 2017년 뱅크시는 이 그림들이 그려진 베들레헴 장벽 앞에 '월드 오프 호텔'을 조성하는 데에 자금을 지원했다. 일반인에게 개방된 호텔에는 뱅크시 등이 설계한 방이 있으며, 침실은 각각 벽을 향하고 있고, 현대 미술관도 갖추고 있다. 뱅크시의 가장 최근 작품은 이 호텔 옆에서 그의 연극이 초연된 2017년 12월에 완성한 두 천사의 그림으로, 장벽을 허물고 평화를 가져오기 위해서는 신과 천사의 노력이 필요하다는 의미다. 뱅크시는 팔레스타인 자치운동, 그린피스의 환경보호운동, 무기 거래 반대 또는 무주택자나 노숙자를 위해 작품 여럿을 기증했고, 2020년 8월에는 지중해에서 위험에 처한 난민을 구하기 위해 구조선에 사적으로 자금을 지원한 사실이 드러났다.

21세기에 들어 뱅크시는 장 미셸 바스키아, 키스 해링, 앤디 워홀과 비교될 정도로 유명해졌다. 개성을 표출하는 무한한 자유를 추구한다는 그들과 세상의 변화를 추구하면서 길 위에서 그림을 그리는 뱅크시를 비교한다는 것 자체가 무리지만, 한국 미술계에는 뱅크시보다 바스키아를 따르는 사람이 많다. 민중미술도 걸개그림의 전통 탓인지, 뱅크시처럼 재기발랄하고 부드러운 유머와 위트가 흘러넘치면서도 은근히 반체제를 도발하는 작품을 보기가 쉽지 않아 유감이다. 아니 무엇보다도 일반인보다 '권위주의'나 '관료주의'나 '상업주의'나 '물신주의' 따위에 더 찌든 미술인도 적지 않아, 뱅크시 같은 정의의 미술 폭탄이 우리에게도 제발 터져주기를 학수고대한다.

히치카스

Hichkas, 1984~

힙합으로 이란의
신정정치를 흔들다

누가 그 학살을 잊을 수 있을까?

——

30여 년 전 영국 노팅엄대학에서 이란의 법학과 교수와 반년 동안 같은 기숙사에서 살았던 적이 있다. 이란은 이슬람 법학자가 통치하는 체제여서 가끔 그를 '어용학자'니 '권력 추구자'니 하며 야유하기도 했지만, 그는 이슬람의 신정정치에 항상 자부심을 보였다. 이란에서는 1979년부터 국회의원의 임기가 4년 단임제, 대통령의 임기도 4년 중임제로, 직접선거를 통해 정권이 명백하게 교체된다는 점에서는 적어도 우리보다 민주화가 빨랐다.

선거 연령도 15세부터여서 우리보다 선진先進이고, 2017년 대선에서는 18세부터 92세까지 1,646명이 출마한 점도 선진이라면 선진이다. 그때부터 반정부 시위도 지속적으로 일어났고, 2019년 11월에는 수백 명이 죽는 시위가 전국적으로 벌어졌다. 그때 '히치카스'라는 래퍼가 부른 노래가 〈그는 주먹을 휘두르네〉다. 이 제목은 다음의 후렴에서 나온다.

> 그는 주먹을 휘두르네
> 그는 주먹을 휘두르네
> 모든 걸 도둑맞은 그에게 남은 거라곤 입술과 사막의 갈증뿐
> 그의 모든 꿈을 죽인 그들에게 받은 건 하나도 없네.

이어 1절이 나온다.

> 규제는 풀렸지만 행복과 복지는 없네
> 식민지 조국은 인민을 위해 단 한 푼도 쓰지 않네
> 밤낮으로 일하지만 월말에는 돈을 빌려야 하네
> 권리를 되찾기 위해 길거리에 서 있네
> 그들은 시민이 아니라 노예를 원하네
> 감옥에서 비명 소리가 들리네
> 수십 년간의 살인과 파괴가 끝나기를 원하지만
> 몇 년 동안 울기만 한 그에게 이젠 최루가스로 흘릴 눈물만 남아 있네
> 나라에 차별이 요란한데, 인민에 대한 부정不正은 없다고 하네
> 모두 로비로 일자리를 구했으니 기술도 필요 없네
> 온 나라를 큰 우리로 돌려놓고도 죄수가 없다 하네
> 그들은 사람들 옷을 벗기고
> 왜 아무도 이슬람식 옷을 입지 않는지 궁금해하네.

그리고 합창이 나온다.

그는 소리치네
누가 그 대학살을 잊을 수 있을까?
그는 진심으로 소리치네
'우리 모두 함께.'

좋은 날은 올 거야

'히치카스'라는 예명으로 더 유명한 '소로시 라슈카리'는 1984년 테헤
란에서 태어나 대학에서 번역을 공부했지만, 힙합을 하기 위해 대학을
중퇴했다. 그리고 테헤란의 지역번호를 딴 '021'이라는 슈퍼그룹(다른
그룹이나 솔로 활동으로 이미 알려진 음악가들이 모여 결성한 음악 그룹)을 창
설해 대중음악에서 래퍼를 수용하는 것을 막기 위해 이슬람 정권이 쳐
놓은 장벽을 무너뜨렸다는 평가를 받았다.

검열로 인해 가사를 강제로 수정당하거나, 음반이 전량 압수당하
거나, 공연 도중 구속되거나, 방송을 금지당하는 일이 다반사인 이란에
서 그는 사회문제와 젊은 세대에 대해 페르시아어 랩을 하기 시작하면
서 주목을 받았다. 그의 초기 음악은 이란의 전통악기 소리와 도시의
비트beat를 결합해 만든 동서양의 혼합 장르인 '하이브리드 장르'였다.
이로써 히치카스는 '페르시아 랩의 아버지'라는 찬사를 받았다. 이란 밖
에서 2005년에 발매된 첫 앨범 〈아스팔트 정글〉은 이란 최초의 힙합

앨범으로, 다음의 〈좋은 날이 올 거야〉가 대표곡이었다.

좋은 날이 올 거야

서로를 죽이지 않을

서로 나쁘게 보지 않고

친구가 되고

서로 어깨에 손을 얹고, 아하

초등학생 시절처럼

직업이 없는 사람이 없고

우리 모두 이란 건설을 위해 노력하는

나는 벽돌을 들고 너는 시멘트를 넣고

피곤하지 않게

이 모든 피의 비가 내린 뒤

무지개가 피어날 거야

구름은 돌로 만들어지지 않을 거야

경주로는 튤립처럼 붉지 않을 거야

……

피는 혈관에 머물고

하늘과 아스팔트를 잘 알지 못해

더는 솟구치지도, 굳지도 않아.

엄마는 아이 무덤에 더는 갈 수 없어

……

하지만 좋은 날이 올 거야. 나도 알아!

그런데 좋은 날이 오면

선한 것 외에는 우리에게 남아 있는 것이 없을 거야

......

하늘아! 와우! 얼마나 아름답니?

무덤 옆에는 초록, 풀들이 있네.

이란의 하층민을 대표하고 이란 젊은이들의 불안감을 반영하는 그는 다양한 장르의 많은 예술가에게 영향을 주었고, 이란 힙합의 가장 위대한 래퍼로 언급된다. 그는 옥스퍼드대학, 케임브리지대학, 캘거리대학 등 여러 대학에서 연사로 초청되어 이란의 시, 이란의 언더그라운드 음악계, 인터넷이 이란 음악과 출판계에 미치는 영향 등에 대해 논의하기도 했다. 또 2009년 이란 대선 시위의 여파로 영국으로 이민을 간 뒤 현재 런던에 거주하면서, 미국의 힙합 아티스트 '쿨 지 랩'을 포함한 여러 국제적인 힙합 아티스트들과도 팔레스타인 해방 등 다양한 주제에 대해 노래했다. 그리고 〈그는 주먹을 휘두르네〉가 포함된 두 번째 앨범 〈허용〉을, 그가 앨범을 최초로 발표한 지 8년 만인 2020년 3월 말에 발매했다.

이란의 봄을 촉발한 녹색 혁명

그러나 히치카스만이 자유와 정의를 노래하는 것은 아니다. 적어도 1906년 제헌혁명 이후 116년 동안 이란 사람들은 자유와 정의를 요구해왔다. 그러나 군주제든 이슬람제든 통치자들은 그들을 속이고 또다시 권위주의 정권을 수립했고 더욱 잔인하게 사람들을 억압해왔다. 미국을 비롯한 외세의 개입은 그런 억압을 더욱더 부채질했다. 그런 가운데 2009년의 대통령 선거 결과에 불복해 터진 이란의 '녹색 운동'은 2010년에 일어난 튀니지의 '재스민 혁명'과 함께 아랍의 봄을 촉발했다.

부정선거로 패한 개혁파 후보의 상징색인 녹색을 든 민중은 '신은 위대하다', '독재자에게 죽음을'이라는 구호를 외쳤고, 사람들의 트위터와 페이스북 프로필은 "내 표는 어디로 갔는가?"로 바뀌었다. 이슬람 공화국의 정의와 방향 자체에 대한 의문으로 옮겨진 민중의 함성은 '녹색 혁명'이라는 시민불복종으로 나아갔다. 당시 일어난 비폭력 시위에서 26세의 여성 네다 아가 솔탄이 사복경찰의 총탄에 맞아 죽어가는 모습을 전 세계가 보았다.

이란의 녹색 운동이 튀니지에서처럼 혁명으로 성공하지는 못했지만, 이는 2013년 대선에서 개혁파 후보 하산 로하니의 상징색이자 억압과 차별에 대한 저항과 자유, 평등을 의미하는 보라색 지지 운동으로 이어졌다. 그 결과 이란에서는 2013년 8년 만에 보수 강경파에서 중도 개혁파로 정권교체가 이루어지고, 2015년 극적인 핵 협상 타결로 지대한 경제적 효과를 낼 수 있으리라는 전망이 쏟아졌다. 그러나 도널드 트럼프 미국 대통령의 취임 이후 미국이 일방적으로 경제제재를 부활시킴으로써 또다시 이란은 고립 상태에 놓였고, 더욱 심각한 사회적 위기에 봉착하게 되었다.

그래서 2019년 말에 터진 시위는 더욱더 격렬해지고 정부의 대응도 전쟁을 방불케 했다. 소위 이슬람 혁명 40주년을 무색하게 한 이

시위는 내부자들 가운데서도 반성하는 목소리를 내게 했다. 2020년 초에는 30여 년 동안 만나지 못했던 옛 이란 친구가 영국으로 망명했다는 소식을 들었다. 아직도 이슬람 신정정치에 자부심을 갖는지 그에게 물어보고 싶다.

우리는 꽃이 아니라 불꽃이었다

ⓒ 박홍규, 2022

초판 1쇄 2022년 5월 16일 찍음
초판 1쇄 2022년 5월 20일 펴냄

지은이 | 박홍규
펴낸이 | 강준우
기획·편집 | 박상문, 김슬기
디자인 | 최진영
마케팅 | 이태준
관리 | 최수향
인쇄·제본 | 한영문화사

펴낸곳 | 인물과사상사
출판등록 | 제17-204호 1998년 3월 11일

주소 | (04037) 서울시 마포구 양화로7길 6-16 서교제일빌딩 3층
전화 | 02-325-6364
팩스 | 02-474-1413

www.inmul.co.kr | insa@inmul.co.kr

ISBN 978-89-5906-632-2 03300

값 18,000원